KB242580

조·선·조·초·기·의

유교적
국가이념과 국가질서

조·선·조·초·기·의

유교적
국가이념과 국가질서

진희권 지음

KSII 한국학술정보㈜

본 연구는 2006년도 경기대학교 학술연구비(학술도서
연구과제)지원에 의하여 수행되었음

머리말

대학시절 방황 끝에 사회를 제대로 보기 위한 시각을 키우기 위하여 법학과에 입학하였다. 그러나 첫 시간을 들으면서 나의 기대는 여지없이 무너져 버렸다. 그 이유는 법은 권리이고 정의라는 교수님의 강의는 교과서적인 해석이지 현실적인 해석은 아니라는 생각에서 생긴 것이었다. 법이 현 사회를 반영하여 만들어진 것이 아니라 서구의 법을 계수하여 우리의 형편에 맞게 고친 것이라는 판단이 들었다.

이러한 판단으로 인하여 더 이상 법학과목에만 집중할 수가 없었다. 더구나 법학과에서 개설된 인문과목도 대부분은 고시준비를 위한 강의로 변해있었기에 자신의 가지고 있는 의문을 풀기 위해서는 다른 전공에서 개설된 과목을 찾았다. 그리고 우리의 역사 속에서 전통을 형성했던 사상과 이론과 관련된 과목을 찾아서 수강을 하였다. 이러한 태도를 가지고 학부시절을 보낸 나로서는 '서구의 법이 계수되기 전에 우리에게 법은 무엇이었는가' 하는 궁금증은 점점 더 커졌고, 이러한 의문을 풀기 위해서 대학원에 진학하였다. 사실 이러한 물음은 단지 예전의 우리의 역사 속에서 존재하였던 흔적을 찾는 작업에 불과한 것은 아니라는 생각이었다. 법은 문화이고 그 사회와 시대를 반영하는 것이기에 과거의 연장선상에서 현재에 존재하고 미래를 향할 때에 그 의미가 크다고 생각하였다. 즉 법이 사회구성원이 가지고 있는 규범문화나 법에 대한 인식을 바로 보지 않고 만들어질 때에는 결국 법은 수범자인 국민에게서 외면될 것이고, 나아가서는 법이 사회규범으로서의 역할을 제대로 하지 못할것이라는 생각이 들었던 것이다.

더구나 우리의 근대의 법학은 제 1시기는 과거 일본에 의하여 강제로 서구의 법의 계수되어 법을 연구하던 시기이고, 제 2기는 해방 후 일본에서 서구의 법학을 간접적으로 받아들이던 시기며, 제 3기는 독일을 중심으로 한 여러 서방국가 통하여 서구의 법 이론을 적극적으로 받아들이는 시기의 법학이라고 할 수 있을 것이다. 이러한 법학은 서구의 법학을 소개하는 데에 끝나는 것이 아니고 더 나아가 우리의 실정에 맞는 법을 제정할 수 있는 기반을 만드는 것이라고 할 것이다. 이러한 법학적 과제에 있어서 가장 중요한 문제는 서구법에 대한 이론적 고찰에 비하여 우리의 전통법 또는 우리의 법문화에 대한 연구는 매우 일천하다는 것이다.

마침 은사님이신 심재우 선생님께서 당시 법에 대한 원리를 찾는 작업의 지평을 동양과 한국으로 넓히는 때라서 나로서는 가뭄 속에서 단비를 맞이하게 되었다. 그래서 당시 유교문화의 법이론의 기초를 만든 순자를 석사학위의 논문소재로 삼아서 공부하게 되었다. 당시에 대학원 법학과에서 한국 및 동양에 대한 법을 강의하시는 분은 돌아가신 이희봉 교수님만 계셨기에 철학과의 수업을 청강하기로 마음먹었다. 다행히도 철학과에 계시는 김충열 선생님께서 - 천수를 누리시면서 많은 제자들의 가는 길을 지켜봐주셔야 하는데 안타깝게도 올 해에 고인이 되셨다 - 흔쾌히 수락하셔서 동양학에 대해서 많은 한 부족한 공부를 하게 되었다. 이 두 분의 선생님은 학자의 길이 어떤 길이며 어떤 자세로 학문하여야 하는 지를 보여주신 어버이 같으신 선생님이시다. 두 분의 학은에 거듭 감사를 드립니다.

이 책은 조선의 개국에서 제도의 정립이라고 할 수 있는 경국대전의 반포에 이르는 조선 초기에 유교가 어떻게 국가의 이념으로 들어왔으며 국가의 질서로 어떠한 과정을 걸쳐서 만들어 졌는가를 살펴보기 위한 것이다. 부족한 자질이기에 그래도 한권의 책으로 엮게 된 것은 기존의 많은 연구자들의 덕택이라는 생각이다. 너무 많아서 열거하지는 못하지만 감사드립니다.

그리고 대학원 과정을 하면서 용기를 북돋아주신 김일수 선생님과 배종대 교수님도 큰 스승님이십니다. 그리고 지금의 연구생활을 계속하면서 항상 선배로서 따뜻한 마음과 꼼꼼한 지적으로 나를 도와주신 충북대학교의 이재룡 교수께 감사드린다. 그리고 힘들 때 마다 도와준, 지금은 연구자로서 교육자로서 열심히 사는 대학원 시절의 동료와 후배들에게 고맙다는 말을 하고 싶다.

이 책은 재직하고 있는 학교의 연구지원에 힘을 입어서 출판하게 되었다. 힘들어할 때에 임용이 되었고 또한 연구에 전념하게 해준 학교에 또한 고마움을 선하고 싶다. 책을 출판하고자 할 때에 흔쾌히 수락해준 출판사도 나에게는 고마울 뿐이다. 한국학술정보 사장님과 교정하는데 도와주신 한세진, 이지연님께도 감사드립니다.

마지막으로 부모님과 이내 그리고 사랑스러운 세 아이들에게 고마움을 표하고 싶다.

차 례

1장

서 론

역사상 법규범은 끊임없이 인간의 권리를 보장하는 데 지향되어 발전하여 왔다. 법의 역사는 곧 '인권을 위한 투쟁의 역사'라고 하더라도 과언이 아닐 것이다. 그러나 아이러니하게도 인권투쟁의 산물인 법규범이 오히려 인간의 생명·신체·재산 등 인간의 기본적 권리를 위협하여 온 것도 사실이다.

세계는 현대에 접어들면서 법치국가를 천명하였다. 법으로 통치권력을 견제하였으며, 국가권력은 법을 통하여만 행사할 수 있도록 만들었다. 그러나 기대와 달리 국민의 합의에 의하여 제정된 법으로 인해 인권이 철저히 침해되었으며 이로 인하여 전 세계를 저항상태로 몰았던 뼈아픈 경험을 하였다.[1]

우리나라도 해방 후 잘 정비된 서구의 법제도를 수용하여 법제도를 완비하였으나, 위정자가 국가권력을 남용함으로써 말미암아 인권침해가 난무하였다. 그리고 오늘날에도 나타나는 지도층에 의한 탈법 또는 위법행위는 법에 대한 일반인의 인식을 흐리게 하고 있다.

이러한 상황하에서, 현존하는 서양의 근대법 또는 현대법적인 법규범이 국가 혹은 타인으로부터 개인의 권리를 어디까지 지켜 줄 수 있을 것인가, 그리고 우리의 권리를 지켜 줄 수 있는 다른 법질서나 법규범관은 존재하지 않는가 하는 물음에 봉착하게 된다. 이러한 물음에 대하여 답을 찾기 위한 작업은 여러 가지 방향으로 진행이 될 수 있다.

이 글은 이러한 작업의 일환으로 쓴 것이다. 특히 조선 초기를 그 대상으로 삼은 것은 그 시기가 고려의 혼란기를 극복하면서 유교를

---

1) 일례로 나치에 의한 유태인 학살과 반나치자들에 대한 박해 등을 연상할 수 있을 것이다.

새로운 조선의 질서로 받아들인 시기이기 때문이다. 우리의 규범문화 저변에는 아직도 유교문화가 자리하고 있으며 이러한 전통문화는 서구의 근대법정신을 그대로 수용하는 데 장애가 된다고 일반적으로 평가하고 있다. 하지만 그러한 규범문화에 대해서 일반론을 펼 뿐이지, 정확히 어떠한 경로를 통하여 들어왔으며 어떻게 정착되었는지에 대한 논의가 그리 많지는 않다.

그러한 의문점을 풀기에는 조선 초기의 유교입국에서부터 경국대전의 제정되는 시기를 중심으로 살펴보는 것이 적절하다는 생각이다. 이 시기에 조선은 새로운 질서를 왕과 신하의 논의에 의하여 창출하였고, 당시의 사회·경제·정치 전반에 걸친 모순을 제거하고 조선 500년을 유지하였던 경국대전의 편찬을 보았다.

그러므로 유교의 기본적인 규범관을 살펴보고 그러한 관점들이 조선의 기틀을 완성시켜가는 과정에서 국가통치제도나 신분질서 그리고 형벌 등에서 어떠한 모습으로 표출되었으며 당시의 문제상황을 어떻게 해결하였는지를 살펴보고자 하였다. 이러한 작업은 근세에 한 왕조가 500년이란 긴 시간을 통치할 수 있었던 질서의 본류를 찾을 수 있는 일이라는 생각이 들었기 때문이다.

아직도 유교적인 사고방식은 우리의 생활 속에 깊숙이 자리를 잡고 있으며 우리의 사회질서에서 불문율(不文律)처럼 존재하고 있다. 그러나 우리의 생활을 규제하고 조절하는 우리의 법제도는 이러한 토대 위에서 형성한 것이 아니다. 우리의 입장에서 외국의 법을 충분히 연구하고 비판을 거쳐서 수용한 것이 아니라서 국민이 가지고 있는 법감정과 실정법에는 괴리가 존재할 수밖에 없었다. 이러한 현실에서 조선 초기의 국가질서와 유교적 통치이념을 살펴보는 일은 우리에 맞는 우리의 미래지향적인 법규범을 찾는 데 적지 않은 도움이 될 것이라고 생각한다.

이 글은 조선 초기에 유교가 우리의 제도와 현실에서 어떠한 영향을 끼쳤으며 어떻게 실현되었는지를 살펴보기 위한 준비단계로서 먼저 사회윤리로서 유교의 질서관을 살펴보고자 하였다.

유교는 자신을 수양하는 수기(修己)의 학문으로 많이 다루어 왔지만 국가통치라는 치인(治人)의 학문으로는 활발한 작업이 이루어지지는 않았다고 본다. 그러나 유교는 그 발생된 근원을 찾아 올라가면 춘추전국시대의 선진유가(先秦儒家)에서부터 시작하였음을 누구나 알 수 있다. 그리고 선진유가는 그 사상의 뿌리를 고대의 성왕이라고 불리는 요(堯)임금과 순(舜)임금으로부터 시작하여 주(周)나라의 문공(文公)에 이르는 시기까지의 국가통치에 바탕을 두고 있음도 확인할 수 있다. 즉 유교의 기원을 이루는 선진유가는 춘추전국시대의 혼란을 벗어나기 위한 한 방편으로 공자·맹자·순자가 중국의 역사를 통하여 다스림의 원류를 찾고자 하였던 것이다.

유가사상이 이와 같은 혼란상황을 극복하기 위하여 발생한 것이라면 결국 유가사상은 국가통치의 방법이라는 데에 무게가 실려 있을 수밖에 없다는 결론이 나온다. 사실 유가에 있어서 자기수양의 방법도 일반 백성에게 향해져 있는 것이 아니라 위정자에게 요구되는 수기의 도(道)라고 파악하고 싶다. 왜냐하면 자신을 수양하여 궁극적으로 얻고자 하는 것이 바로 나라를 잘 다스려서 천하를 평화롭게 만드는 것이기 때문이다. 따라서 수기의 도도 나라를 다스리는 위정자나 치국을 하고자 하는 사대부들이 먼저 갖추어야 할 개인적인 덕목

인 셈이다.

따라서 이 글에서는 유교사상을 국가통치의 방법이라는 치인의 도의 관점에서 파악하고 있다. 그러한 관점에서 유교의 국가제도, 사회질서 그리고 통치이념 등을 찾아보려고 노력을 하였다.

조선은 개국하면서 유교입국의 기치를 들고 나왔으며 유교의 이상사회를 이루기 위하여 왕과 관료가 많은 노력을 하였다. 그래서 또한 유교국가를 세우기 위한 왕과 관료들의 관점들과 이러한 모습들이 국가질서나 신분질서 그리고 형벌질서에서 어떻게 투영되어 나왔으며, 어떠한 모습으로 적용되었는지를 살펴보고자 하였다. 그래서 왕조실록의 기록을 통하여 실제로 행하여지고 있는 국가질서 속에서 유교사상의 바탕 위에 세워진 모습들을 찾아보았다.

조선시대의 유교는 제도적으로 국가의 조직규범뿐만 아니라 형법규범 그리고 신분규범의 기준이 되었다. 그리고 단순히 사회체제를 유지하는 데만 유교가 작용한 것이 아니라 왕권통제, 공론(公論)형성, 애민정치 등 사회운영 전반에 걸쳐서 근거를 제공하고 있다.

이 글을 통하여 찾고자 한 것은 서두에서도 몇 마디를 풀었지만, 유교적 질서관이 당시 조선시대에 전반에 걸쳐 어떠한 영향을 주었으며 그 반작용은 무엇인가를 살펴보고 나서 유교적 질서관이 우리에게 주는 교훈과 더불어 현대적인 의의를 찾아보는 것이다. 단순한 역사적 사실만을 찾는 것이 아니라 유교사상이 우리의 문화 속에서 어떻게 규범화되었고 어떻게 구체화되었는지를 살펴보고자 하였다. 그러므로 사실관계에 대해서는 왕조실록뿐만 아니라 기 분야에서 연구된 자료들은 중요한 소재로 삼았다. 특히 법제사와 동양사학, 한국사학, 그리고 정치학 등에서 발간된 기존의 단행본이나 논문들이 이

글의 줄기를 이루었다.

이 글은 기존의 여러 학문 분야에서 연구된 사실을 수용하여 기존의 사실판단 속에서 법철학적인 해석을 내리는 것을 한계로 삼고 있다. 자신이 법학전공자로서 그 외의 학문에 대하여 미천한 지식밖에 없기 때문에 기존의 연구자료를 최대한으로 활용할 수밖에 없기 때문이다. 그러므로 유교의 질서관과 조선역사에 대해서는 일반적으로 학계에서 인정하고 있는 평가를 따랐다. 그리고 이 글은 조선의 법질서에 구현된 유교의 사상의 원류를 찾는 작업이기도 하였기 때문에 기본적인 유교경전과 조선시대의 법전을 많이 인용하였다.

2장

조선의 유교입국

제1절 조선개국의 배경

1. 역사적 배경

고려는 30여 년간의 몽골<元>과의 항쟁 끝에 무신정권이 무너져 외면적으로는 왕권을 다시 회복하였다. 그러나 고려에 대한 원나라의 간섭이 시작되었다. 고려의 중앙관제는 원의 간섭하에 개편되었는데 관서들은 통폐합 내지 종전보다 격이 떨어지는 이름으로 개명되었으며 관직명도 격하되어 개칭되었다. 그리고 원은 여러 명목을 붙여서 고려에 대하여 금·은·비단·곡물·인삼·매 등의 공물을 요구했고 심지어는 처녀와 환관까지도 요구하였다.

이러한 원과의 굴욕적인 대외관계 속에서 새로운 세력이 성장하여 지배층에 편입되었다. 그들은 원의 일본정벌이나 통역, 응방, 원의 왕후의 친족 등의 관계를 이용하여 출세한 자들이었다. 이들은 원의 세력을 등에 업고 개인적인 이익을 얻기 위하여 권력을 남용하여 정치적 경제적 이익을 키워 나갔다. 그들은 자격이 없는데도 구실을 대어 국가최고의 합좌기구인 도평의사사 회의에도 참가하여 국정간섭을 하였으며, 막대한 농장과 노비를 소유하여 경제적인 부를 축적하였다.

고려 말 농장의 형성과 확대는 제도적인 방법이나 정상적인 방법으로 이루어지지 않고 권력남용과 탈법적인 방법으로 이루어졌다.[2] 이 시기에는 생산력의 발달로 농민층의 성장이 가능한 시기였으나 지배 계층의 수탈로 말미암아 소작농민들이 무전(無田)농민으로 전락하였 다. 많은 수의 농민들은 토지 소유를 포기하고 거주지마저 떠나 유민 (流民)으로 전락해 갔으며 그들은 지배층의 농장으로 흡수되었다.

유민의 증가와 그들의 농장에로의 편입은 국가의 재정을 악화시키 고, 국가권력을 약화시키는 결정적인 요인이 되었다. 이들은 국가의 통제에서 벗어난 농민이기 때문에 이들에게서 조세와 부역을 지울 수가 없게 되었다. 농민들에게 의존하는 국가재정은 그야말로 기반 자체를 상실하게 된 것이다. 그러므로 고려 말기의 국가재정은 통치 기구의 중심인 관료기구와 군사제도조차 제대로 유지할 수 없는 최 악의 상태였으며 이러한 상황 아래에서 국가권력은 그야말로 유명무 실한 것이 되었다.[3]

그 결과 새로 관리로 등용되는 자들에게 급료로 줄 만한 토지가 없어서, 새로 관리가 되는 자들은 조상으로부터 물려받은 토지가 없 는 한 지위고하를 막론하고 가난한 생활을 해야 했다. 또한 농민의 투탁(投託)으로 노비가 증가함에 따라 국가에서 부역을 지울 수 있 는 대상자가 감소하여 관료들이 사유하고 있는 사노비를 대신 동원 시켜야 할 정도가 되었다.[4]

---

2) 김태영, 「조선전기 토지제도사 연구」, 지식산업사, 1983, 28면.
3) 김훈식, 여말선초의 민본사상과 명분론, 「애산학보」 제4집, 애산학회, 1986, 4-9면.
4) 이기백, 「한국사신론」, 일조각, 1985, 187-192면.

이러한 혼란기에 새로운 바람을 일으킬 기운이 만들어지기 시작하였다. 신진사대부들이 그들이었다. 원의 지배 시기에 새로운 지식관료들이 등장하였다. 이들은 과거를 통하여 정계에 진출하였는데 주로 지방의 향리층에서 많이 나왔다. 향리출신의 사대부는 자기 향리에 소규모의 농장을 가지고 있는 중소지주이거나 자영농민이었다. 이들은 충선왕(재위 기간 1298, 1308~1313년)의 개혁운동에서 정치세력으로 모습이 나타나기 시작하여, 원·명의 교체기에 즉위한 공민왕(재위 기간 1351-1374년) 때의 대대적인 개혁을 통하여 성장하게 되었다.

공민왕은 즉위하자마자 왕권강화의 일환으로 친원세력을 정치에서 배제하고자 하였으며, 중국대륙에 명나라의 등장(1368년)을 계기로 공민왕의 반원정책을 더욱 강화되었다. 공민왕은 자신의 정치적 입지를 다지기 위하여 과거를 통하여 신진사대부를 새로운 관료로 등용하였다. 이러한 분위기 속에서 중앙정권에 등용된 신진사대부들은 자연스럽게 공민왕의 친명정책을 지지하게 되었던 것이다. 공민왕은 정방(政房)5)을 폐지하고 권문세족과 아무런 연고가 없는 승려 신돈(辛旽)을 등용하여 전민변정도감(田民辨正都監)6)을 통하여 권문세족의 토지와 노비를 원소유주에게 돌려주거나 해방시켜 주었다. 그러

---

5) 고려 무신집권기인 1225년에 최우(崔瑀)는 자신의 집에 정방을 설치하여 인재를 등용하였다. 당시에는 정방을 통하여 문신들이 대두할 수 있는 토대가 되었으며 무신정권 몰락 뒤에도 국가기관으로 존속하였다. 친원세력인 권문세족들은 정방을 통하여 인사권을 장악하여 왕권을 견제하고 신진사대부들의 진출을 억제하였다.
6) 고려 말기 권문세가에게 점탈된 토지를 원주인에게 회복하고 노비를 양인의 신분으로 회복시켜 주기 위하여 설치한 기관.

나 권문세족의 반발로 인하여 신돈과 공민왕은 죽음을 당하게 되고 개혁은 중도에서 그치고 말았다.

내정의 혼란 속에서 두 차례에 걸친 홍건적의 침입(1359, 1361년)과 왜구의 창궐로 말미암아 백성의 삶은 극도로 피폐되었다. 이러한 외적의 침입을 격퇴하는 과정에서 최영(崔瑩)과 이성계(李成桂) 등 무장세력들이 정치권력의 전반에 등장하게 되었다. 우왕(재위 기간 1375~88년) 때에 명나라가 철령위(鐵嶺衛)[7]를 설치한다는 통고에 최영은 반발하여 요동정벌을 꾀하고자 하였다. 그러나 정벌을 반대했던 이성계는 출정하던 중 위화도에서 회군하여 개성으로 돌아와 우왕과 최영을 축출하고 정치의 실권을 잡게 되었다.

정권을 장악한 이성계는 창왕을 옹립하고 신진사대부인 정도전(鄭道傳), 조준(趙浚) 등과 합심하여 전제개혁을 단행하기 위한 기초작업으로 양전(量田)사업[8]을 먼저 실시하였다. 그들은 창왕을 우왕의 자식이므로 왕씨가 아니라 신씨라고 하여 왕위에서 축출하고<廢假立眞>, 공양왕(재위 기간 1389-1392년)을 옹립하였다. 그러고 나서 전제개혁에 반대하는 세력을 배제하고 사전개혁(私田改革)을 단행하였다. 이들은 권문세족뿐만 아니라 당시 막대한 농장을 소유하여 국가의 경제를 좀먹고 있었던 불교 또한 개혁의 대상으로 여겼던 것이다. 그리하여 종래의 공사전적(公私田籍)을 모두 불태우고 과전법을 공포하였다(1391).

---

7) 명나라는 철령 이북 지역은 원나라의 영토라는 이유로 명나라의 직할지로 삼아 철령위를 설치하고자 하였다.
8) 토지측량과 소유실태 조사사업.

2. 조선왕조의 성립

이성계는 전제개혁을 단행한 이듬해에 왕씨왕조를 유지하고자 하는 마지막 보루인 정몽주(鄭夢周)를 격살하였다. 이어 이성계 일파는 아무런 실권도 없는 공양왕을 양위(讓位)의 형식을 취해 몰아내고 이성계를 왕으로 추대하는 데 성공하였다(1392).

태조 이성계가 새로운 왕조를 여는 데 큰 힘이 되었던 것은 그의 군사력뿐만 아니라 신진사대부들의 뒷받침이 있었기 때문이었다. 건국 초기에 이성계를 추대한 이들 개국공신들은 도평의사사(都評議使司)라는 합좌기구를 중심으로 정치의 실권을 장악하고 있었다. 이들은 정치의 이상을 유교에 두고 법전을 편찬하여 정치의 근본으로 삼으려 하였다.

이성계는 왕위에 오른 즉시 고려 말 이래 혼란이 극심했던 병제(兵制)의 개편에 착수하여 의흥삼군부(義興三軍府)를 두어 병권의 핵심으로 삼고, 또 개국공신들에게는 토지와 노비를 주어 생활기반을 마련해 줌과 동시에 군신관계에 대한 명확한 보장을 받았다.

당시 정치에 실권을 장악한 신진사대부들은 국가를 다스리는 데 있어서 유교를 지도이념으로 삼고 모든 국가체제를 이에 적합하게 개편하기 시작하였다. 이러한 개편작업은 정도전을 중심으로 하는 일부의 사대부들에 의해서 주도되었다. 정도전은 자신의 이상으로 품어 온 유교적 정치이념을 성문화하여 종합적인 법규지침서인 「조선경국전(朝鮮經國典)」을 만들어 태조 3년에 왕에게 바쳤다.[9] 이는

---

9) 태조실록 권5, 태조 3년 5월 30일(무진).

비록 정도전의 개인적인 편찬이기는 하지만, 그 뒤에 편찬되는 조선의 법전들이 「조선경국전」의 체제를 따른 것으로 보아 법전편찬에 많은 영향을 끼친 것으로 판단된다.

「조선경국전」은 「주례(周禮)」[10]의 체제를 본받은 육전체제로 치전(治典)<이전>·부전(賦典)<戶典>·예전·정전(政典)<병전>·헌전(憲典)<刑典>·공전 등으로 이루어져 있다. 그 내용은 인정(仁政)을 할 것과 국호의 유래를 설명한 뒤에 각 체제별로 기술하고 있다. 그러한 체제에 따라 정도전은 조준과 함께 위화도회군 이래 공포된 조례를 수집 분류하여 태조 6년에 국가의 공식법전인 「경제육전(經濟六典)」을 편찬했다.[11]

정도전은 개혁의 중심인물로 건국 초의 정권은 그에 의하여 좌우될 정도였다.[12] 이러한 정도전 중심의 정치운영은 일부 왕족과 다른 사대부들의 불평을 사게 되었으며 후에 태종이 된 이방원은 개혁의 중심인물인 정도전과 동생인 세자 방석을 숙청하기에 이르렀다(제1차 왕자의 난 1398년).

태종은 제1차와 제2차 왕자의 난을(1400년) 진압한 후, 사병(私兵)을 혁파하여 병권을 왕에게 집중시켰다. 도평의사사를 없애고 대신 의정부를 두었으며 그 기능을 대폭 축소하여 정치의 실무를 육조에 이관하였다. 명실 공히 왕권집중적인 정치체제를 만들었다. 또한 태종은 억불숭유정책을 과감하게 추진하여 왕권을 강화하는 한편 그동

---

10) 중국 주나라(10세기경 256년 BC)이 [?]곰에 의해서 민간퍼졌으니고 알려져 있으며 주나라의 국가조직에 관련한 제도에 대하여 기술되었다.
11) 태조실록 권12, 태조 6년 12월 26일(갑진).
12) 김충열, 고려유학사, 고려대학교출판부, 1993, 214면.

안 답습하여 오던 고려의 관제를 수차례 개혁하여 조선의 관제로 이행하는 기틀을 마련하였고, 가묘설립·서얼차별·삼가금지(三嫁禁止) 등의 유교도덕을 강조하여 이에 입각한 가부장적인 가족제도의 확립에 힘을 기울였다.

그리고 세종시대는 조선왕조의 정비기로서 세종은 태종이 닦아 놓은 기틀 위에 제도와 문화를 정비하기에 힘을 썼다. 세종은 집현전을 설치하여 우수한 인재를 소속시켜서 중국의 고전과 고제(古制)를 연구하게 하였다. 이 연구의 성과를 토대로 국가의 정치체제를 정비하려고 하였던 것이다. 이러한 과정에서 집현전 학자들의 발언은 커졌고 정치의 실권도 그들에 의해서 좌우될 정도였다.

세조는 이에 반발하여 일부 불평을 가진 사대부들의 도움을 받아 조카인 단종을 폐위시키고 왕위를 계승하였다. 그리고는 그는 새로이 정치의 근본이 되는 법전의 편찬에 착수하였다. 그것이 바로 「경국대전(經國大典)」으로 세조 때 호전과 형전이 완성되었고, 그 외의 이전·예전·병전·공전은 여러 번의 수정을 거쳐 성종 때 완성이되어 반포하기에 이르렀다. 이로써 비로소 조선은 「경국대전」이라는 육전체제인 조종성헌(祖宗成憲)[13]의 법전을 가지게 되었다.

---

13) 조종성헌이라고 함은 윗대의 왕이 만든 법으로 후대의 왕이 지켜야 하고 함부로 바꿔서는 안 된다는 의미를 가지고 있다.

제2절 조선의 유교적 국가이념

조선의 개국은 이성계와 이방원을 위시한 무장과 정도전 중심의 급진적인 신진사대부에 의해서 이루어졌다. 즉 이성계의 권력과 정도전의 유학적 두뇌에 의하여 조선이 탄생된 것이다. 정도전의 유학에 대한 태도는 성리학을 총체적으로 받아들이지는 않은 것으로 보인다. 그에게 있어서 성리학은 불교에 의한 사회적 폐단을 극복하기위한 수단에 불과하였다. 실제로 그가 새 왕조의 통치이념과 새로운 문물제도를 창건하는 과정에서 수용한 사상주류와 문물제도는 매우 다양하고 폭넓은 것이었다. 밖으로 중국의 역대왕조의 문물을 받아들이고 고려시대의 문물을 참작하여 새로운 구조 속에 재구성을 하였다.[14]

그러므로 개국과정과 왕조의 성립과정에는 유교의 전통적인 사상을 구현하고자 노력하는 모습이 보인다. 고려왕조로부터 왕위를 이양받는 데 있어서도 표면상으로는 무력을 통하여 왕위를 쟁취한 것이 아니라 평화롭게 왕위를 이양받음으로써 유교의 이상적인 왕위이양방식인 선양의 모습을 유사하게 취하려고 노력하고 있는 흔적이 나타난다. 건국 후 법을 만들고 병권을 집중시키고자 한 것은 물론 왕권의 안전에 그 목적이 있겠지만 또한 유가국가의 모습의 신형이

---

14) 민족문화추진위원회편, 삼봉십해제, 국역삼봉집, 1997. 10면.

기도 하다는 것을 간과해서는 안 될 것이다. 이러한 유교입국을 세우는 과정들은 자세히 살펴보고자 한다.

1. 조선과 민본주의

1) 유교적 민본주의

유교정치사상은 민본을 근본으로 한다.15) 백성은 나라의 근본으로 백성이 없으면 나라도 없고 군주도 있을 수 없는 것이다. 그래서 맹자도 백성이 가장 귀하고 그다음에 중한 것이 나라(사직)이며 가장 가볍게 여겨야 할 것이 군주라고 하였던 것이다.16) 이러한 백성을 중시하는 사상은 유가의 전통적인 사상으로 백성은 하늘에 의하여 잉태된 것으로서17) 君主는 백성을 봄으로써 하늘을 볼 수 있고 백성의 목소리를 들음으로써 하늘의 목소리를 들을 수 있듯이18) 하늘의 생각은 곧 백성의 생각이라고 하였다. 그러므로 군주는 통치권을 형식적으로는 하늘로부터 부여받지만, 사실은 백성에 의하여 부여받는 것이 되는 것이다.

천자는 사람을 하늘에 천거할 수는 있으나, 하늘이 그에게 천하를

---

15) 「상서」, 하서.
16) 「맹자」, 진심 하.
17) 「시경」, 대아.
18) 「상서」, 주서, 태서 중.

주도록 만들지는 못한다. 제후는 사람을 천자에게 천거할 수는 있으나 제후가 그에게 제후를 봉해 주도록 만들지는 못한다. 대부는 사람을 제후에게 천거할 수는 있으나 제후가 그에게 대부를 시켜주도록 만들지는 못한다. 옛날에 요임금이 순을 하늘에 천거하였는데 하늘이 그를 받아들였고, 그를 백성들 앞에 내놓았는데 백성들이 받아들였다.[19]

이렇게 하늘과 백성을 동격으로 보면서 민심이 있는 곳에 바로 천심이 있는 것이라 하여 민은 바로 왕권의 획득근거로서의 위치를 차지하게 되는 것이다. 이는 결국 민본주의에서 통치권은 바로 백성으로부터 나온다는 것을 의미한다고 할 것이다.

이러한 민의를 통하여 천명을 받아 군주의 자리를 획득한 자는 통치권의 행사에 있어서도 반드시 백성을 위하여 행사되어야 한다.[20] 통치권의 행사가 백성을 위한 것이 아니라면 군주는 그 통치행위에 대하여 정당성을 인정받지 못하고 군주로서의 지위마저도 박탈당할 위험에 빠지게 되는 것이다.

걸과 주가 천하를 잃은 것은 그들의 백성을 잃은 것이다. 그들의 백성을 잃은 자들은 백성들의 마음을 잃은 것이다. 천하를 얻는 데는 방법이 있다. 거기에 사는 백성들을 얻으면 곧 천하를 얻게 되는 것이다. 거기에 사는 백성들을 얻는 데는 방법이 있다. 백성들의 마음을 얻으면 곧 백성을 얻게 되는 것이다. 그들의 마음을 얻는 데는 방법이 있으니 백성이 원하는 것을 모아주고 싫어하는 것을 시행하지 않

---

19) 「맹자」, 만장 상.
20) 신재우, 「동양의 지언법사상」, 『법학논집』 제33집, 고려대 법학연구소, 1997, 379면.

는 것이다.[21]

중국의 폭군으로 알려진 하나라의 걸과 은나라의 주도 결국 실정을 통하여 백성의 마음을 얻지 못함으로써 나라를 빼앗겼다는 것이다. 민심은 이렇게 군주의 지위를 얻는 데도 근거가 되지만 또한 군주의 지위를 유지하는 데 있어서도 근거가 되는 것이다.

순자도 이러한 백성과 군주의 관계를 배를 비유하여 표현하고 있다.

> 백성들이 정치에 놀라면 군자가 그 지위에서 편할 수가 없다…….
> 백성들이 정치에서 놀라면 은혜로 다스리는 것이 제일이다. 선량한
> 사람을 선발해서 쓰고, 돈독하고 공손한 사람을 뽑아 쓰고, 효제(孝
> 悌)를 일으키고, 고아와 과부를 도와주고, 가난한 자를 구제해 주면
> 백성들은 안정될 것이다. 백성의 지위가 안정이 되어야 군자도 지위
> 에서 편할 것이다. 전하는 말에 임금은 배요 백성은 물이니, 물은 배
> 를 띄우기도 하고 엎기도 한다고 한 것이 이것을 말한 것이다.[22]

민본주의의 본질은 백성이 주인이며 임금은 그 주인에게 봉사하는 자에 지나지 않는 데 있다. 만일 봉사자가 백성을 위한 정치를 펴지 않고, 백성들이 싫어하는 정치를 편다면 주인인 백성은 봉사자를 물러나게 할 수 있는 것이다.

이러한 유가의 역성혁명사상은 군주의 통치권이 백성에 의하여 나온 것이 아니거나 또한 그 통치행위가 백성을 위하여 행하는 것이 아니면 정당한 권력으로서의 권위를 상실하고 단순한 폭력에 지나지

---

21) 「맹자」, 이루 상.
22) 「순자」, 왕제.

않게 된다. 이러한 통치자는 군주로서의 실질을 갖추지 못한 만민의 적으로서 제거하여야 할 대상인 것이다.

그러므로 백성의 안정은 바로 국가의 안정과 직결되는 것이다. 유가는 백성의 안정을 생존권의 보장의 측면에 초점을 맞추고 있다.

> 자공이 정사를 묻자 공자 이르기를 '식량을 풍족하게 하고 군비를 튼튼하게 하며 백성이 위정자를 믿도록 하여야 한다.'라고 하였다.[23]

「논어집주(論語集註)」에서는 이 구절을 해석하기를 창고가 가득하고 군비가 갖추어진 연후에는 교화가 행해지고 백성들이 나를 믿어 배반하지 않는다고 하여[24] 족식(足食)을 국가의 재정을 튼튼히 하는 것으로 설명하였다.

「논어」에는 유가적인 족식과 부국강병의 의미를 조금 자세히 알 수 있는 대화가 있다. 그 대화는 춘추시대의 노나라 애공과 공자의 제자인 유약의 대화로 다음과 같다.

> 애공이 유약에게 묻기를 흉년이 들어 경비가 부족하니 어떻게 했으면 좋겠는가? 유약이 말하기를 왜 철법(徹法)을 시행하지 않으십니까? (애공이) 답하기를 십분에 이의 세금을 받아도 내가 오히려 부족한데 어떻게 철법을 시행하겠는가? 유약이 대답하여 말하기를 백성들이 풍족하다면 임금께서 누구와 더불어 풍족하지 못할 것이며 백성들이 풍족하지 못하면 임금이 누구와 더불어 풍족하게 지내겠습니까?[25]

---

23) 「논어」, 안연.
24) 앞의 책.
25) 앞의 책.

애공은 당시의 조세로 산출양의 1/5에 해당하는 양을 세금으로 거두었던 것으로 보인다. 그러나 어느 해에는 흉년으로 말미암아 생산량이 급감하였고, 결국 세수의 부족으로 국정운영에 어려움이 생겼던 것이다. 그런데 유약은 철법[26]을 시행하여 종전보다 더 적은 세율인 산출양의 1/9 내지는 1/10을 세금으로 거두라는 것이다. 그 이유는 바로 국부는 조세를 적게 받아서 백성의 생활이 풍족한 연후에 비로소 이루어질 수 있는 것이라는 것이다. 즉 유교에서 바라보는 부국강병과 국민의 이익은 배치되는 것이 아니라 그 궤를 같이하는 것이다. 그러므로 세금은 백성들이 생활을 영위하는 데 어려움이 없도록 정해져야 하며, 심지어 흉년에는 조세를 적게 받아서 고통분담을 백성과 같이하는 것이 결국 백성이 군주를 믿게 되며 비로소 부유한 나라를 이룰 수 있다는 것이다.

2) 조선의 민본

(1) 신진사대부와 민본

사대부들의 친명정책과 배불정책은 국가경제의 모순타파와 더불어

---

26) 철법은 주나라의 세법으로 공전(公田)에 대하여 산출량의 1/10을 조세로 내게 하는 것이다. 맹자는 이러한 경세의 사상을 이어서 정전법에 의한 1/9세와 1/10세를 주장한다. 정전법이란 900묘의 토지를 '井'자로 나누어 주변의 100묘의 토지는 8가구주가 각기 경작하고 가운데의 100묘의 토지는 공동으로 경작하여 조세로 바치는 세법으로 읍 밖에 사는 야인들에게 적용되는 조세법이다. 그리고 읍에 거주하는 국인(國人)들에게는 산출량의 1/10을 수세하였다(「맹자」, 등문공 상).

백성들의 생활안정에 직결되는 중요한 정책이었다.

고려 말의 양민들은 국가의 사대정책과 권문세가의 토지겸병으로 인하여 어려움을 겪었다. 국가의 부세를 지는 소작농들은 국가의 부역 이외에도 원나라에 바치는 진상품에 대한 부담을 이기지 못해 권문세가에 의탁하거나 농토를 떠나 수공업이나 상업에 종사하기도 하고 더러는 승려가 되기도 하였다. 기록에 의하면 전 인구의 반 이상이 양적(良籍)에서 빠져나갔다고 한다. 물론 이것은 공, 사의 노비나 사원의 노비가 된 자는 제외한 숫자이다.[27] 그나마 자신의 경작지를 지킬 능력이 있는 자도 권력자의 토지겸병으로 말미암아 전세(田稅)도 몇 중으로 수탈당하였고 있는 형편이었다. 정도전은 당시의 토지제도의 문란에 대하여 다음과 같이 표현하고 있다.

> 힘이 약한 사람은 또 세력이 강하고 힘이 센 사람을 따라가서 그의 토지를 빌려 경작하여 그의 소출을 반을 나누었으니, 이것은 경작하는 사람은 하나인데 먹는 사람은 둘이 되는 셈이다. 그리하여 부자는 더욱 부유해지고 가난한 사람은 더욱 가난해져서 마침내는 스스로 살아갈 길이 없어서 농토를 버리고 직업이 없이 떠돌아다니다가, 직업을 바꾸어 말업에 종사하기도 했으며, 심한 경우에는 도적이 되기도 하였다. 그 폐단을 어찌 다 말할 수 있으랴? 그 제도의 문란이 더욱 심해지게 되면서는 세력가들이 서로 토지를 겸병하였으므로 한 사람이 경작하는 토지에는 그 주인이 더러는 7-8명에 이르는 경우도 있었고, 전조(田租)를 바칠 때에는 인마(人馬)의 접대며, 청을 들어 강제로 사는 물건이며, 노자로 쓰는 돈이며, 조운(漕運)에 드는 비용들이 노안 소세의 수효보다 배 또는 5배 이상 되었다. 상하가 서로 이익을

---

27) 정도전, 앞의 편.

다투어 일어나서 힘을 겨루어 **빼앗으니**, 화란이 이에 따라 일어나고 나라는 마침내 망하고 말았다.[28)]

　토지제도의 문란은 바로 백성을 병들게 하고 나라를 약하게 하는 근본적 원인이었던 것이다. 그래서 고려 말의 사대부들은 당시의 전제개혁을 하는 데 있어서 정당성의 이유로 들고 나선 것은 부국강병과 민본의 이념을 구현이었다.[29)] 정도전도 농민에 대하여 지나친 착취를 없애고 그들의 생업을 보장하는 것이 필요하다고 주장하였던 것이다. 이러한 백성의 보호를 통하여 백성의 수를 늘려야만 나라가 부강해질 것이라고 판단하였던 것이다.[30)]

　개혁을 추진하는 사대부들이 갖고 있는 숨은 뜻이 당시에 일부의 권력층과 사원에 집중되어 있던 권력과 부의 재분배에 있었다고 할지라도, 개혁의 완성은 당시의 민생의 어려움을 해결하는 해결책과 다르지 않기 때문에 민본과 부국강병이라는 과제를 풀기 위한 역사적 과정 속에서 조선은 탄생하였다고 평가할 수 있을 것이다.

---

28) 앞의 편.
29) 이러한 목표를 시행하기 위하여 실시한 일련의 경제조치는 비록 권신에게 집중되어 있었던 부와 권력을 박탈하고 신진관료들에게 재분배하는 데 그 본질적인 목표가 있다고 볼 수도 있다. 하지만 그러한 조치는 국가의 재정에 증대를 가져왔으며, 소작농에게도 경영의 안정을 가져왔다고 할 수 있다. 김훈식, 여말선초의 민본사상과 명분론, 14－15면.
30) 정도전, 앞의 책 판적.

(2) 조선의 개국과 민본

민에 대한 지배층의 인식

조선의 백성에 대한 인식은 조선개국 초기부터 잘 나타나고 있다.

> (태조가) 도평의사사에 전교하였다. '왕씨의 후손이 끊어지고 하늘
> 이 나로 하여금 이 나라를 다스리게 한 것은 실로 이 백성을 위한 것
> 이다. 만약에 하늘을 공경하고 백성을 돌보아 주지 않는다면 하늘이
> 기필코 재앙을 내리리라.'[31]

고려왕조의 멸망은 백성을 제대로 돌보지 않았기 때문에 하늘이
재앙을 내린 것이라고 보았다. 이것은 또한 조신이 개국하는 데 성
당성을 획보힐 수 있는 이유이기노 한 것이다. 그러므로 조선의 존
립근거는 바로 백성을 위하고 돌봐 주어야 한다는 것이다. 이러한
하늘로서의 백성을 중시하는 민본사상은 특히 개국 초기에서는 국가
의 안정을 위해서는 가장 강조되어야 하지 않을 수 없었을 것이다.
이러한 백성을 하늘과 동일시하는 사상은 실록에 곳곳에 나타나고
있는데 세조대에 이르러서도 왕의 교지를 통하여 여전히 나타난다.

> (세조가) 의정부에 교지를 전하기를 '민은 천이다. 민심이 편안한
> 연후에 천심도 편안해지는 것이니 나라를 다스리는 도는 마땅히 안민
> (安民)을 우선으로 삼아야 한다. 백성이 어질지 못한 관리에게 고통을
> 당하면 제어할 방법이 없어 분히고 득힌 마음이 닐로 씨내고 부느리

---

31) 태조실록 권6, 태조 3년 6월 24일(임진).

운 덕은 날로 없어져 효제충신(孝悌忠信)의 마음이 생겨날 길이 없게 된다.'[32]

그리고 이러한 민본사상은 관료층에서도 나타나 임금에게 간언하거나, 백성을 다스리는 데 있어서 기준이 되고 있음을 엿볼 수 있다.

(사간원에서) 상소하기를, '……경에 말하기를, '백성은 나라의 근본이니, 근본이 튼튼해야 나라가 편안하다.' 하였고, 전에 말하기를, '거두[斂]는 것이 비록 죽는 것은 아니나, 백성들이 심히 병되게 여긴다.' 하였습니다. 신 등은 생각건대, 자고로 나라가 흥하고 망하는 것은 민심의 괴롭고 즐거움에 달려 있지, 저축이 많고 적음에 달려 있지 않습니다.'[33]

대저 백성이라 함은 나라의 근본이요 군수와 현령은 백성의 근본이다.[34]

그러나 백성에 대한 지배층의 인식은 반드시 이렇게 긍정적이지만은 않았다. 백성은 天이며 나라의 근본이 되므로 중시해야 한다고는 하지만 그들은 도덕적으로는 열악한 존재라고 인식하였던 것이다.
정도전은

"하민(下民)은 지극히 약하지만 힘으로 위협할 수 없고, 지극히 어리석지만 지혜로써 속일 수 없는 것이다. 그들의 마음을 얻으면 복종

---

32) 세조실록 권4, 세조 2년 5월 19일(정해).
33) 태종실록 권18, 태종 9년 10월 27일(을축).
34) 정도전, 앞의 책 권6, 경제문감 하, 현령.

하게 되고 그들의 마음을 얻지 못하면 배반하게 된다."[35]

라고 하여 백성을 어리석은 존재로 보았다.

실록에서도 도처에서 백성을 무지한 자로 표현을 하고 있음을 볼 수 있다.

사헌부에서 상소하였는데 그 소에 이르기를 '가만히 보건대 국가에서 다시 저화를 제조하여 통행하도록 하였으나 무지한 백성이 구습에 익숙하여 기꺼이 믿고 따르지 않고 몰래 상포를 사용하여 방헌을 범하는 자가 많습니다.'[36]

그 법을 세움에 무지한 사람이 의혹하는 것은 진실로 마땅하지만 이치를 아는 사람도 역시 따라서 불평하고 의심함이 심하다.[37]

집현전 부제학 신장 등 14인이 진언하기를 '하나는 불교가 재물을 좀먹고 대중을 미혹하는 폐단은 신 등이 지난번에 소를 갖추어 계문하여 비록 가납함을 입었으나 다 시행되지는 않았습니다. 무지한 백성이라면 그만이지만 이치를 아는 사대부에 이르러서도 드러난 영을 준수하지 않고 재를 시행하고 손님을 접대하여 막대한 비용을 허비함이 여전합니다.'[38]

이것은 사대부층은 유교의 천리나 도리를 알고 있다는 점에서 이

---

35) 정도전, 삼봉집 권7, 조선경국전 상, 전보위.
36) 태종실록 권20, 태종 10년 10월 24일(정사).
37) 태종실록 권29, 태종 15년 4월 13일(경신).
38) 세종실록 권28, 세종 7년 6월 22일(신유).

치를 아는 존재로 인식된 반면에 일반 백성은 이를 모르기 때문에 무지한 백성으로 표현하고 있다. 이러한 백성은 또한 자신의 욕망을 거스르지 못하고 이에 따라 행동하는 존재로 표현되고 있다.

그러나 이와 같이 백성을 도덕적으로 열악한 인격체로 보는 것은 조선에 와서 나타난 인식은 아니다. 이는 유교에서는 전통적으로 인간에 대하여 모두 동일한 존재로 보지 않고 그 성품이나 기질에 있어서 차등이 있는 존재로 파악하고 있는 인식에 근거하고 있겠다고 하겠다.

공자는 천성은 서로 가까우나 습관으로 인하여 서로 멀어진다고[39] 하여 인간은 천부적으로는 모두 비슷한 성품을 타고났지만 후천적인 환경과 습관 등에 의하여 차등이 생긴다고 하였다. 그러나 최고의 지자와 제일 밑의 우자는 후천적인 노력에 의해서도 비슷해지지 않는다고 보았다.[40] 그래서 공자는 다음과 같이 네 부류로 사람을 분류한다.

> 나면서 아는 사람은 상이요, 배워서 아는 사람은 그다음이요, 노력해서 배워서 아는 사람은 또 그다음이니, 애써 노력하고도 배우지 못하면 백성으로 하등이 되는 것이다.[41]

그리고 맹자는 다음과 같이 사람의 부류를 구분하였다.

---

39) 「논어」, 양화.
40) 앞의 편.
41) 「논어」, 계씨.

혹은 마음을 수고롭게 하는 자도 있으며 혹은 힘을 수고롭게 하는 자도 있다. 마음을 수고롭게 하는 자는 남을 다스리고, 힘을 수고롭게 하는 자는 남에게 다스림을 받는 자이니, 남에게 다스림을 받는 자는 남을 먹여야 하고, 남을 다스리는 사람은 남에게 부양받으며 사는 것이니, 이것은 천하를 통하는 이치이다.[42]

이것은 왕과 제후 등의 지배계급, 그리고 관료계급과 생산계급으로 구분되어 있는 당시의 신분사회를 반영한 것이라 할 수 있을 것이다. 이러한 신분사회에서 유가는 인간의 동일성이 아니라 유별성을 강조하는 것이다. 이것은 유교의 정명론(正命論)이나 직분론 등으로 나타나는데 이러한 논리는 당시의 신분구조에 대한 정당화를 부여함으로써 신분의 고착화를 가져왔다는 비판을 받기도 한다.[43] 그러나 유가의 원래의 사상은 비록 당시의 신분사회를 인정하고는 있으나 신분계급의 경직성까지도 주장하였다고는 볼 수 없다. 오히려 인성과 능력에 따라서 어떠한 지위에도 오를 수 있음을 강조하였던 것이다.[44] 유가에서 이와 같이 백성을 도덕적으로 열등한 존재로 파악한 것은 지배층에 의한 보호와 교육이 필요한 존재로 보고자 한 것으로 여겨진다. 수령을 목민관이라고 칭한 것도 바로 이러한 이유에 의해서라고 할 것이다.

---

42) 「맹자」, 등문공 상.
43) 신기현, 한국의 전통사상과 평등인식, 한국정치학회보 29집 2호, 한국정치학회, 1995, 414면.
44) 「맹자」, 고자 상.

조선의 민본

위와 같이 백성에 대한 이해 속에서 통치자와 백성은 서로 긴밀한 관련을 맺는다. 그리고 그 관계는 일방적인 관계가 아니라 서로가 서로를 필요로 하는 관계인 것이다. 즉 서로가 목적과 수단이 되는 쌍방적인 관계가 성립하는 것이다.

> 백성들이 서로 모여 살게 되면, 음식과 의복에 대한 물욕은 밖에서 공격하게 되고, 남녀에 대한 정욕으로 안에서 공격하여, 동류일 경우에는 서로 다투게 되고 힘이 대등한 경우에는 싸우게 되어 서로 죽이게까지 하는 것이다. 통치자는 법을 가지고 그들을 다스려서 다투는 자와 싸우는 자를 평화롭게 해 주어야만 민생이 편안해지는 것이다. 그러나 그 일은 농사를 지으면서 병행할 수는 없는 것이므로 백성은 10분의 1을 세로 바쳐서 통치자를 봉양하는 것이다. 통치자가 백성으로부터 수취하는 것인 만큼 자기를 봉양해 주는 백성에 대한 보답도 역시 중한 것이다.[45]

사람이 사회를 이루고 살아가는 데 있어서 재화의 생산과 질서유지는 절대적으로 필요한 것이다. 그러나 모든 사람이 이 두 가지 일에 참여할 수는 없다. 역사적으로도 재화를 생산하는 자와 질서를 유지시키는 자는 분화되어 그 역할을 수행하여 왔다. 이러한 분화는 지배자와 피지배자란 이름으로 불려 왔다. 유교에서는 이 둘 사이의 관계를 서로가 서로를 의지하는 관계로 설정하였다. 백성은 평화로운 질서의 대가로 국가에 세금을 바치는 것이고, 국가는 세금을 받

---

45) 정도전, 앞의 책, 부전.

는 대가로 사회의 질서를 바로잡아서 평화로운 사회를 유지하여야
하는 것이다. 결국 국민은 세금을 내야 할 의무와 평화로운 질서를
요구할 권리가 있는 것이며, 국가는 사회의 질서를 유지할 의무와
세금을 거둘 권리가 있는 것이다. 이와 같은 상호 의존적인 관계에
서 또한 도덕적인 의무가 생겨난다.

> 문하부에서 상소하여 용관(冗官)을 태거하도록 청하였다…… '전(傳)
> 에 말하기를 군자가 없으면 야인을 다스릴 수 없고 야인이 없으면 군
> 자를 봉양할 수 없다고 하였습니다. 남을 다스리는 자는 남으로부터
> 얻어먹고, 남의 다스림을 받는 자는 남을 먹여 살리는 것이니, 군자와
> 소인이 비록 존비의 등급은 있으나, 실상 서로 돕는 것입니다. 어찌
> 일없이 앉아 먹기만 하여 백성의 이익을 누릴 수 있겠습니까?'46)

일없이 먹고 노는 관료를 먹여 살리는 것도 국민의 세금에 의한
것이기 때문에 그러한 관료가 많을수록 국민의 세금은 늘어나 그 부
담이 커지게 되는 것은 당연한 것이다. 그러므로 적정한 수의 관료
를 임명하여 국민의 세금이 세어나가는 것을 막아야 하는 것이다.
이러한 도덕적인 의무도 민본의 내용이 되는 것이다.

족식과 민본

조선 초기의 왕조실록에는 국가의 부국강병과 백성의 경제적 풍요
에 대한 논의가 곳곳에서 등장하고 있다. 특히 왕과 관료들은 족식
(足食)의 해서에 대하여 여러 번 논의를 펼친다. 조선 초의 관료들

---

46) 정종실록 권4, 정종 2년 4월 6일(신축).

도 식량을 풍족히 하고 군비를 튼튼히 하는 것이 국가의 급선무이며 정치에서 마땅히 먼저 해야 할 일이라고 주장하였다.

사간원에서 상소하였는데, 대략은 이러하였다. "먹을 것이 넉넉하고 군대가 넉넉하면 백성들은 이것을 믿습니다. 나라에 3년간의 저축이 없으면 그 나라는 나라가 아닙니다. 신 등이 가만히 국가에서 병졸을 훈련하는 것과 무기를 준비한 것을 볼 때 조치하지 아니함이 없사오니 군대가 넉넉하다 할 수 있습니다. …… 엎드려 바라옵건대, 전하께서는 각등의 공신전과 내외의 사사전, 아울러 3만 7천3백여 결을 과전(科田)의 예에 의하여 모두 그 세를 받아들여서 군자(軍資)에 보충하시면, 세입이 3천7백여 석에 이를 것입니다. 또 번잡한 용관(冗官)을 도태하여 급하지 않은 비축을 덜고, 군자의 전조(田租)로써 녹전(祿田)의 훼손된 수를 충당하지 말게 하신다면, 중외의 군자는 1, 2년이 지나지 아니하여 3년의 비축을 기약할 수 있을 것이옵니다." 이를 윤허하였다.[47]

그러나 태종 초기에는 위에서 보듯이 관료들이 보는 족식의 의미는 백성이 그 근본이 되지 못하고 세수의 확충에 의한 부국강병을 위한, 즉 군비의 확충의 의미로 해석함을 알 수 있다.

조선왕조가 세워진 이래 부국강병을 실현하기 위한 노력은 계속되며 이러한 노력은 물적 인적 자원의 확보의 측면에서 계속된다. 그래서 태종대의 둔전의 설치,[48] 연호미법(煙戶米法)과 양맥세(兩麥稅)

---

47) 태종실록 권3, 태종 2년 2월 5일(무오).
48) 둔전은 그 폐해로 인하여 태조 때 음죽둔전 하나만 남겨놓고 폐지하였다고 하나(정도전, 앞의 책, 정전, 둔전) 그 시행이 철저하지 않아 태종 7년 6월 28일(경술)에 다시 혁파하였다. 그러나 태종 9년 12월 13일(경

의 신설, 토지의 양전(量田)⁴⁹) 등의 사업을 통하여 세수를 확보하고 국가가 동원할 수 있는 인력을 관리하였다.

그러나 이러한 부국강병 정책은 수정을 하게 되는데 그 이유는 부국강병을 위한 조세정책은 백성의 생존권과 배치되는 일이 생기기 때문이다. 즉 철저한 조세정책은 국가에 부를 축적하여 주게는 하지만 백성들의 기본적인 삶을 침해할 수도 있다는 것이다.

> 사헌부에서 상소하기를, "……둔전과 연호미법이 진실로 아름답기는 하나, 법을 세우고 제도를 정하는 것은 마땅히 민심에 따라서 하여야 합니다. 금년에 여러 달 동안 비가 오지 않아서 벼가 다 마르고, 백성들이 장차 굶어 죽게 되었는데, 어찌하여 생각을 하지 않으시고 취렴(聚斂)을 가하고자 하십니까? 어찌 의정부의 의논[擬議]을 기다린 연후에 이해를 알겠습니까? 원하옵건대, 전하께서는 채택하여 시행하소서." 하였다. 전교하기를, "둔전과 연호미의 법을 영구히 없애라." 하였다.⁵⁰)

그러나 국가를 운영하는 데 있어서 세금을 박하게 한다는 것은 또한 국가의 재정을 어렵게 만드는 것이기도 하였다. 결국 세금을 박하게 하면서도 세수의 적정성을 보전하는 데에는 인적·물적 자원에 대한 관리가 그 무엇보다도 중요한 것이다. 그래서 수리사업⁵¹) 등에 국가가 관여하여 천재에 관계없이 일정한 생산량을 확보할 수

술)에 가서 다시 부활함을 볼 수 있다.
49) 내종실록 권 10, 태종 5년 9월 5일(정유).
50) 태종실록 권13, 태종 7년 6월 28일(경술).
51) 주 「맹자」, 양혜왕 상. 침조.

있도록 하고 군적의 정리52)나 호패법53) 등을 통하여 인적 자원을
관리하였던 것이다.

전 계림부윤 이은이 식량을 풍족하게 하는 계책을 올리니, 그대로
따랐다. 상언은 이러하였다. "먹을 것을 넉넉하게 하고 군사를 넉넉하
게 하는 일은 국가의 급선무이고, 정치에서 당연히 우선해야 할 바입
니다. 대저 식량의 근본은 농사에 있고, 농사의 근본은 제방을 쌓고
수리사업을 일으켜서 한재를 방비하는 데 있을 뿐입니다. 만약 환란
에 대비하지 아니하다가 백성이 굶주리고 창고가 비게 되면, 장차 무
엇으로 먹을 것을 넉넉하게 하고, 군사를 넉넉하게 하겠습니까? ……
엎드려 바라건대, 여러 도에 영을 내려 오로지 제방을 쌓고 농사와
양잠을 권장하는 데 힘을 쓰게 하고, 밭과 들을 모두 개간하여 뽕나
무와 삼이 들에 덮이게 하면, 백성의 생활이 풍부하여지고, 군사와 식
량이 저절로 넉넉하여질 것입니다. 나라를 위한 급선무는 이보다 더
절실한 것이 없으니, 엎드려 바라건대, 채택하여 시행하소서."54)

조선이 부국강병을 위한 노력은 초기에 세수에 의한 군비확충을

---

52) 태종 9년 10월 27일(을축)의 기사에 인보법(隣保法)과 군적의 정리가
    태종 9년에 이루어졌음을 밝히고 있다.
53) 호패법은 백성들의 유민화를 막고 생산에 전념하게 하기 위하여 지평
    주사 권문의의 청에 의하여 시행하도록 하고 있다(태종 6년 3월 24일
    (갑인)). 그러나 태종 년 월 일(무오)의 기사에 좌헌납 송희경의 소의
    내용 중에 모든 백성에게 호패를 주게 하여 호패가 없는 자에게 형벌
    을 주자고 하는 것으로 보아, 호패법 실시 후 3년이 넘어도 호패법이
    철저하게 시행되지 않은 것으로 보인다. 그러나 호패법에 의한 인적 관
    리는 초기의 1/10세에서 세종조의 1/20세로 가능하게 만든 주요한 요인
    중에 한 요인이라고 생각이 든다.
54) 태종실록 권17, 태종 9년 1월 28일(신미).

위한 노력에서 점차로 국가의 식량생산력의 증대로 전환을 하였다. 그래서 족식의 의미는 충분한 군량을 축적하는 것에서 한 걸음 더 나아가 모든 백성이 풍족히 먹을 수 있는 식량생산력 증대로 확장되었다. 그리고 족식·족병(足兵)·민신(民信)으로 대변되는 유교의 부국강병의 의미는 생산량의 증대로 인한 민의 생존권 확보와 더불어 세금의 경감 그리고 이러한 바탕 위에 세워지는 군비의 확충을 통하여 자연스럽게 백성으로 하여금 군주를 신뢰하게 하여야 한다는 것이다. 이렇게 국가의 근본은 백성에게 있다는 유가의 민본사상이 부국강병책과 더불어 조선에서도 그 싹을 키워 나갔던 것이다.

　법가의 부국의 기반에는 '백성이 약하면 국가는 강해지고, 백성이 강하면 국가는 약해진다.'는 논리를 가지고 있다. 그리고 오히려 백성이 부유해시면 나태해지기 때문에 소박하게 살도록 정책을 펴야 한다고 한다.55) 이렇게 법가는 약민정책을 쓴 데 반하여 유가는 부국의 기반에 족민을 두고 있다. 물론 당시의 경제상으로 보아 법가가 상정하는 백성의 소박한 삶과 유가의 족민 사이에 경제적인 격차는 그리 없을지 모른다. 그러나 한 나라의 정책을 펴는 데 있어서 군주를 중심으로 할 것인지 백성을 근본으로 할 것인지는 그 정책의 운영에 있어서 커다란 차이점이 도출된다는 것을 바로 인식해야 할 것이다.

---

55) 「상군서」, 약민.

2. 조선과 유교적 왕도정치

1) 유교의 왕도정치

(1) 왕도정치의 전형

① 요

-덕치의 모범

요의 인간됨에 대한 경전의 기록을 살펴보면

> "요는 경건하고, 영민하고 문아하고 사려적이며 온화할 뿐 아니라 대인관계에서도 지극히 공손하고 예양을 갖추어 그 인품의 고명함이 사방에 미치고 그의 정성은 천지를 감동시켰다. 또 그의 공덕은 자신의 원숙하고 고상한 인격을 다른 사람에게 미치게 하여 먼저 구족을 감화시키고, 그 구족을 통하여 온 나라를 백성들을 교화하였으며, 나아가 온 천하를 평화롭게 하였다."56)

고 하고 있다.

요는 모든 것에 대하여 밝은 사람으로 표현되고 있다. 왕의 지위에 있는 자가 백성을 위한 통치를 함에 있어서 언어와 문자에 의한 통치는 부자연스러운 것은 아니다. 그러나 요는 그러한 방법으로 교화를 한 것이 아니라 자신이 직접 삶 속에서 실천하면서, 즉 모범을 보임으로써 백성을 가르쳤던 것이다. 그는 사려 깊고 온화한 성품으

---

56)「상서」, 요전.

로 가족을 평온하게 하고 공손하고 예의와 사양을 갖춘 생활태도는 친지들을 감복시키고, 나아가 백성들에게 모범이 됨으로써 자연스럽게 교화가 되었다. 결국 모든 사람들이 요를 따르고, 온 천하가 요의 도덕적 인품에 감화되어 천하가 평화스럽게 되었다는 것이다.

요는 자신의 소유하고 있는 권력으로 백성을 통치한 것이 아니라, 자신의 가지고 있는 원순하고 고상한 인격을 생활 속에서 보여줌으로써 다른 사람들이 자연스럽게 감화되게 하여 천하의 백성들이 자연스럽게 모여들게 하였던 것이다. 여기서 바로 유교의 정치철학인 덕치의 원류로서, 천하를 다스리는 방법이 나타나고 있다.[57]

- 인문세계의 개척자

요가 살던 시기는 고고학적으로 신석기의 말기이다. 당시는 원시 농경사회로서 농사를 짓고 가축을 기르며 정착생활을 한 것으로 보인다. 이러한 시기에 가장 두려움이 대상이 될 수 있는 것을 자연의 변화라고 할 수 있을 것이다. 당시의 인간의 인지로써는 자연의 변화는 예측하기 어려웠으며 가끔씩 일어나는 천재지변은 인간을 두려움에 떨게 했음은 짐작하고 남음이 있을 것이다. 이러한 환경에서 가장 중요한 것은 자연의 변화에 적절히 대응하면서 생산활동을 하는 것이라 할 것이다.

중국의 황하유역은 계절의 변화가 뚜렷한 지역이라서 자세히 관찰하면 일정한 시간이 지난 후에 다시 유사한 자연현상이 나타남을 인지할 수 있었을 것이다. 이렇게 항상 끊임없이 되풀이되는 자연의

---

57) 김충렬, 「중국철학사1」. 예문서원, 1996, 115년.

변화 속에서 자연에 대한 지식을 축적할 수 있었고 그러한 지식을 축적을 바탕으로 자연의 변화를 예견하면서 미래에 대한 계획을 세우는 것이 가능할 수 있었던 것이다. 즉 어떠한 시기에 씨를 뿌려야 곡식을 많이 거둘 수 있고, 땅의 높낮이나 성질에 따라서 어떠한 곡식을 심어야 많은 산출량을 얻을 수 있는가를 알게 해 주었다. 그리고 짐승을 잡거나 강에 그물을 드리우는 것도 그 시기를 알맞게 함으로써 식량이 되는 동물들이 멸종되지 않고 꾸준하게 수확을 볼 수 있는 등 삶에 지혜가 생겨나는 것이다. 이것이 바로 천시(天時)인 계절의 변화와 지리(地利)인 땅의 장단점을 잘 이용하는 방법이다.

요는 바로 자연의 질서를 잘 살펴서 농경을 하는 데 필요한 계절의 변화에 대한 실용적인 지식을 백성에게 알림으로써 생활을 안정시켰다. 요는 먼저 신하를 시켜서 자연의 변화를 조사하게 한다. 춘하추동의 변화가 일정한 것이므로 자세히 관찰하여 어느 시기가 정월이고 씨를 뿌리는 시기는 언제이고 추수할 때는 언제라는 것을 그때그때에 백성들에게 자세히 알리게 하였다. 이 일은 4명의 신하에게 맡기는데 각각 춘하추동의 계절을 맡아서 그 계절에 알맞은 정사를 폄으로써 모든 백성들이 삶을 풍족하게 하였다.[58] 그는 이처럼 백성들이 천시에 맞추어 농경을 영위하고, 지리에 맞추어 생활시설을 갖추고 기후와 계절에 적합하도록 생활을 영위하게 하여 모두가 풍족한 생활을 할 수 있도록 하였던 것이다.

그는 이렇게 천시(天時), 지리(地利), 인사(人事)를 조화시켜 자연에 순응하면서 농경을 영위하게 한 인문세계의 개척자로 평가받고

---

58) 「상서」, 앞의 편.

있다.[59]

– 왕위의 양위

요는 또한 사람을 등용하거나 후계자를 정하는 데도 후세의 모범
이 되고 있다. 신하들이 요의 맏아들 주(朱)를 지혜가 뛰어나다고 하
여 후계자로 추천하였다. 하지만 매사 제멋대로고 남과 싸우기를 좋
아하고 자신의 고집을 굽히지 않는 성격이 있기 때문에 남의 위에
설 만한 인물이 아니라고 하여 요는 자신의 아들을 등용하지 아니한
다.[60] 그리고 공공(共工)이라는 자도 비록 밖으로는 믿음직한 말을
하고 겸손하지만, 그 행동은 경박하고 그 마음속은 오만하기 때문에
백성의 위에 설 만한 덕을 지니고 있지 않다고 하여 등용을 하지
않았다.[61]

이렇게 신하를 등용하는 데도 사사로운 정이나 친근함에 얽매지
않고, 덕이 있는 자를 등용하고자 하였던 것이다. 세상은 도덕적으로
성숙된 자만이 다스릴 수 있다는 요의 태도는 통치방법의 이상을 보
여주고 있는 것이라 할 수 있을 것이다. 이러한 요의 사고는 자신의
제위를 이양하는 방법에서 극명히 드러난다 하겠다.

그는 먼저 사악(四岳)에게 자신의 제위를 물려받을 것을 제의한다.
그러나 70년 동안 요임금 옆에서 부좌했던 사악으로서는 요의 도덕
적 인품에 감화되었을 뿐 아니라 그의 통치방법을 누구보다도 잘 알
고 있었기에 요의 이름에 누가 될까 봐서 제위를 맡기를 사양하고

---

59) 김충열, 앞의 책, 118면.
60) 「상서」, 앞의 편.
61) 앞의 책.

다른 도덕적 인물을 천거한다. 그가 바로 순이다. 순은 당시 천한 계층의 사람이었다. 그러나 자신을 미워하는 아버지, 계모 그리고 이복동생과 같이 살면서 부모에게 극진한 효를 행하고 동생을 자애롭게 대하였다. 이러한 순의 행동으로 주위에서는 그의 인륜적인 태도에 감화를 받고 있었다. 사악은 바로 이러한 도덕적인 인물이 제위에 올라 통치한다면 요의 이름에 손상을 주지 않을 것이라 생각되던 것이다.

요는 사악들이 추천한 순이 당시 혼인 전이라는 것을 알고 자신의 두 딸을 그에게 시집보낸다. 요는 순을 등용하기 전에 효제(孝悌)뿐만 아니라 부부관계에 있어서도 화목하게 지낼 수 있는가를 먼저 시험하고자 했던 것이다. 그것도 신분의 격차가 매우 큰 두 명의 공주와의 가정생활을 어떻게 이끌어 나가는가를 시험하였다. 요는 순이 자신의 두 딸을 한집에서 데리고 살면서도 잘 화합하는 모습을 확인하고 비로소 등용한다. 그리고 등용 후 그의 관료로서의 능력을 오랜 시간 동안 충분히 시험한 다음에 제위를 물려주었다.

유한한 생명을 지닌 인간으로서 천하의 경영권을 쥔 자는 자신의 후계자에 대하여 고민하지 않을 수 없다. 여기에는 자신의 자식에게 물려주어서 자신의 가문에 대대로 천하의 주인의 자리를 잇게 하고자 하는 사심이 들어갈 여지가 매우 많다. 그러나 요는 그러한 사심 없이 어질고 능력 있는 사람을 선택하여 천하의 경영권을 물려주는 선양(禪讓)을 행하였던 것이다.

요는 현자를 발탁하여 쓰는 것이 왕의 커다란 의무이며 또한 천하는 천하에서 가장 현능한 자에게 맡겨야 한다는 치도(治道)의 이상을 실현한 왕인 것이다.[62]

② 순

－ 효의 전형

순은 역산 아래서 밭을 갈고 질그릇을 굽던 천한 신분의 사람이었다. 그의 아버지는 소경으로 완고한 고집쟁이며 매우 불순한 자이고, 어머니가 일찍 죽자 새로 들어온 계모는 간사한 사람으로 순을 매우 미워했다. 또한 그의 이복동생 상(象)은 심술궂었는데 부모의 마음에 들어서 부모의 사랑을 독차지하고 있었다. 이러한 환경 속에서 순은 부모를 공경하고 형제와 화순하려고 애쓰면서 가족을 잘 다스렸다. 그래서 그의 효는 일가뿐만 아니라, 온 나라에 미쳤다고 한다.[63]

이러한 효도와 형제와의 우애로 세상에 이름이 알려져서 사악으로부터 차기의 제왕으로 추천을 받기에 이른다. 요는 순을 추천하고 자기의 두 딸을 순에게 시집보내어 지켜본다. 그러나 순은 어려운 환경 속에서도 제왕의 두 딸을 아내로 삼아서 사랑과 도의에 가득 찬 가정을 이룩한다. 이러한 시험을 거쳐서 비로소 순을 등용되게 된다. 순은 등용되고 나서 28년 동안 요와 같이 통치를 한다. 그러나 요가 죽자 순은 요의 아들 단주(丹朱)에게 제위를 주고 다른 지방에 몸을 피한다. 그러나 모든 백성들이 단주를 따르지 않고 자신을 쫓는 것을 확인하고 나서 비로소 제위에 오른다.[64]

---

62) 김충열, 앞의 책, 118면.
63) 「상서」, 앞의 편.
64) 「맹자」 민징 싱 참조.

- 오륜(五倫)의 창제

순은 백성을 다스리는 지위에 올라 먼저 교육의 근본을 바로잡는 일을 시작하였다. 그래서 그는 먼저 가족 구성원 간의 근본적인 도의를 바로잡는 데 힘을 쓴다. '오전(五典)을 삼가 아름답게 하라 명하자 오전이 순조롭게 행해졌다.'[65]는 것이 그것이다. 오전이란 부·모·자·형·제 등의 도의를 말하는 것으로 한 가족을 이루는 구성원 간의 지켜야 할 도리를 밝혀낸 것이다. 아버지는 가족 구성원의 한 사람으로 그리고 아버지 내지는 남편이라는 특수한 지위에서 가족 내에서 마땅히 해야 할 도리가 있고 어머니도 아버지 또는 자식과의 사이에서 마땅히 해야 할 도리가 있으며 자식은 자식으로서 역시 부모에게 마땅히 해야 할 도리가 있는 것이다. 그리고 자식들 사이에도 형은 형으로서 동생을 동생으로서 마땅히 지켜야 할 도리가 있는 것이다. 순은 이렇게 사회에서 가장 기본적인 단위를 이루는 가족 간의 근본적인 도의를 확고하게 바로잡는 일을 먼저 하였던 것이다. 그래서 백성들은 이러한 근본적인 도의를 지켜서 순화되었던 것이다.

순은 이런 후에 여러 벼슬을 거치면서 내정을 안정시켰고, 빈객 맞는 일을 맡아 외교를 화목하게 하였으며, 산림과 강과 늪지를 다스리느라고 모진 풍상을 겪어야 했다.[66] 그러한 속에서 순은 요에게 신임을 얻어 제위를 받게 된다.

그는 가장 미천한 신분에서 가장 높은 지위까지 올라가서 성왕의 경지까지 간 사람이었다. 그리고 그는 가족 내의 윤리를 바탕으로

---

65) 「상서」, 순전.
66) 앞의 책.

하여 천하를 통치함으로써 유가통치의 근본을 보여준 사람이었다.

─ 중(中)의 정치

순은 정치를 하는 데 있어서 개인적인 감정을 뒤로하고 마음을 항상 열어 놓고 있음을 엿볼 수 있다. 그래서 순은 우가 비록 범죄자의 아들이지만 등용하여 치수(治水)의 일을 맡긴다. 치수가 성공하자 사악의 추천으로 그를 백관의 우두머리의 자리를 주고 결국에는 자신의 제위를 물려준다. 순은 당시 여러 관직을 설치하여 각각 적임자를 임명함에 있어서 반드시 그는 주위의 추천과 사람 됨됨이, 능력 등을 전반적으로 고려하여 적임자를 등용하고 있음이 곳곳에 보인다. 그는 인재를 등용하여 그들에게 합당한 직무를 맡기는데 정책방향이나 결정 등은 군왕의 전권인 것이다. 즉 왕은 최고의 지위에 있는 자로서 중(中)을 잡아야 하는 커다란 임무가 있는 것이다. 순은 우에게 제위를 넘겨주면서 다음과 같이 말한다.

> 인심은 위태롭고 도심은 은미하므로, 오직 정일을 기해야만 그 중(中)을 잡을 수 있다. 황당무계한 말은 듣지 말고, 충분히 검토되지 않는 계책을 쓰지 마라. 백성은 군왕을 목숨같이 여기니 군왕 된 자는 모름지기 백성을 사랑할 것이요, 군왕이 잘못하면 백성은 반역할 것이니 백성을 두려워할 줄 알라. 백성은 군왕이 없다면 어찌 통일될 수 있으며, 군왕은 백성이 아니고는 어떻게 나라를 지켜 가겠는가? 오직 자신의 마음을 늘 경건하게 가지고 너의 그 제위를 삼가 지켜 너와 백성이 원하는 바를 선처하라.[67]

---

67) 앞의 책, 대우모.

또한 공자는 순임금을 평하여 다음과 같이 말하고 있다.

　　순은 지혜로우신 분이었다. 순은 사람의 일을 묻고 살펴서 여론에
귀를 기울였으며, 선을 권장하고 악을 억제하였다. 그 양극단을 가지고
서 그 중(中)으로 백성을 다스렸으니, 이것이 순의 위대한 모습이다.[68]

　순은 중을 실행한 임금이며 이 중을 우에게 전수한 임금이기도
하다. 중은 바로 중용의 중이다. 어느 곳에 치우치지 아니하고 창조
주인 천지의 생물지심(生物之心)을 바로 받아서 만물경영에 이바지
하는 본 모습인 것이다. 순은 통치를 행하는 데 있어 먼저 주위의
사람들의 말에 귀를 기울였다. 그러나 그러한 주위의 여론에 의해서
모든 것을 결정한 것이 아니다. 하늘과 땅이 만물을 만들어 낸 그러
한 마음을 체득한 순은 항시 백성을 사랑하는 마음을 바탕으로 하여
천지와 만물 그리고 인간이 각자의 자리를 잡을 수 있도록 사사롭지
않고 공명정대하게 통치를 행했던 것이다.[69]

　③ 유교의 이상향으로서의 대동사회
　요순시대는 소위 대동사회라 하여 중국인들이 생각하고 있는 이상
향의 시대이다. 「예기」에서는 이 시대를 다음과 같이 표현하고 있다.

　　옛날에 큰 도가 행해지고 삼대의 영현들이 그 도를 행하여진 때가
있었다. 내가 직접 보지는 못하였지만 기록에 남아 있다. 그 도가 행

---

68) 「중용」, 제6장.
69) 김충열, 앞의 책, 122－123면.

하여진 세상에는 천하가 모두 만인의 것이 되어 있었다. 백성들은 현자와 능자를 선출하여 관직에 임하게 하였고, 인간 상호 간의 신뢰와 화목을 도모하였다. 그러므로 사람들은 자기의 부모만을 부모로 생각하지 아니하였고 자기의 자식만을 자식으로 생각하지 아니하였으니, 노인에게는 그의 생애를 편안히 마칠 수 있게 하였으며, 젊은 장정에게는 충분한 일을 시켰으며, 어린아이들에게는 마음껏 성장할 수 있게 하였으며, 과부 고아 불구자에게는 고생 없이 살 수 있도록 돌보아 주었으며, 성년남자에게는 일정한 생업에 종사할 수 있도록 직분을 주었으며, 여자에게는 그에 합당한 남편을 갖게 하였다. 재화는 헛되이 낭비하는 것을 부도덕시하였으나 반드시 자기의 사리를 취하기 위해서만 쓰지 않았다. 그러므로 사리사욕을 도모하는 일이 일어나지 않았으며, 도적이나 난적이 생기지 않았다. 따라서 아무도 대문을 걸어 잠그는 법이 없었다. 이것을 일컬어 대동(大同)이라 한다.[70]

이 사회는 공자가 말하는 인(仁)이 구현된 사회인 것이다. 각자는 자기의 능력에 알맞은 일을 하며, 사회구성원끼리 서로 믿고 따르며 살아간다. 그리고 자기의 가족만을 사랑하는 이기적인 삶을 살아가는 것이 아니라, 주위의 생활력이 부족한 사람들을 걱정하며 돌보아 줄 수 있는 이타적인 마음을 가지고 살아 나가는 사회인 것이다. 유교는 바로 이러한 대동사회의 구현을 목표로 하였던 것이다.

(2) 유교에 있어서 임금의 길 – 홍범구주(洪範九疇)

유교의 군도(君道)는 홍범구주에 집약되어 있다고 할 수 있다. 주

---

70) 「예기」, 예운.

나라의 무왕이 은나라의 주왕를 몰아내고 천하를 통일한 후에 은의 충신인 기자를 찾아가 가르침을 받는다. 비록 두 사람의 관계는 원수였지만 무왕의 질문은 백성을 위하여 정치하는 방법을 묻는 것이라서 사심을 버리고서 기자는 그에게 홍범구주를 설한다. 홍범구주는 오랫동안 황하유역에 살던 중국인들이 기후에 맞추어 농경을 하고 인지를 개발하고 덕을 수행하며 인륜을 숭상하는 과정에서 사회와 국가를 형성해 가는 과정에서 나오는 경험의 축적인 것이다.

홍범구주는 말 그대로 아홉 가지의 근본이 되는 준거라는 의미이다. 그 첫째는 인간이 살면서 부딪히며 이용하고 있는 재료인 오행(五行)이고, 둘째는 사람이 자신을 세우고 타인과 매개하는 인간의 면모인 오사(五事)이며, 셋째는 국가를 다스리는 데 필요한 부서인 팔정(八政)이고, 넷째는 하늘의 질서를 파악하는 데 필요한 역법인 오기(五紀), 다섯째는 통치의 원리인 황극(皇極), 여섯째는 공동생활을 하는 데 필요한 삼덕(三德), 일곱째는 국가적 문제를 해결하기 위한 계의(稽疑), 여덟째는 농경을 하는 데 필요한 기상과 기후에 관한 서징(庶徵)이며, 아홉째는 인간의 운명에 관계된 오복(五福)과 육극(六極)이다.[71]

오행(五行)

오행은 수·화·목·금·토로 자연을 이루는 기본물질로 생명체가 살아가는 데 없어서는 안 되는 필수요소이다.

---

71) 「상서」, 홍범. 홍범구주에 대한 이하의 내용은 홍범편의 내용을 축약한 것이다.

첫째로 물은 적시면서 아래로 내려가는 것이요, 불은 타면서 위로 올라가는 것이요, 나무는 굽게도 곧게도 할 수 있는 것이요, 쇠는 뜻대로 모양을 바꿀 수 있는 것이요, 흙은 곡식을 심어 가꿀 수 있는 것입니다.

인간은 자연에서 마주하는 이러한 기본물질의 성질을 잘 파악해야만 그 성질을 잘 이용하여 재화를 생산해 나갈 수 있는 것이다. 재화의 생산을 통하여 사람은 비로소 생존을 영위해 나갈 수 있기 때문이다. 그러므로 오행은 자연과 공유하는 인간생활의 가장 기본적인 요소이므로 구주에서 가장 첫자리를 차지하고 있다.

오사(五事)

오사는 사회를 이루어 생활하는 인간으로서 갖추어야 할 나섯 가지의 몸과 마음의 태도를 말한다. 외모는 공손해야 하고, 말씨는 이치를 따라야 하고, 보는 것은 밝게 보아야 하고, 듣는 것은 분명하게 들어야 하고, 생각하는 것은 슬기로워야 하는 것이 바로 그것이다.

이것은 사회생활을 하는 인간으로서 타인과 공존할 수 있는 기본조건인 것이다

팔정(八政)

한 사회가 국가로서의 규모를 가지게 된다면 분업이 필요하게 된다. 한 사람이 국가의 전 분야를 직접 관여하여 일일이 결정하는 것은 불가능할 뿐 아니라, 만약 가능하다고 하더라도 치우친 국가경영으로 말미암아 혼란이 야기되고 결국 국가를 유지할 수 없을 것이

다. 결국 국가를 운영하는 데 있어서 한곳에서 모든 일을 하는 것보다는 그 중요성에 따라 각기 분야별로 나누어 힘쓰는 것이 가장 효과적이다.

이것이 바로 팔정의 내용이다. 팔정은 바로 한 국가를 영위하는데 필요한 기본 부서를 뜻한다. 그 첫째가 식량에 관한 일이요, 그 둘째가 생활필수품에 관한 것이고 셋째는 종교적 국가적 의식이며, 넷째는 토목건설에 관한 일이며, 다섯째는 백성을 가르치는 일이요, 여섯째는 치안을 담당하는 일이요, 일곱째가 외교사절을 접대하는 일이요, 여덟째는 군사에 관한 일이다.

이러한 팔정의 순서에 의하면 식량과 재화의 생산을 가장 중시하고 있으며 그러한 연후에 국가의 예를 세우고, 백성들을 교육을 통하여 도덕적으로 순화시키고 나서 비로소 형벌을 투입시켰음을 알 수 있다. 이러한 사상은 공자에 와서 정립되어 유교의 군도로서 확립이 되었다고 할 수 있다.

오기(五紀)

인간도 자연의 일부이다. 그러므로 자연의 법칙에 어긋나서는 살 수 없는 존재인 것이다. 즉 인간의 생활은 천지의 운행에 따르고 기후의 변화에 맞추어야 한다. 인간은 각 개인으로서 자연의 질서에 구속되지만, 사회 속의 한 사람으로서도 사회나 국가의 생활에서 이러한 자연의 법칙에 따라 생활을 규제받는 것이다.

봄에 씨를 뿌리고 여름에 김매고 가을에 거둬들이고 겨울이면 쉬는 것은 자연의 법칙이 인간의 사회에 규범화되는 일례를 보여주는 것이라 하겠다. 바로 오기는 자연의 법칙에 따라 시간을 정함으로써 인간의 기본생활을 규제하는 것이다.

황극(皇極)

다섯 번째인 황극은 천자의 통치원리를 피력한 부분이다. 그 내용은 군왕이 국가라는 공간적 영역에서 인민에게 실현해야 하는 정치의 표준이자 모범인 것이다.

다섯째 황극은 하나의 지대하고 공정한 표준을 세워서, 그것으로 오복을 거두어 골고루 백성들에게 내리는 것입니다. 사람들의 노력이 이 표준에 부합되어야 비로소 유지되는 것이니 백성들 속에 놀고먹는 무리, 사사로이 붕당을 짓는 무리들이 없게 하고 모두 세운 표준에 따라 힘쓰게 하십시오.

무릇 백성들 가운데 뜻있는 행동을 하고 도리를 지키는 이가 있으면 당신은 그들을 생각하여 주십시오. 법칙에 일치하지 않더라도 크게 잘못되는 일이 없으면 크게 나무라지 말고 용서하시어 부드럽게 대하십시오. '나는 덕을 좋아합니다.'라고 하거든 당신은 그들에게 녹을 내리십시오. 그렇게 하면 그들은 천자의 법칙을 따르게 될 것입니다.

외롭고 의지할 수 없는 사람들을 학대하지 말며 덕이 높고 사리에 밝은 이들을 두려워하십시오. 사람들이 지닌 능력과 뜻을 발전시켜 순조롭게 행하도록 하시면 당신의 나라는 창성해질 것입니다. 무릇 바른 사람에게는 항상 풍족한 녹을 내리고, 보다 나은 처우를 해 주어야 합니다. 당신께서 그들에게 당신 나라에 공헌하지 못하게 하면 그들은 일부러 허물을 만들어 물러갈 것입니다.

만약 훌륭한 덕행이 없는 데도 당신께서 복을 내리신다면 그들은 오히려 당신에게 재앙을 가져다줄 것입니다. 치우치지 않고 기울어짐이 없이 왕이 정한 법을 따를 것이며, 사심으로 치우치지 말고 신왕의 도리를 따를 것이며, 나쁜 일을 하지 말고 선왕의 바른 길을 따를 것입니다.

치우치거나 붕당이 없으면 왕의 길은 평탄할 수 있으며 치우치거나 붕당이 없으면 왕의 길은 평온할 수 있으며, 일을 뒤집지 말고 기울 어짐이 없어야 왕의 길은 바르고 곧을 것입니다. 만일에 이러한 표준이 있다면 모든 사람들은 그 회귀할 곳을 얻을 것입니다.

이와 같은 말들은 황극을 펴는 말들인데, 법에는 취할 점도 있고 가르칠 점도 있는 것이니 이것이 하늘의 뜻에 순응하는 것입니다. 뭇 백성들이 법칙을 펴는 말을 교훈삼고 실행한다면 천자의 광명에 가까이할 수 있는 것은 천자는 백성의 부모가 됨으로써 천하의 왕이 되기 때문입니다.

이 내용에서 바로 중국의 인본주의적인 왕도정치의 기본적인 틀이 나타나고 있음을 볼 수 있다.

삼덕(三德)

군왕이 정치에 임하는 데 있어서 가져야 할 세 가지 덕에 대하여 이야기하고 있다.

첫째가 정직이요, 둘째가 강극(剛克)이요, 셋째가 유극(柔克)이다. 평화로운 시기에는 바르고 곧음으로써 다스리고, 폭력으로 반항할 때는 강하게 다스리고, 약하게 따를 때는 부드럽게 다스립니다. 그리고 유약한 자에게는 강으로써 보완하고, 너무 강하여 결점을 지닌 자는 부드러움으로써 보완하는 것입니다. 오직 임금만이 복을 내릴 수 있고, 오직 임금만이 벌할 수 있으며, 오직 임금만이 미식을 누릴 수 있습니다. 신하는 복을 내릴 수도 벌할 수도 미식을 누릴 수도 없습니다. 신하가 복을 누리고 벌을 주고 미식을 누리게 되면 그 해가 집안에 미치고 나라에 재난을 가져오게 될 것이니 그래서 관리들이 기울어지고 비뚤어지고 사악하게 되고 백성들도 분수를 지키지 않고 윗자리를 넘보며 악을 저지르게 될 것입니다.

우선 군왕은 평화로운 시기에는 인민을 바르고 곧음으로 대하여야 한다. 그러나 혼란의 시기에는 강한 힘으로써 사회의 질서를 잡고, 화목할 때에는 부드럽게 정치를 한다. 그리고 강한 자에게는 부드러움으로써 결점을 보완하고 유약한 자에게는 강함으로써 그 부족함을 보완해 주어야 한다. 군왕은 이러한 보완의 도구로 상과 벌을 쓰며 이러한 책임이 있으므로 누구보다도 풍부한 생활을 하는 것이다. 만약 상과 벌이 신하에게서 나오거나, 임금과 같이 풍요로운 생활을 신하가 하게 된다면 나라의 질서가 서지 않아서 결국 나라가 혼란에 이르게 된다. 그러므로 상과 벌은 반드시 군왕에게서 나오고 그러한 위엄 속에서 군왕은 최고 수준의 생활을 하게 되는 것이다.

계의(稽疑)

국가에서 중대한 정책을 결정할 때 있어서 의심스러울 때는 점을 쳐서 결정하도록 하고 있다.

일곱째 의혹을 묻는다는 것은 거북점을 치는 사람과 시초점을 치는 사람을 뽑아 세워 그들에게 점치는 것을 명하는 것입니다. ……무릇 일곱 가지 점 가운데 거북점이 다섯 가지이고, 시초점이 두 가지인데, 이것들을 변화시켜서 정하는 것입니다…… 당신께서 큰 의심이 생기면 마음과 상의하고 신하들과 상의하고 다시 뭇 백성들과 상의하고 거북점과 시초점에 상의하십시오.

그리하여 당신께서 따르고, 거북점이 따르고 시초점이 따르고, 신하들이 따르고, 뭇 백성들이 따르면 이것을 대동이라 합니다. 그러면 당신의 몸은 편안하며 건강하고 자손들은 창성하게 될 것이니 길한 것입니다.

당신께서 따르고, 거북점이 따르고, 시초점이 따르면, 경사들이 따르지 않더라도 길한 것입니다. 경사들이 따르고 거북점이 따르고, 시초점이 따르면, 당신께서 따르지 않더라도 길한 것입니다. 뭇 백성이 따르고, 거북점이 따르고, 시초점이 따르면 당신께서 따르지 않고 경사들이 따르지 않더라도 길한 것입니다.

당신께서 따르고 거북점이 따르는데, 시초점이 따르지 않고 경사들이 따르지 않고, 뭇 백성들이 따르지 않는다면 안에서 하는 일은 길하고 밖에서 하는 일은 흉할 것입니다.

거북점과 시초점이 다 같이 사람의 뜻에 어긋날 때는 가만히 있으면 길하고 움직이면 흉할 것입니다.

위에서 보듯이 점이란 불명확한 미래에 요행수를 바라는 것이 아니다. 국가의 중요한 결정을 하는 데 가장 중요한 것은 모든 계층의 뜻을 모아 행하는 것이다. 그러나 통치를 하는 데 있어서 그러한 것이 쉽지는 않을 것이다. 그러므로 어느 정도 중의는 모아졌으나 확신이 서지 않은 경우에 그 의심을 없애기 위한 방편으로 점을 치는 것이다.

국가의 중대결정을 하는 데 점을 통하여 하늘의 뜻을 묻는 것보다 다수의 뜻의 합치가 더 중요하다고 보고 있는 것으로 판단하건대 인간중심의 인지의 발달이 고대에서도 존재하였음을 알 수 있다.

서징(庶徵)

중국은 농경사회이기 때문에 기후의 영향력은 절대적이지 않을 수 없다. 비오는 날, 갠 날, 더운 날, 추운 날 그리고 바람 부는 날이 시기에 따라 알맞게 있어야 식물들은 무성하게 자랄 수 있으며 더불어 농사도 풍년을 이룰 수 있는 것이다. 그러므로 군왕이 된 자는 기후의 징후를 관찰하여 미리 대비를 하여야 하는 것이다.

오복육극(五福六極)

이와 같은 여덟 가지의 大法이 잘 시행되고 있는지를 판가름할 수 있는 것이 바로 오복과 육극이다. 결국 정치가 잘되었다는 것은 백성들이 백성이 오복을 누리면서 살 수 있는 사회가 만들어진 것이요, 그렇지 못하다는 것은 결과적으로 여섯 가지의 고통과 어려움으로 사회에 반영이 되는 것이기 때문이다.[72]

> 오복은 그 첫째는 천수를 다하며 사는 것이요, 둘째는 안락한 생활을 할 수 있을 정도로 재물이 있는 것이요, 셋째는 신체가 건강하여 병이 없는 것이요, 넷째는 마음이 건전하여 덕을 좋아하는 것이요, 다섯째는 죽음을 잘 마무리할 수 있는 것이다. 육극은 첫째는 단명하는 것이요, 둘째는 병드는 것이요, 셋째는 근심거리가 있는 것이요, 넷째는 생활이 빈곤한 것이요, 다섯째는 사람들과 다툼을 일으키는 것이요, 여섯째는 심신이 허약하여 의무를 다리지 못함이다.[73]

---

72) 김충열, 앞의 책, 165면.

군왕의 의무는 바로 백성이 오복을 누리고 살아갈 수 있게 하며 동시에 육극을 방지하는 데 있다. 그러므로 육극이 발생하였을 때는 이를 없애기 위하여 적극적인 노력을 아끼지 말아야 하는 것이다.

이와 같이 홍범구주는 자연에서부터 개인윤리, 사회 정치윤리 그리고 사회경제 정치구조에 대한 모든 인간의 생활에 대하여 모범을 제시하고 있는 것이다. 이러한 기자의 정치관은 주의 무왕에게 전수되어 주나라의 정치문화를 창건하는 데 기틀이 되었으며,[74] 또한 유교의 왕도(王道)의 모범으로 정립되었다.

(3) 유교의 왕도

유교의 민본주의는 더 나아가 국가권력의 행사에 대한 윤리적 정당화를 요구하고 있다. 이것은 왕도주의의 한 내용을 이루는 인정사상에 기초하고 있다.[75] 유가의 정치는 요순을 모범으로 삼고 있다. 요와 순은 인격완성자로서 덕으로써 통치하였다. 이러한 요순을 따르는 정치는 바로 왕도정치인 것이다.

맹자가 말하기를…… 임금이 되고자 한다면, 임금의 도리를 다할 것이요, 신하가 되고자 한다면 신하의 도리를 다할 것이다. 이 두 가지는 모두 요와 순을 모범으로 할 따름이다. 순이 요를 섬긴 것으로 임

---

73) 「상서」, 앞의 편.
74) 김충열, 앞의 책, 166면.
75) 심재우, 「유가의 법사상」, 『안암법학』 창간호, 고려대 안암법학회, 1993, 5면.

금을 섬기지 아니한다면 임금을 공경하지 아니하는 자이며, 요가 백성을 다스리는 것으로 백성을 다스리지 않는다면 백성을 해치는 자라 할 것이다.[76]

요순에게는 군주와 신하로서 행하여야 할 전형이 있는 것이다. 공맹을 선왕(先王)주의라고 평하는 것도 바로 이와 같은 요순을 왕도의 전형으로 내세우는 데 있다. 이러한 유교의 왕도정치의 내용이 바로 인정(仁政)에 있는 것이다. 인정의 구현자로서 군주는 선왕의 도를 따르는 인한 자이어야 하며 인한 성품을 갖지 못한 자는 오히려 백성에게 악을 퍼뜨릴 것이라고 하고 있다.

정치를 하는데 선왕의 도를 따르지 않는다면 지혜롭다고 할 수 있겠는가? 이러한 까닭으로 오직 인자만이 높은 지위에 있어 마땅하다. 인하지 않으면서 높은 지위에 있다면 그것은 그의 악을 여러 사람에게 뿌리는 것이다.[77]

이것은 결국 통치자는 인으로써 백성을 다스려야만 왕도정치가 구현될 수 있다는 것이다. 즉 인간의 도덕적인 본성인 인이야말로 왕도의 근본을 이룬다는 것이다.[78] 이러한 인은 바로 사랑을 의미하는 것이기에 군주는 백성을 사랑하는 마음을 가지고 애민정치를 펼쳐야 한다.

---

76) 「맹자」, 이루 상.
77) 앞의 책.
78) 심재우, 앞의 논문, 6면.

나라를 다스리는 사람이 백성을 사랑하지 않고 백성을 이롭게 하지 못하면서 백성을 자기와 친해지기를 바라는 것은 얻을 수 없다.[79]

맹자는 또한 구체적으로 덕으로써 인정을 실천하는 자가 바로 왕이라고 하면서[80] 인정의 구현을 다음과 같이 소개하고 있다.

왕께서 인정을 펴보시려면 왜 그 근본으로 돌아가지 않습니까? 5묘[81]나 되는 택지에 뽕나무를 심으면 50대의 사람들이 명주옷을 입을 수 있으며, 닭·돼지·개 등의 가축을 번식시킬 시기를 놓치지 않는다면 70대의 사람들이 고기를 먹을 수 있습니다. 100묘의 밭에 농사지을 시기를 빼앗지 않는다면 여덟 명의 가족이 굶주리지 않을 것입니다. 학교의 교육을 조심스럽게 실시하여 효제(孝悌)의 뜻을 되풀이하여 가르친다면 반백이 된 사람이 길에서 이고 지고 다니지 않게 될 것입니다. 늙은이가 명주옷을 입고 고기를 먹고, 백성이 굶주리지 않고 춥게 살지 않게 되고서도 왕자가 되지 못한 사람은 없습니다.[82]

인정이라는 것은 먼저 백성들이 경제적으로 풍요롭게 살 수 있도록 하는 데서 시작하여, 백성을 도덕으로 교화하는 데서 끝을 맺어야 한다는 것이다.

인정은 유가에서는 통치자가 지녀야 할 필수적인 조건이다. 그 이유는 인한 군주는 천하를 얻어서 다스릴 수 있지만, 인하지 못한 군주는 천하를 얻더라도 유지하지 못하고 결국에는 천하를 잃어버리게

---

79) 「순자」, 군도.
80) 「맹자」, 공손추 상.
81) 1묘는 약 30평이라고 한다.
82) 「맹자」, 양혜왕 상.

되는 것이다.

　공자가 말씀하기를 도는 두 가지뿐이니 인한 것과 인하지 못한 것
뿐이라고 하였다…… 맹자 말씀하기를 삼대가 천하를 얻은 것은 인 때
문이요, 천하를 잃은 것은 불인 때문이다. 나라의 흥망성쇠가 역시 그
러하다.[83]

　유가의 왕도정치는 이렇게 백성에게 향해서는 백성의 경제적인 삶
을 먼저 안정시키고 나서 교화를 통하여 사회질서를 바로잡아야 함
을 요구하고 있으며, 왕에게 향해서는 왕은 통치자로서뿐만 아니라
개인으로서도 요순과 같은 덕성을 갖출 것을 요구함으로써 도덕국가
를 만들고자 하였던 것이다.

2) 조선에서의 왕도정치

(1) 정도전의 인정(仁政)

　정도전은 「조선경국전」의 첫머리에 임금은 인정(仁政)을 해야 할
것을 강조하고 있다.

　「주역」에 '성인의 큰 보배는 위(位)요, 천지의 큰 덕은 생(生)이니,
무엇으로 위를 지킬 것인가 바로 인(仁)이다.' 하였다.[84]

---

83) 「맹자」, 이루 상.
84) 정도전, 삼봉집 권7, 조선경국전 상, 정보위.

인군(人君)은 천지가 만물을 생육시키는 그 마음을 자기의 마음으로 삼아서 남에게 차마 하지 못하는 정치를 행하여 천하 사방 사람으로 하여금 모두 기뻐해서 인군을 마치 자기 부모처럼 우러러 볼 수 있게 한다면, 오래도록 편안한 부와 번영의 즐거움을 누릴 수 있게 될 것이요, 위태로워 망하고 추락하는 우환을 끝내 갖지 않게 될 것이다. 인(仁)으로써 위(位)를 지킴이 어찌 마땅한 일이 아니겠는가?[85]

정도전은 인(仁)의 모습으로 「맹자」에 나오는 말을 인용하고 있다. 맹자는 인간에게는 어린이가 우물 속에 빠진 것을 보면 누구나 측은한 생각이 든다는 사실을 근거로 하여 인간에게는 누구나 남에게 차마 하지 못하는 마음을 갖고 있다는 것을 밝히고, 성왕들도 이러한 마음을 가지고 천하를 다스렸기에 쉽게 다스릴 수 있었다고 공손추에게 이야기하고 있다.[86] 맹자는 인간이라면 누구나 갖고 있는 측은한 마음을 인(仁)의 실마리로 보고 있다. 이러한 마음에서 비롯되는 임금이 백성을 불쌍히 여겨서 보호하고 도움을 주는 정치가 바로 인정(仁政)을 의미한다고 할 수 있다.

임금은 천지가 만물을 기르는 것을 본받아서 인간이 자신의 모습대로 잘 살 수 있도록 보호하고 도와주어야 하는 것이다. 유교에 있어서 천지는 도덕의 근본이다. 그들은 자연 속에서 만물이 각자 자신의 모습대로 생명을 다하는 것을 천지의 도덕성의 발로라고 이해했던 것 같다. 따라서 유가들은 자연 속에서 각자의 생명체가 각자의 모습을 발하면서 자연의 질서에 맞추어 살아가는 원리를 인간의

---

85) 위의 책.
86) 「맹자」, 공손추 상.

사회에 끌어들이고자 하였다. 임금은 천지가 만물을 아무런 거스름 없이 각자의 모습대로 잘 생육시키는 것을 본받아, 인간을 다스리는 데 있어서도 인간들이 각자의 능력에 따라 자신의 일을 하면서 아무런 부족함 없이 살아갈 수 있는 사회를 만들어 나가야 한다는 것이다. 바로 이것이 정도전이 말하는 인정(仁政)의 모습인 것이다.

(2) 왕도정치의 실현

① 조선의 개국과 선양

선양과 천명사상

왕위계승에 대한 유교의 입장은 요와 순에게서 보듯이 선양을 지향한다. 즉 천하는 현자에게 맡겨야 한다는 것이다. 그러나 선양제도는 순에서 우에로 이어진 이후로 막을 내렸다. 우왕이 자신의 아들인 계(啓)에게 천하의 대권을 넘겨줌으로써 세습제도로 바뀌게 되었으며 그 이후 세습에 의해서 정권이 이어지며, 왕조가 바뀔 때마다 혁명에 의하여 새로운 정권이 탄생하였던 것이다.

이러한 상황을 설명할 수 있는 유교사상이 천명사상이다. 왕위의 계승은 천명에 따른 것이지 전대의 왕의 의지에 의하여 다음 대의 왕에게 주어지는 것이 아니라는 것이다. 그러므로 요순시대의 선양도 왕위의 양위에 의하여 왕위를 계승하는 것이 아니라 백성들이 새로운 왕으로 받아들였기 때문에 비로소 순이나 우가 왕위를 계승했다고 하는 것이다.

만장(萬章)이 말하기를 '요가 천하를 순에게 내주었다고 하니 그런 일이 있습니까?' 맹자가 말하기를 '아니다. 천자도 천하를 가지고 남에게 내어줄 수는 없다.' '그러면 순이 천하를 차지하게 된 것은 누가 준 것입니까?' 맹자 말하기를 '하늘이 주신 것이다······ 옛날에 요가 순임금을 하늘에 천거하였는데 하늘이 받아들이고 백성들에게 드러내 보내주셨다. 백성들이 받아들이니 그런 이유로 하늘이 말없이 행적과 사실로서 사람들에게 보여준 것이다.[87]

이러한 사실은 순과 우의 왕위계승과정에서 구체적으로 나타난다.

순이 요임금을 도운 지 28년이니 이것은 사람의 힘으로 능히 할 수 있는 것이 아니라, 하늘이 그렇게 해서 한 것이다. 요가 죽자 삼년 상을 마치고 나서 순은 요의 아들을 피해 남하(南河)의 남쪽 지방으로 갔다. 천하의 제후들과 조공하여 알현하는 사람들이 요의 아들에게 가지 않고 순에게 갔으며, 소송하는 사람들도 요의 아들에게 가지 않고 순을 찾았으며, 찬송하는 사람들이 요의 아들을 찬양하지 않고 순을 찬양하니, 그러므로 하늘이라 말하는 것이다.
그렇게 된 이후에 순이 중원으로 돌아와서 천자의 지위에 오르고 요의 궁궐에서 거처하였던 것이다. 그냥 요의 아들을 핍박하여 몰아 냈다면 이것은 천하를 빼앗은 것이요, 하늘이 주었다고 하지 못할 것이다. 「서경」의 태서편에 말하기를 하늘이 보시는 것이 우리들 백성이 보는 것에서 비롯하며 하늘이 듣는 것이 우리들 백성으로부터 듣게 된다 하는 것은 이것을 가리키는 것이다.[88]

---

87) 「맹자」, 만장 상.
88) 앞의 편.

순은 요로부터 천거를 받아 28년이란 긴 시간 동안 정사를 맡는다. 그러나 요가 죽고 나서 바로 왕위에 오르지 않았다. 그는 그동안 자신이 정사를 행한 것에 대한 백성의 신임을 묻기 위하여 스스로 직책에서 물러나 남쪽 지방에서 거처를 하였다. 그러나 각국의 제후들이나 백성들이 궁궐에 있는 요의 아들인 단주를 따르지 않고, 순에게 와서 조공을 바치고 송사의 해결을 구하며 모든 이가 순의 덕을 찬양하였다는 것이다. 이것은 곧 하늘이 백성을 통하여 순을 받아들인 것이고 바로 천명이 순에게 주어진 것이라는 것이다. 이러한 절차는 우가 순에 이어 왕위를 이어받을 때도 마찬가진 것이다.

결국 왕위는 천명이 따르는데, 즉 민심의 향방에 따라 정해지는 것이시 누가 누구에게 불려주는 것이 아니라는 것이다. 그러므로 우의 뒤를 이어 왕이 된 우의 아들 계(啓)도 우가 왕위를 물려준 것이 아니라 민심이 계에게로 향했기에 왕위를 이어받았다는 것이다.

> 우가 익(益)을 하늘에 천거한 지 7년 만에 우가 돌아가셨다. 삼년상을 마치고 익은 우의 아들을 피해서 기산(箕山)의 북쪽에 가 있었는데 조공하고 소송하는 사람들이 익에게 가지 않고 계에게 가면서 말하기를 우리 임금의 자식이다 하며, 노래를 불러 찬양하는 사람들도 익을 찬양하지 않고 계를 찬양하기를 이 사람이 우리 임금의 아들이라 하였다.[89]

이러한 천명사상은 순자에게서도 나타나는데 순자는 맹자의 논리

---

89) 앞의 편.

에서 한 걸음 더 나아가 왕위의 양위자체도 부정하고 있다.

세속에서 말하는 사람들이 요순이 선양을 했다고 한다. 즉 요가 양위를 해서 순임금이 왕위를 이어받았다는 것이다. 그러나 그것은 옳지 않은 말이다…… 성왕이 죽은 뒤에 천하에 성인이 없으면 천하를 양위할 수 없고 천하에 성인인 후손이 있다면 천하의 사람이 흩어지지 않고 조정의 관리의 위치에 변경이 없고 나라의 제도도 변경이 없이 천하가 그대로 복종해서 아무런 변화가 없을 것이다. 요임금이 요임금을 계승하는데 무슨 변화가 있을 것인가. 만일 후사가 없고 삼공 중에 있다면 천하가 다 삼공을 따라 복종을 할 터인데 무슨 변화가 있단 말인가.
요임금이 요임금을 잇는 것인데 무슨 변화가 있단 말인가. 천자가 살았을 때에는 유일한 최고의 규범이요, 세상 사람의 존경을 받고 복종하는 백성들을 덕으로 다스려 신하를 도덕의 대소에 따라 지위의 순차를 정해 놓았으므로 죽으면 천하의 정사를 다스릴 사람이 반드시 있었던 것이다.[90]

순자에게 있어서도 결국 민심이 귀속되는 자가 바로 왕이 되는 것이지 양위의 유무와는 상관성이 없다고 보았다.[91] 더구나 요와 같은 성인은 도덕적 결정체이고 지혜가 천지를 통하여 천하를 다스릴 때는 백성들은 도덕의 대소에 따라 적당한 지위가 정해지게 되고 재능에 따라 벼슬이 주어지며 모든 사람이 각각 자기의 능력에 따라 적당한 일에 종사하게 되는 대동사회가 구현된다. 이러한 사회는 계

---

90) 「순자」, 정론.
91) 앞의 편.

속 성인들이 나와서 그 뒤를 이어가야 하는 것이 최선이겠지만 대를 이을 성인이 항상 때에 맞추어 등장하지는 못하는 것이다.

그러므로 순자는 비록 도덕적으로 문제가 있거나 본성이 조절되지 못하는 자도 이러한 성왕의 제도를 그대로 유지해 나간다면 천하를 잘 운영할 수 있다고 보았다. 그러나 비록 천하를 운영하는 위치에 올랐을지라도 성왕의 제도를 실행하지 못하여 민심이 떠난 경우에는 王으로서의 실질이 없어지는 것이다. 그러므로 하(夏)와 은(殷)의 마지막 왕으로 폭군으로 알려진 걸(桀)과 주(紂)는 왕으로 평가할 수 없으며, 그들을 정벌한 은의 탕왕과 주의 무왕의 행위도 왕을 시해한 것이 아니라, 단지 공적을 방벌한 것이라고 평가하고 있다.

> 세선왕이 묻기를 '탕이 걸을 제거하고 무왕은 주를 징벌하였다고 하니 그런 일이 있었습니까?'
> 맹자가 대답하기를 '기록에 있습니다.'
> 왕이 말하기를 '신하로서 임금을 시해하는 것이 가합니까?'
> (맹자가 답하기를) '인(仁)을 해치는 자를 적이라 이르고 의를 해치는 자를 잔이라 이릅니다. 잔적인 자는 (왕이라 하지 않고) 필부라 칭합니다. 한 필부를 처형했다는 말은 들었지만 임금을 시해했다는 말은 듣지 못했습니다.'[92]

이러한 내용은 순자에게서도 나타난다. 순자는 이들 걸과 주는 성왕의 자손으로 왕위를 물려받았으나 왕의 지위에는 있지 않았다고 한다. 따라서 걸과 주는 단지 평범한 한 사람에 불과할 뿐이지 왕은

---

92) 「맹자」, 양혜왕 하.

아니라는 것이다.

　　성왕의 자손은 천하를 보유한 후예이며 왕위를 물려받았지만, 천하
의 종실이면서도 인물이 부정하고 재능이 없어 안으로는 백성이 미워
하고 밖으로는 배반하여, 가깝게는 기내가 통하지 않고 멀리는 제후
가 복종하지 않았다. 명령은 경내에서도 행하여지지 않고 심하면 제
후가 침공하니 이렇게 되면 비록 망하지 않았더라도 나는 천하를 잃
었다고 할 것이다. 성왕이 돌아가시고 자손이 미약하여 천하를 거느
리지 못하니 이는 천하에 군왕이 없는 것이다.
　　이때 제후 중에 덕을 밝히고 위엄을 쌓아서 사해의 백성들이 다 군
사(軍師)로 삼기를 원하였다. 그러나 포악한 나라가 홀로 방종하여 그
를 죽이는 것이 바로 무고한 백성이 상하지 않게 하는 것이었다. 난
폭한 나라의 왕을 주살한 것은 한 개인을 죽인 것과 같으니 이는 능
히 천하를 다스린 것이요 이를 왕이라 이르는 것이다. 탕과 무왕이
천하를 탈취한 것이 아니라 도를 닦고 의를 행하여 천하의 이로움을
위하여 천하의 해를 제거하였으니 천하가 귀속된 것이다.[93]

　　왕위를 물려받았다고 해서 왕이 천하를 차지할 수 있는 것은 아
니다. 천하가 왕에게 스스로 복속돼야만, 즉 민심이 그에게 향해 있
어야 비로소 왕이 되는 것이다. 그래서 왕인 것이다.[94]
　　이러한 유교의 천명사상은 선양과 역성혁명의 기본개념으로서 조
선개국을 정당화하는 데 인용되고 있다.

---

93) 「순자」, 앞의 편.
94) 주 33) 참조.

이성계의 왕위계승

위화도회군 이후에 이성계는 병권뿐만 아니라 국가권력을 한 손에 쥐게 되었다. 이성계에 의해서 옹립된 공양왕은 형식뿐인 존재에 불과하였다. 이성계는 공양왕으로부터 문하시중의 직을 받아서 신하로서는 가장 높은 위치를 차지하게 되었다. 그러나 위화도회군 이후부터 이성계를 추종하는 관료들은 그에 만족하지 않고 이성계를 왕으로 추대하고자 하였다.

> 남은(南誾)이 위화도에서 군사를 돌이킨 때로부터 조인옥(趙仁沃)과 더불어 비밀히 태조(李成桂)를 추대하기를 의논하였는데, 돌아온 후에 전하(李芳遠)에게 알리니, 전하가 말하기를 "이것은 대사이니 경솔하게 말할 수 없다." 하였다. 이때 여러 사람이 다투어 서로 추대하려고 하여 혹은 빽빽하게 모인 많은 사람이 있는 중에서 공공연히 말하기를, "천명과 인심이 이미 소속된 데가 있는데, 어찌 빨리 왕위에 오르기를 권고하지 않습니까?" 하였다.[95]

그들은 이성계의 왕위의 추대 이유를 위에서 나타난 것과 같이 천명과 인심이 이미 공양왕에게서 떠나 이성계에게 가 있음을 들고 있다. 이것은 판단하건대 탕과 무왕이 역성혁명을 일으켰던 것과 동일한 조건을 후대(태종 때)의 사가들이 구성해 놓은 것으로 여겨진다. 그 이유는 조선 초기에 간행된 「고려사」에조차도 이와 같은 내용이 나와 있지 않다. 태종 때 태조실록을 편찬하면서 왕위를 계승하기 전 단계에서 왕위계승의 정당성을 더욱 부각시키기 위해서 이

---

95) 태조실록 권1, 총서, 공양왕 4년 6월.

와 같은 부분을 첨가한 것으로 보이기 때문이다. 이성계를 추종하는 관료들은 이성계를 왕으로 추대하기 위하여 이방원과 여러 차례의 모임을 가진 것으로 나타난다. 그리하여 조준, 정도전, 남은 등 52인이 같이 이성계를 추대하려고 모의까지 하였다.[96] 이러한 위급한 상황에서 공양왕은 이성계와 동맹을 맺고자 하였다.

> 공양왕이 전하(李芳遠)와 사예 조용(趙庸)을 불러 말하기를, "내가 장차 이 시중[李成桂]과 더불어 동맹을 하려고 하니, 경 등이 나의 말을 가지고 나아가 시중에게 전하고, 시중의 말을 듣고서 맹서를 초하고 오너라." 하고, 또 말하기를 "반드시 고사가 있을 것이다." 하니 조용히 대답하기를 "맹세는 족히 귀한 것이 아니며, 성인이 싫어하는 바입니다. 열국의 동맹 같은 것은 옛날에 있었으나, 임금이 신하와 더불어 동맹을 하는 것은 경적의 고사에 근거할 만한 것이 없습니다." 하였다.[97]

이러한 상황이 전개된 것은 당시 실질적인 권력을 쥐고 있는 이성계의 세력으로부터 공양왕이 자신과 후손의 안위를 보전하기 위함이라고 보인다. 맹서의 초안을 보면 다음과 같이 되어 있다.

> 경이 있지 않았으면 내가 어찌 이에 이르겠는가? 경의 공과 덕을 내가 감히 있겠는가. 황천(皇天)과 후토(后土)가 위에 있고 곁에 있으니, 대대로 자손들은 서로 해치지 말 것이다. 내가 경에게 저버림이 있다면, 이와 같은 맹약이 있는데 (어찌하겠는가?).[98]

---

96) 앞의 기사.
97) 앞의 편 4년 7월.

이것은 당시의 정세상황으로는 공양왕이 자신과 후손의 안위가 걱정되어 오히려 신하인 이성계에게 고려왕조의 안전을 부탁하는 충성의 맹세라 할 수 있을 것이다. 그러나 이러한 공양왕의 자구의 노력은 오히려 역효과를 나타나게 되었다. 즉 유례에 없던 임금과 신하의 동맹을 강행하려고 함으로써 왕으로서의 실질적 권한이 없음을 결국 스스로 밝힌 것이 되며, 이성계를 추대하고자 하는 일파들에게 빌미를 제공하게 되었던 것이다. 사관은 이러한 상황을 다음과 같이 평가하고 있다.

> 조용이 이때 사관을 겸직하였는데, 글을 쓰기를 '임금이 시중에게 자기를 도와 왕으로 세운 공도 보답하지 못했는데, 도리어 해칠 마음이 이미 싹텄으니, 천명이 이미 가 비리고 인심이 이미 떠났으므로 구구한 맹약은 믿을 수 없게 되있다.' 하였다.99)

공양왕은 이성계와 맹약을 성사시키기 위하여 의장을 차리고 이성계의 사저로 찾아가고자 준비하는 중에 당시 시중인 배극렴은 왕의 폐위를 주청하기 위하여 왕대비를 찾아갔다.

> 시중 배극렴이 왕대비에게 아뢰었다. "지금 왕이 혼암하여 임금의 도리를 잃고 인심도 이미 떠나갔으므로, 사직과 백성의 주재사가 될

---

98) 앞의 기사.
99) 앞의 기사. 그러나 동맹의 초안은 공양왕의 명령처럼 이성계가 초안을 삽은 것이 아니라 이방원과 조용에 의해서 작성한 것이며 공양왕은 이를 추인한 것이 불과하다. 이러한 것을 통해서 볼 때 이러한 사초는 이성계의 왕위계승을 정당화하기 위해 첨가한 것으로 보인다.

수 없으니 이를 폐하기를 청합니다." 마침내 왕대비의 교지를 받들어 공양왕을 폐하기로 일이 이미 결정되었는데, 남은이 드디어 문하평리 정희계와 함께 교지를 가지고 북천동의 시좌궁에 이르러 교지를 선포하니, 공양왕이 부복하여 명령을 듣고……100)

이렇게 공양왕을 폐위시킨 뒤에 옥새는 왕대비전에 두고 정사를 집행하였다. 공양왕이 물러난 지 나흘 만인 16일에 대소신료, 한량, 기로 등이 이방원과 함께 이성계의 저택을 찾아가 등극하기를 권고하였다. 실록의 기록에 의하면 이때 이성계는 자신의 몸도 가누지 못할 정도로 두려워했다고 한다.101)

그러나 백극렴 등이 다음과 같은 이유로 왕위에 오르기를 권고하였다.

첫째, 우선 신돈의 자식인 우가 왕위에 오름으로써 사직에 대한 고려왕씨의 제사는 이미 끝이 난 것이고, 우가 죄 없는 자를 살육하고 군대를 일으켜 요동을 정벌하려 했고, 둘째 우의 아들인 창을 폐할 때 천명은 이미 이성계에게 있는데도 겸손하고 사양하여 공양왕을 추대함으로써 사직을 받들고 민생을 편안케 했으며, 셋째, 공양왕은 정치와 형벌을 문란케 하여 임금의 도리와 민심을 잃어 왕위에서 물러났으며, 넷째는 군정과 국정의 사무는 중하므로 하루라도 비워둘 수 없다는 것이다.102)

이에 이성계는 자신에게 덕이 없어 천명이 있더라도 이를 감당하

---

100) 태조실록 권1, 태조 원년 7월 17일(병신).
101) 앞의 기사.
102) 앞의 기사.

지 못함을 들어 거절을 하지만 사람들이 물러나지 않고 계속 청하므로 마지못하여 그 이튿날 수창궁에서 왕위에 올랐다 한다.[103]

유교입국을 지향하는 조선의 개국답게 양위의 정당성은 천명의 이동에서 찾고 있다. 이러한 논리는 탕과 무왕이 역성혁명으로 천하를 얻은 요소뿐만 아니라 순과 우가 선양을 받은 요소가 포함되어 있다고 볼 수 있다.

우왕 때 요동정벌을 대의를 들어 반기를 들고 위화도에서 회군한 이성계는 그 이후 사실상 국가의 권력을 모두 쥐고 있었다. 그러나 왕씨의 조정을 폐하고 이씨의 조정을 세운다는 것은 체제유지 속에서 점진적인 개혁을 원하는 정몽주를 위시한 온건파 사대부의 반대를 사기에 충분하였다. 그러므로 이성계도 창왕을 폐하고 나서 자신이 즉위하시 않고 공양왕을 왕위에 세우는 등 외면적으로 왕조유지를 위한 노력을 하였다.

그러나 권문세가만의 농장혁파로는 미봉책에 불과하였으며, 전면적인 개혁을 위해서는 왕실과 사원의 농장도 토지개혁의 대상이 되어야만 했다. 그러므로 당시의 정치 경제의 모순을 제거하려는 노력은 새 왕조의 개국을 요청하였으며, 모든 상황은 이성계 결국 언제 즉위하며 어떠한 형식을 거쳐서 즉위할 것인가만 남아 있었던 것으로 보인다.

당시 개혁의 중심세력인 정도전을 위시한 사대부들은 가장 유교적이고 가장 평화로운 절차를 거쳐서 즉위시키고자 하였다. 이미 천명의 이동은 실록의 기록에도 있듯이 이미 창왕을 폐위시킬 때 있었던

---

103) 앞의 기사.

것으로 보고 있다. 그래서 공양왕의 추대는 마치 요가 죽자 순이 요의 아들인 단주에게 나라를 맡기고 자신은 지방으로 피해 있는 것과 동일한 모습을 보여주고 있겠다고 하겠다. 이성계가 왕위에 즉위하는 것은 잘못된 왕통을 바로잡는 것으로서 오히려 고려왕조의 은인이 되었다. 이것은 비록 성인까지는 아니라고 할지라도 그의 도덕적 인품을 크게 부각시키고자 하였던 것이 아닌가 한다. 더구나 이성계에 의하여 즉위한 공양왕의 무능을 강조하고, 이성계가 토지개혁을 맡아 하면서 백성으로 하여금 도덕적인 모습이 더욱 부각되게 하였던 것이다.

이러한 과정 속에서 관료들과 백성의 추대를 통하여 왕위를 오른 이성계의 양위의 과정은 외면적으로만 봐서는 무혈혁명으로서 탕과 무왕의 역성혁명이기보다 오히려 순과 우의 선양에 비견할 수 있다고 평가할 수 있을 것이다.

② 조선의 인정(仁政)

유교입국을 천명하면서 건국한 조선이지만 유교가 현실로 구현되는 데는 왕과 관료들 간에 많은 갈등이 있을 수밖에 없을 것이다. 한 나라의 왕으로서 가질 수 있는 절대적인 권력은, 특히 국가를 세우는 데 참여한 왕으로서는 쉽게 버릴 수는 없는 일인 것이다. 그러나 조선 초의 사대부들은 끊임없이 왕을 교육시키고자 하였고,[104] 상소와 간언을 통하여 국가의 근본은 백성임을 강조하였다. 조선의 유교입국의 입안자인 정도전에게 있어서도 국가의 근본은 백성에게

---

104) 뒤의 경연(經筵)에 대한 기술 참조.

있으며 모든 정책과 법은 백성을 위하는 정신에서 나와야 한다고 하였다.

사해를 제압하고 나서 천자가 작록을 나누어 주었던 것은 신하를 위함이 아니요, 아래로 모두 백성을 위한 것이었다. 그러므로 성인이 하나의 동작이나, 하나의 시설이나, 하나의 명령이나, 하나의 법제도가 반드시 백성에게 근본을 두었다.[105]

임금이 백성을 보호하되 자식을 보호하듯 하고 백성을 사랑하되 (소의 주인이) 소를 아끼는 것보다 더 잘하기 위하여 그 유모와 목자의 역할을 실로 여러 아전에게 부탁한 것이다.[106]

그러나 이러한 사고가 절대권력자에게서 나오는 데는 쉽지는 않았다.

사간원에서 시무 몇 조목을 올렸는데, 소는 이러하였다.
"하늘이 임금을 세운 것은 백성을 위하는 것뿐입니다. 그러므로 선왕의 정사가 백성을 기르는 것보다 먼저 한 것은 없습니다. 주나라의 백성이 전지(田地)를 받지 않은 사람이 없고, 5묘의 땅은 조세를 거두지 않았기 때문에, 모두 전려(田廬)의 이익을 얻어서 위로 부모를 섬기고 아래로 처자를 양육하여, 본토에서 편안히 살며 생업을 즐기었습니다. 우리 국가는 한갓 백성의 재물을 거두는 것만 알고 백성을 구휼하는 도는 알지 못하여, 일정한 부세 이외에 잡다한 세금의 징수가 많아서 이익이 백성에게 미치는 것이 없기 때문에 원망이 아래에 쌓이고 변화가 위에서 응하여, 홍수와 가뭄의 재앙이 없는 해가 없습

---

105) 정도전, 앞의 책 권10, 경제문감 하, 헌령.
106) 앞의 글.

니다. 하물며, 지금 여러 도의 전지를 다시 측량하여 집터의 손바닥만
한 땅까지도 모두 계산해서 세를 부과하니, 민생이 더욱 고통스럽고
원망이 더욱 쌓이니, 이것을 생각하지 않을 수 없습니다. 원하옵건대,
이제부터 주나라의 5묘의 제도에 의하여 많고 적은 것을 참작해 나누
어 주고 세를 받지 않으면, 거의 인심이 기뻐하고 천도가 순하여질
것입니다." ……회답하지 아니하였다.107)

더욱이 태종조는 조선왕조의 존속을 위한 수성의 기틀을 닦는 시
기였다. 이런 이유로 국가의 재정은 어느 때보다도 많이 필요한 시
기였기에 철저한 답사를 통하여 세금을 거두었던 것이다. 이러한 모
습은 관료들의 시각에서는 세금을 적게 부과하고자 하는 유교적 조
세제도와는 상치되는 점이라 하겠다. 국가의 재정확보와 백성의 민
생안정 사이에서 갈등은 조선의 정치사에서 계속되었지만, 그런 와
중에서 국가는 백성들의 생존을 위하여 적극적으로 관여함으로써 인
정을 펼쳐 나갔다.
　　인정의 하나로 평가될 수 있는 것이 상평보(常平寶)의 설치라 할
것이다.108) 상평보는 물가조절을 위하여 관에서 확보해 두는 자본금

---

107) 태종실록 권13, 태종 7년 6월 28日(경술).
108) 상평보(창)는 법가의 인물로 알려진 이회(李悝)가 처음으로 만든 제도
　　로 알려졌다. 이회는 중국의 전국시대 위나라의 사람으로 중국형법의
　　모체가 되었다고 평가받는「법경(法經)」육편을 편찬하였다. 상평보가
　　우리 역사에 나타나는 것은 고려 성종 때이다. 성종 12년(993)에 포
　　32만 필로 쌀 6만 4천 섬을 바꾸어서 이를 자본으로 하여 흉년이 들
　　어서 곡가가 오르면 시가보다 싸게 방출하고 풍년으로 곡가가 떨어지
　　면 시가보다 비싸게 쌀을 구입함으로써 곡가를 조절하여 백성들의 생
　　활을 안정되도록 하였다. 이러한 일을 맡아보던 기관을 상평창이라고
　　하였으며, 상평창은 그 후 선조 41년(1608)에는 선혜청(宣惠廳)으로

이다. 그러나 그러한 자본금의 역할은 단지 물가조절에 그 목적이 있는 것이라기보다는 곡식의 공급을 조절함으로써 민생의 안정을 지속화하는 데 그 의미가 있겠다고 하겠다. 조선에 들어와서 흉년에 백성을 구제하는 의창제도는 시행되고 있었으나,[109] 상평보를 관장하는 상평창의 설치는 태종 9년에 와서야 시행되고 있다.

> 전라도 도관찰사 윤향이 상평보를 설치하도록 청하니 그대로 따랐다.
> 계문은 이러하였다⋯⋯ 가을에 곡식이 천할 때에는 면포 1필을 주고 곡식 값을 2두 감하여 받아들여서 백성의 용도에 편리하게 하고, 봄에 곡식이 귀할 때에는 면포 1필을 받아들이고 곡식 값을 1두 올려서 내주어 백성의 굶주림을 면하게 하며, 흉년에는 내주기만 하고 받아들이지 말며, 풍년이 들기를 기다려서 법대로 거두어들일 겁니다.[110]

이렇게 국가는 나라를 운영하는 데 있어서 민생의 안정을 위하여 단지 식량증산을 꾀하고 조세를 경하게 함으로써 백성을 풍족하게 하는 것이 그치지 않고 적극적으로 쌀의 공급량을 조절함으로써 민생경제의 안정을 도모하였다. 이와 같은 적극적인 국가의 경제관여는 국가의 정치는 바로 국민을 위하여 존재하는 것이라는 위민(爲民)정치의 발로라 아니할 수 없다.

흡수된다.
109) 의창제도는 중국 한나라 선제 때의 경수창(耿壽昌)이 만든 제도로 수·당시대에 널리 행하여졌다. 평상시에 곡식을 저장해 두었다가 흉년이 들면 곡식을 내어 구제하던 제도로 환곡정책의 일환으로 나온 것으로 이사는 묻지 않는 것이 원칙이었다. 우리나라는 고려 성종 5년(986)에 실시하여 조선조까지 계속되었다.
110) 태종실록 권17, 태종 9년 1월 18일(신유).

그러나 인정은 유가정치에서는 항상 앞에 등장하는 것이기는 하지만 단지 구호에 그칠 수 있다. 비록 군주가 아무리 인정을 하고자 할지라도 지방관들이 그러한 군주의 뜻을 따라주지 않는다면 아무런 의미가 없는 것이다. 즉 제도와 적당한 재원과 더불어 지방관에 대한 국가의 감독이 적절히 행해져야만 그러한 통치가 제대로 국민에게 미칠 수 있는 것이다.

세종 원년의 왕지를 보면 이 점을 알 수 있게 된다.

요즈음 홍수, 가뭄, 바람, 우박, 등 자연재해로 인하여 해마다 흉년이 들어 환과고독과 궁핍한 자가 먼저 그 고통을 받으며, 떳떳한 산업을 지닌 백성까지도 역시 굶주림을 면하지 못하니, 너무 가련하고 민망하다. 호조에 명령하여 창고를 열어 구제하게 하고, 연달아 지인(知印)을 보내어 나누어 다니면서 고찰하게 한바 수령으로서 백성의 쓰라림을 돌아보지 않는 자도 간혹 있으므로 이미 유사로 하여금 죄를 다스리게 하였다. 슬프다 한 많은 백성들이 굶어죽게 한 형상을 부덕한 나로서 두루 다 말할 수 없으니, 감사나 수령으로 무릇 백성과 가까운 관원은 나의 지극한 뜻을 본받아 밤낮 게을리 하지 말고 한결같이 그 경내의 백성으로 하여금 굶주려 처소를 잃어버리지 않게 유의할 것이며 궁벽한 촌락까지도 친히 다니며 두루 살피어 힘껏 구제하도록 하라. 나는 장차 조정의 관원을 파견하여 그에 대한 행정상황을 조사할 것이며 만약 한 백성이라도 굶어 죽는 자가 있다면, 감사나 수령이 모두 교서를 위반한 것으로서 죄를 논할 것이다.111)

흉년을 당하여 지방에서 백성들에 대한 구휼이 제대로 시행되는지

---

111) 세종실록 권3, 세종 원년 2월 12일(정해).

여부를 중앙의 관료를 보내어 감시하고, 제대로 행하지 못한 수령에 대해서는 형벌을 부과하겠음을 밝히고 있다. 더불어 수령들에게 계속 구휼에 힘쓰라고 하고 있는 것이다. 이렇게 굶주리는 백성을 구제하는 것은 한 나라의 군주로서 백성을 위하는 가장 근본적인 위민정치의 발로이며 인정인 것이다.

그러나 이러한 통치도 유교의 존비의 차등적인 사고를 바탕으로 하는 현실에서 제대로 구현이 됐는지 의문이 아닐 수 없다. 왜냐하면 비록 백성이 나라의 근본이며 백성은 왕보다도 더 귀하다는 것은 유교적인 신분제도 속에서는 허구에 불과하게 될 우려가 높기 때문이다. 사실 세종대에 존비의 명분에 따라 부민(府民)이 수령을 고발하는 것을 금지한 일이 있다.

예조판서 허조 등이 계하기를 '가만히 생각하오면, 천하나 국가는 인륜이 있는 곳이라 임금과 신하의 상하구분이 각각 없을 수 없는 것이니 조금이라도 능멸히 여기는 마음이 있을 수 없는 법입니다. 근자에 와서는 아래에 있는 사람으로 윗사람의 일을 엿보다가 조그마한 틈이라도 있는 것을 알게 되면 그럴 듯하게 만들어 하소연하며 윗사람을 업신여기는 마음을 함부로 하는 일이 자주 있으니, 이 같은 풍조는 단연히 자라지 못하게 할 것입니다…… 원하옵건대 이제부터는 속관이나 아전의 무리로서 그 관의 관리와 품관들을 고발하거나, 아전이나 백성으로 그 고을의 수령과 감사를 고발하는 자가 있으면, 비록 죄의 사실이 있다 하더라도 宗社의 安危에 관한 것이거나 不法으로 殺人한 것이 아니라면, 위에 있는 사람은 논할 것 없고, 만약에 사실이 아니라면 아래에 있는 자는 해당 죄의 刑보다 더 중하게 처벌하여야 할 것입니다.' 하니 그내로 따랐나.[112]

비록 이와 같은 제도는 지방관들이 참소나 무고의 위협 없이 소신껏 목민의 일에 임하게 할 수 있도록 만들었다는 데 의의를 두고 있지만 오히려 목민관들의 무사안일주의와 부패를 가져온 것으로 보인다. 그리하여 이 제도가 시행된 지 2년이 채 못 되어서 세종은 사헌부에게 풍문만으로 지방관을 규탄할 수 있도록 하였다. 또한 조정의 관료에게 명하여 주와 군을 조사하고 촌락들을 출입하면서 모든 수령들이 탐오하고 가혹한 형벌을 쓴 것 등을 일일이 적발하게 하였으며, 이에 일체의 민간의 굶주림과 곤란함과 고통, 원통함을 품고 억울한 일을 당한 사람에게 스스로 진술할 기회를 주었다.[113]

결국 유교의 차별적인 신분제도하에서 왕이나 관료들이 애민의식을 갖지 않고서는 인정이 이루어질 수 없는 것이다. 그러므로 세종과 같은 성군이나 성종 초기와 같이 현신들이 있을 때에는 나라는 태평성대를 구가할 수 있지만 그렇지 못한 경우에는 백성들은 권력으로부터 자유로울 수는 없었다. 그러나 차선책으로 왕은 서연(書筵)과 경연(經筵)을 통하여 유교적 수양을 닦았으며, 관료들도 과거 등을 통하여 유교적 소양을 어느 정도 인정받은 자들이었다. 그러므로 국가를 운영하는 자들은 완전한 도덕적인 인격자는 아닐지라도 어느 정도의 도덕적 소양을 가진 자들이었기에 이익보다는 의를 앞세움으로써 조선은 그 국호를 면면히 유지할 수 있었다.

---

112) 세종실록. 권9, 세종 2년 9월 13일(무인).
113) 세종실록 권21, 세종 5년 7월 3일(신사).

3. 조선과 예치주의(禮治主義)

왕도정치는 왕이 성인인 경우에 가능한 것이다. 왕이 성인이어야 스스로를 덕으로써 자신을 제어하고 통제할 수 있기 때문이다. 그러나 왕도정치를 주창하고 있는 유가에서도 왕이 성인이었던 때는 요순과 삼대의 몇몇 왕에 불과하였다는 것을 시인하고 있다. 이러한 상황에서 왕도정치를 계속 유지할 수 있는 방법을 순자는 예에 의한 통치라고 보고 있다.

예는 성인이 만든 제도이기 때문에 바로 이러한 제도를 시행하는 것은 성왕에 의한 왕도정치를 시행하는 것과 다름이 없다고 보았던 것이다.

그러나 유교에 있어서 예의 범위는 너무 넓어서 예를 단지 몇 마디의 단어를 가지고 정의내리는 것은 불가능하다. 그러므로 여기서는 군주의 권력을 통제하고 덕치를 실현하여 인정을 펴는 한도에서 예치를 파악하는 것으로 그 범위를 좁히고자 한다.

1) 유가의 예치주의

예는 사회질서를 이루는 근본규범으로서 가자가 자신의 직분에 따라 생활을 영위하고 다른 사람들과 조화롭게 공존하기 위한 필요불가결한 조건을 그 내용으로 하고 있다. 그러므로 예는 새로운 제도를 창출하여 규범화한 것이 아니라 주어져 있는 현실에서 가장 합리적이며 모든 구성원들이 만족을 얻을 수 있는 조건을 만드는 것이다.

예는 (모두에게) 같이 적용되지 않은 것이며, 예는 풍족하게만 하는 것이 아니며, 예는 무조건 막는 것도 아니다. 이것은 인정을 유지하고 위태로움을 흡수하는 것이다. 그런 까닭에 성왕은 산에서 편안하게 사는 자로 하여금 옮겨 하천에 살게 하지 않으며, 물가에 살기를 좋아하는 사람을 중원에 살게 하지 않는다. 그리하여 백성들로 하여금 곤란하고 피폐하게 만들지 않는다. 물과 불과 쇠와 나무를 사용하는 것과 음식 하는 것을 반드시 해야 할 때에 한다. 남녀를 결합시키는 일은 반드시 그럴 만한 나이가 되어야 하고, 爵位를 나눠주는 일은 반드시 그럴 만한 덕이 있는 자에게 한다. 백성을 쓰되 반드시 농한기에 한다.114)

그러므로 예는 모든 사람에게 일률적으로 적용되는 法과 같은 것이 아니며 또한 형식만을 추구하는 것도 아니고 그저 못 하게 막는 것도 아닌 것이다. 인간의 정서를 바탕으로 하여 자연스러운 질서를 만들어 모두가 조화롭게 살 수 있도록 하는 것이다.

중국은 황화를 중심으로 하는 농업국가였다. 농산물이 국가경제의 기반을 이루고 있었기 때문에 국가통치는 먼저 자연적인 질서에 예속되지 않을 수 없었다. 따라서 예를 제정하는 데에 있어서 자연의 질서는 커다란 영향을 끼쳤다.

공자가 말씀하였다. 대체로 예라고 하는 것은 선대의 제왕이 하늘의 도를 받들어 사람의 심정을 다스리는 것이다. 그러므로 예를 잃은 자는 죽고 예를 얻은 자는 산다. 시경에 이르기를 쥐를 보니 몸이 있구나. 사람으로서 예가 없겠는가. 사람으로서 예가 없다면 어째서 일

---

114) 「예기」, 예운.

찌감치 죽지 않는가라고 하였다. 그러므로 예란 것은 반드시 하늘에 근본을 두었으며 땅의 형세에 높고 낮은 위치를 드러냈으며, 귀신에 열하여 제사를 행하고, 상제(喪祭)와 사어(射御)와 관혼과 조빙(朝聘)에까지 미친다. 그러므로 성인이 예로써 백성에게 법칙을 보였다. 그런 까닭에 천하국가를 바로잡을 수 있었던 것이다.[115]

이렇게 예는 인간이 살고 있는 자연환경의 영역 안에서 잘 조화하며 살아가기 위한 조건을 만들어 나가는 데 있다. 그러므로 예의 내용은 주위의 자연을 무시할 수 없었다.

예라는 것은 천시에 합치하여야 한다. 예는 땅이 생산하는 재화로 이루어진다. 그렇게 하면 자연히 귀신의 마음을 순하게 하고 사람의 마음이 합致하게 되어 만물을 각기 그 이치에 따라 다스릴 수 있게 된다. 그렇게 되기 때문에 천시는 생산함이 있고 지리는 그곳에 마땅한 바가 있으며 백성과 관원들은 각기 자신의 능력에 따라 일을 맡게 되고 물건은 각각 이롭게 쓰이는 바가 있다. 그러므로 천시가 생산하지 않고 땅이 기르지 않는 것이라면 군자는 그것을 가져다가 예에 쓰는 물건으로 사용하지 않는다. …… 가령 산에 살면서 물고기나 자라를 쓰는 것을 禮로 여기며 못가에 살면서 사슴이나 산돼지를 쓰는 것을 예로 삼는다면 군자는 그것을 예를 알지 못하는 처사라고 말한다.[116]

이러한 인간의 삶 속에서 가장 일반적으로 접할 수 있는 자연을 바탕으로 한 예는 그대로 국가질서에 반영되어 나타난다.

---

115) 「예기」, 예운.
116) 「예기」, 예기.

그러므로 반드시 그 정해진 부세의 수입을 가지고서 예를 행하는 것이 예를 행하는 경상(經常)의 법이다. 예의 크기의 차례는 땅의 넓고 좁음에 따르고 예의 후하고 박한 것은 그 해의 흉풍의 정도에 좇는다. 그러므로 흉년이 들어 곡식의 수확이 크게 감쇄되더라도 백성들은 국가의 제례비용 때문에 굶어 죽는 일이 생기지 않을 것을 알고 두려워하지 않는다. 그것은 위에서 예를 제정함이 절도가 있기 때문이다.117)

이러한 예의 정당성은 유가에서는 성인이 제정하였다는 데 우선 근거를 두고 있다.

예의라고 하는 것은 사람의 본성에서 생겨나는 것이 아니고 성인의 작위에 의하여 생겨난다. 성인이 생각을 쌓고 작위를 오랫동안 익히어 예의를 만들어 내고 법도를 제정하는 것이다.118)

자연의 질서에 합치한 것이 예이기는 하지만 인간의 본성을 따르는 것이라기보다는 성인에 의하여 만들어진 것이다. 오랜 시간 동안의 생각과 시행을 통하여 모두가 그러한 규칙을 받아들이면 그때 비로소 제도로 정착시키고 있는 것이다. 이는 성인의 '聖'이란 글자가 갑골문에서부터 귀가 커서 많은 것을 듣고 헤아릴 수 있는 능력을 가리키고 있는 것과 일맥상통한 것이다. 그러므로 예는 성인이 만들었다는 데에만 정당성을 부여하고 있지는 않고 있으며 예는 인간으로서의 정리를 적절하게 조절하며 보호할 수 있어야 하는 것이다.

---

117) 앞의 책.
118) 「순자」, 성악.

그리고 예라는 것은 사람이 행할 수 있는 가능한 범위에서만 논의되는 것이다. 그 범위를 초월하면 이미 예가 아니다.

예라는 것은 가깝고 먼 것에 따라 정하고, 의심스러운 것을 해결하며, 같고 다른 것을 구별하고 옳고 그른 것을 밝히는 것이다.[119]

가난한 사람은 재물로써 예를 행하지 않고 늙은 사람은 근력으로써 예를 행하지 않는다.[120]

중국의 역사를 보면 요순 이래 삼대에 이르기까지 여러 성인의 출현을 보았고 그에 따라 많은 문물제도의 정비를 보았다. 더군다나 주나라의 제도는 거의 완벽하게 정비된 것으로 알려지고 있다.

공자가 말하기를 "주나라는 하·은의 이대를 거울로 삼았으니 찬란하게 문화가 빛났다. 나는 주를 따를 것이다."[121]

예는 제도로 정착되어 밖으로 나타난 형식이므로 시간을 초월하여 통용되는 항구불변적인 제도라고 보고 있지는 않다. 예는 시대에 따라 가변적인 제도인 것이다.

(고대의) 다섯 제왕이 시대가 달라짐에 서로 예를 쫓지 않았고, (하, 은, 주의) 세 왕이 세대를 달리함에 서로 예를 답습하지 않았다.[122]

---

119) 「곡례」, 예기.
120) 앞의 책
121) 「논어」, 팔일.

그러나 당시의 중국에는 예의 근본정신은 변하지 않았기 때문에 삼대의 긴 시간이 지났더라도 그 변화는 그리 크지 않았으며 약간의 형식적인 차이만이 존재하였다고 보고 있다.

예에는 큰 것이 있고 작은 것이 있으며 드러난 것이 있고 미세한 것이 있다. 큰 것을 덜어서 작게 해서는 안 되며 작은 것을 보태어 크게 해서도 안 된다. 드러난 것을 덜어서도 안 되고 미세한 것을 큰 것으로 만들어도 안 된다. 그러므로 경례(經禮) 300가지와 곡례(曲禮) 3000가지가 그 이치는 한 가지일 뿐이다…… 하·은·주 삼대의 예도 한 가지다. 백성들이 모두 그것을 좇아 행한다. 혹은 희게 하고 혹은 푸르게 하는 것이 있음은, 하나라는 만들고 은나라는 따라 하는 사이 에 약간의 형식의 차이가 있을 뿐이다.[123]

삼대의 제도는 춘추전국시대만 하더라도 그 윤곽이 남아 있던 것 으로 보인다. 그러나 하와 은의 제도는 그 시간적 거리 때문에 완전 히 알 수는 없었다. 그리고 주나라가 쇠퇴하여 주나라에서는 그 원 형을 찾기 어려웠다. 하지만 주공이 봉후로 있었던 노나라에 주의 문물이 현존하고 있었기에 공자는 주의 문물을 정비하여 주의 제도 에 의거한 통치를 주장하였던 것이다. 그리고 이러한 공자의 뜻에 의거하여 순자는 요순과 같은 선왕의 제도를 따르는 선왕지치(先王 之治)가 아니라 당시에 제도의 원형을 알 수 있는 주의 문·무왕의 제도를 통한, 즉 후왕에 의한 통치를 하고자 하였던 것이다. 이러한 주의 제도가 바로 예치의 예의 내용이 되는 것이다.

---

122) 「예기」, 악기.
123) 「예기」, 예기.

이러한 예는 바로 성왕에 의해서 제정된 것이며 성왕에 의하여 통치의 수단으로서 쓰인 제도인 것이다. 정명론(正名論)에 의하면 유교의 군주는 명실공히 군자 내지는 성인이어야 하는 것이다. 그러므로 최소한 성인이 만든 제도에 의하여 국가를 통치하여야만 왕으로서의 위치를 보전할 수 있는 것이다. 더구나 예는 한 인간의 도덕적 수양으로부터 한 국가의 통치질서까지 망라되지 아니한 분야가 없다. 덕치를 요청하는 유교의 군주론에 의하면 군주는 국가를 통치하는 데 먼저 모범을 보임으로써 백성을 따르게 하여야 하므로 먼저 예를 따르는 수범을 보임으로써 스스로 왕권을 제한하게 된다.

2) 조선의 예치

(1) 정도전의 예치주의

조선에서 예치의 기틀을 마련한 것은 정도전에서 비롯된다고 할 수 있을 것이다. 정도전은 자신의 집필인 『조선경국전』을 통하여 주례의 육전체제를 연구하여 조선이 육조중심의 관제체제를 정립하고 유지하는 데 커다란 영향을 끼쳤을 뿐 아니라, 『경제문감』을 통하여 중국고대에서부터 송대까지와 고려의 관제를 정리하여 관제제도의 기틀을 마련하였다. 그리고 『경제문감 별집』을 집필하여 중국의 요순 이후에서 송대의 왕에 이르기까지, 그리고 고려시대의 왕들의 공과를 지적하여 왕도정치의 전형이 무엇인지를 지적하고 있다.[124]

---

124) 이러한 정도전이 집필서는 국가의 정무를 분신하고, 왕권을 견제하는 데 있어서 제도적으로니 실제적으로 많은 영향을 끼쳤다. 사세한 것은

그는 비록 태조가 인심과 천명에 의하여 왕으로 즉위를 하였다고
는 하나 인정을 펴지 못하면 결국 왕위를 유지하지 못할 것이라고
하였다. 그러므로 인군이 된 자는 자신의 마음을 바로잡아서 인을
체득하고, 인의 체득에 의해서 생겨난 사랑하는 마음이 인민에게 미
쳐야 인이 바로 모양을 갖춘 것이고 바로 적용되는 것이라고 한
다.125) 유가의 인정은 도덕적으로 완성된 성인이나 현인에 의해서
이루어지는 왕도정치인 것이다. 그러나 중국역사를 통틀어 살펴보더
라도 인정이 제대로 이루어진 시기는 요, 순, 우, 탕, 문, 무왕 등이
다스리던 때밖에는 없다. 그러므로 정도전은 국가의 통치를 단지 왕
에게만 의지하지는 않고 있다.

그는 춘추시대에 비록 인군이 성인이나 현인이 아니었지만 훌륭한
재상들을 등용하여 패왕의 업을 세운 것을 인용하여 현세의 정치에
있어서 인군이 어떠한 재상을 선택하는가에 따라 태평한 정치와 어
지러운 정치가 구별된다고 보았다.126) 그리고 다 나아가 비록 성왕
이라 할지라도 나라에 어려움을 당하였을 때 어질고 현능한의 신하
의 보필로 난국을 타개할 수 있었음을 강조하고 있다.127) 따라서 인
군이 언제나 성인이나 현인일 수 없기 때문에 그 시대의 가장 훌륭
한 자를 재상으로 삼아 그에게 백관의 통솔을 일임하는 것이 인정에

제3장 참조.
125) 정도전, 앞의 책, 권7, 조선경국전 상, 정보위. 여기서 정도전은 태조가
     인정을 펴는 왕으로 묘사를 하고 있다. 그러나 이것은 왕으로서 인정
     을 펴야 한다는 것을 역설적으로 강조하고 있다고 해석할 수 있을 것
     이다.
126) 앞의 글, 재상연표.
127) 앞의 책, 권12, 경제문감별집 하.

가장 가깝게 접근하는 일이라는 것이다. 인군은 국사에 대하여는 오직 재상과만 논의하며, 재상은 왕법에 따라 궁궐의 살림살이를 절제하고 어진 선비를 관직에 등용하여 그들을 통솔하여 백성을 다스리는 것이다.[128] 즉 정도전은 국가의 통치권력을 재상을 정점으로 하는 중앙집권적 관료제도를 추구하고자 하였다.

그리고 그는 인군과 관료들의 전횡을 막는 장치로 규찰탄핵기관을 매우 중시하고 있다. 규찰 또는 탄핵관료로 어사, 간관, 감사 등을 두고 있으며 재상에 못지않게 비중을 두고 있다. 그는 어사는 백관을 규찰하는 관직으로 그 영예는 재상보다도 더 중하다고 하고 있다.[129] 또한 간관은 인군의 허물을 바르게 잡는 일을 하는 관직으로 그 중대함은 재상과 동등하게 두고 있다.[130] 또한 감사는 수령의 풍기를 집는 관직으로 백성의 행복과 불행은 수령에게 달려 있으므로 감사의 임무가 중하다고 보았다.[131]

정도전은 당시의 인정의 실현을 위하여 직접적으로 유가의 이상사회를 추구하지는 않았다. 중국의 역사상에 나타난 관제와 고려의 제도를 살펴서 관료제를 재구성함으로써 현실 속에서 가능한 통치의 원류를 찾으려 했던 것이다. 고려 말의 혼란을 평정할 수 있는 새로운 체제를 찾고자 왕권과 신권의 적절한 분화와 조화를 통하여 권력을 분산시키고 통제하는 장치를 만들어 올바른 정치가 이루어지기를 바랐던 것이다.[132]

---

128) 앞의 책, 권7, 조선경국전 상, 치전, 총서.
129) 앞의 책, 권10, 경제문감 하, 대관.
130) 앞의 글, 산관.
131) 앞의 글, 감사. 앞의 책, 권7, 조선경국전 상, 관제.
132) 이재룡, 앞의 논문, 250 - 253면.

정도전의 논리에 의하면 재상제는 새롭게 출현한 제도가 아니다. 요·순도 백규를 두어 왕을 보좌하게 하였는데 그들이 바로 순과 우이다. 그들은 왕을 보좌하여 천하를 다스렸는데 당시 요와 순이 남면지치(南面之治)를 이루었다. 정도전은 바로 이와 같은 통치의 모습에서 재상제의 연원을 찾고 있다. 이러한 것을 볼 때, 그에게 있어서는 왕도정치의 이해는 성왕에 의한 통치라는 측면보다는 가장 덕이 높은 현인에게 백관을 총괄하게 하여 나라를 다스리는 것이라는 측면을 중시한 것으로 보인다.

그는 이러한 유교통치에 대한 접근은 조선의 예치의 길을 열어놓았다고 할 것이다.

(2) 실록에 나타나는 예치

조선의 예치는 예제의 정비와 통치구조의 확립에 맞추어져 진행되었다. 먼저 유교이념을 구체화시킬 통치기구의 확립을 목적으로 관제개혁에 대한 연구가 많이 행하여지고 있다.

조선의 관료제는 고려의 육부를 수정하여 정도전의 「조선경국전」에 따라 「주례」를 본받아서 이·호·예·병·형·공의 순서에 의거하여 육조를 설치하였다. 그리고 「주례」의 연구를 통하여 건국 초기에 방만해진 관료제를 축소하고자 하는 노력들이 보인다.

문하부에서 상소하여 용관(冗官)을 퇴거하도록 청하였다. 소는 이러하였다. "삼가 주나라 관료제도를 상고하니, 삼공은 도를 의논하고, 육경은 실질적인 사무를 분장하여, 관료를 반드시 갖추지 아니하고 오직 적합한 사람을 썼습니다. 천관 총재 이하의 각 소속이 60인이므로, 육경의 소속이 360인인데, 오히려 능히 어진 이를 쓰고 능한 이를 부리어 태화의 정치를 가져왔습니다.[133]

위의 상소는 「주례」의 육관체제를 언급하여 당시 조정에서 설치한 관직 중에 맡은 업무가 하찮아서 쓸데없는 관직을 없애기를 청하고 있다. 이 시기는 개국 초이어서 정치권의 단결을 위해서는 개국공신들에 대한 대우가 필요한 때이므로 용관을 없애지는 못하였으나, 관료제의 정비를 위한 기틀을 차례차례 마련하고 있음을 알 수 있다.

국가의 관료제를 확립하는 데는 「주례」만을 고집하지 않고 역대 중국의 제도와 고려의 제도를 조사하여 현실에 알맞게 정비하고자 하였다. 그 예로는 세종 즉위년에 종친, 훈신, 문무일품의 상이 발생하였을 때 그 업무를 치리히기 위하여 일시직으로 실지하였던 조묘·예장도감을 「주례」와 「당서」에 근거하여 예장도감으로 통합하여 상설화함으로써 비용의 낭비를 막고 수레와 의식에 필요한 물품의 준비에 만전을 기하게 하였다.[134] 또한 동궁관속인 지통예(知通禮)가 역대에는 없었으며, 「통전(通典)」과 「문헌비고(文獻通考)」에 의거하여 다만 중호(中護)가 황태자의 관속이었다는 사실을 밝혀서 좌우중호를 설치하기도 하였다.[135]

그러나 이러한 관료제도의 정비는 왕과 신하 사이의 이해관계가 얽혀 있는 일이어서 항상 순탄하지마는 않았다. 그 예로 첨사원(詹

---

133) 성종실록 권4, 성종 2년 4월 6일(신축).
134) 세종실록 권2, 세종 즉위년 11월 11일(정사).
135) 세종실록 권41, 세종 10년 7월 22일(임신).

事院)의 설치에 관한 논란이었다. 첨사원은 세종 말년에 세종이 건강상의 문제로 인하여 정상적인 국정운영이 어렵게 되자 세자에게 일반적인 국정업무를 맡겨서 처결하도록 하기 위하여 설치된 기관이었다.136) 그러나 신하들은 그러한 제도가 삼대에도 없었으며 국가의 명령이 두 군데서 나오는 예가 없으며 또한 당대 이후에 보이는 첨사부도 국정의 재결에는 참여한 일이 없다는 것을 들어서 반대하였다.137) 세종의 고집으로 인하여 첨사원은 지속하였지만 결국 문종즉위 후 폐지하게 되었다.138)

예치에 대한 왕과 관료의 노력은 예치를 단지 삼대의 이상적인 제도를 조선에 실현하고자 하는 것에서 벗어나 역대의 중국과 고려의 제도를 통하여 현실적으로 필요한 국가기관을 정비하고자 하였다고 보인다. 그리하여 비록 주례를 이상적인 제도로 보고 관제를 기초하였으나 그 밖에 「당서」, 「문헌통고」, 「두씨통전(杜氏通典)」, 「태평광기(太平廣記)」 등의 연구를 통하여 역대의 제도를 참고하여 우리에게 맞는 제도를 찾고자 하였다.139)

한편 예제의 정비는 불교국가를 탈피하여 유교국가의 면모를 세우는 데 가장 중요한 일이었으나 개국 초의 혼란기에는 주로 국가기구의 정비에 힘을 쏟았으며, 세종에 와서 오례(五禮)의 완성과 더불어

---

136) 세종실록 권97, 세종 24년 7월 28일(병술).
137) 세종실록 권97, 세종 24년 8월 2일(기축). 이날 이후에 실록의 기사를 보면 신하들의 첨사원의 설치에 대한 간쟁이 계속되고 있음을 볼 수 있다.
138) 문종실록 권1, 문종 즉위년 3월 9일(계축).
139) 한형조, 「조선 세종대의 고제연구에 대한 고찰」, 『역사학보』 제136집, 1992. 12, 105면.

비로소 자리를 잡게 되었다.

　예제의 정비는 유교입국으로서의 실질을 갖추기 위한 작업이었다. 고려조의 불교적인 색체를 말끔히 제거하고 유교적인 윤리질서를 구축하기 위해서는 실생활에 있어서의 모든 양식을 유교화할 필요가 있었다. 더구나 유교의 예는 직분적인 예이기 때문에 권력구조를 유지시키는 기능을 가지고 있어서 왕실의 권위를 세우고 신분의 질서를 세우는 데는 무엇보다도 예제의 정비가 필요했던 것이다. 그러므로 예제의 정비는 우선 왕권강화의 측면에서 나타나고 있다.

　조선은 형식적으로 중국의 천자로부터 명받은 제후국의 위치에 있기 때문에 하늘에 제사를 지낼 수가 없다. 그러나 태조대에 일부 신하들의 반대에도 불구하고[140] 우리나라 역대 왕조가 제천행사를 지냈기 때문에 그러한 전통을 따르는 것은 당연하다는 의견을 받아들여서[141] 중국과는 독자적으로 하늘에 제사를 지냈다. 이것은 중국과는 독자적으로 천명에 의한 왕권임을 알리며 왕권의 권위를 드높이고 더불어 왕권의 정통성에 대한 논란을 없애려고 하였던 것으로 보인다.[142] 그러나 이러한 제천행사의 의식은 태종 13년에 예조에 의하여 제사의 등급을 조정하는 데에는 제천의식이 나타나고 있지 않다.[143] 그러나 제천 의식은 기우(祈雨)를 위하여 부정기적으로 행하여지고 있음은 실록의 곳곳에서 발견된다.[144]

---

140) 태조실록 권1, 태조 원년 8월 11일(경신).
141) 태조실록 권6, 태조 3년 8월 21일(무자).
142) 이범직, 「조선 초기 오례의 운영」, 『애산학보』 제4집, 애산학회, 1986, 127면.
143) 태종실록 권25, 태종 13년 4월(신유).
144) 태종실록 권31, 태종 16년 6월 7일(정묘). 동년 7월 15일(갑진). 권36,

길례가 제천, 사직, 종묘에 대한 예로서 왕의 권위를 높이는 제도라고 한다면 가례는 백성에서 왕에 이르기까지의 분과 화를 나타내고 있다. 먼저 책봉의식을 통하여 왕실의 위엄을 세우고 있다. 그리고 군신 간의 상하의 질서를 구체적으로 제도화하였다. 그러나 실질적으로는 군신 간의 관계에 있어서 형식적인 의례를 많이 단축하고 만남의 장을 화합의 의미가 부여되도록 하고 있다.

> 임금이 말하기를 "임금 앞에서 신하가 절하는 것은 비록 옛 예법이지만, 그러나 너무 번잡하지 않겠는가? 무릇 예법이란 간이한 것을 귀히 여기니 의리에 해롭지 않은 것이라면 세속을 쫓는 것이 옳다. 또 우리나라의 예법은 다 옛 제도에 맞지 않은데 어찌 이 예법만을 고제로 행할 것인가" 하였다.[145]

또한 가례에는 80세 이상의 연장자에 대해서 공경의 뜻에서 연회를 열어 대접하도록 하고 있다. 이것은 유교에서 노인을 공경하는 사상이 그대로 제도화한 것이다.[146] 일반적인 일은 아니지만 세종 때에는 90세 이상의 노인들에게 벼슬을 주고 천역을 면해 주는 등 효제의 풍속을 두텁게 하여 왕도정치의 이상을 나타내기도 하였다.[147]

태종 18년 8월 1일(무인).

145) 세종실록 권41, 세종 10년 9월 17일(병인).

146) 세종실록 권10, 세종 2년 11월 5일(기사). 창평현령 송복이 옛 제도를 들어서 국가에서 70−80세 노인을 봉양하는 법을 올리니 세종은 이를 예관에게 시켜서 고제를 상고하여 실시하도록 하고 있다.

147) 세종실록 권68, 세종 17년 6월 21일(신유). 세종은 당현종과 송태종의 제도에 의거하여 90세 이상인 자로 평민에게 8품을 주고 원직이 9품 이상인 자에게는 각각 1급씩 올려주고 백세 이상의 평민에서 원직 8

왕권의 안정과 국가의 안보의 측면에서 국왕의 군 최고의 통수권자임을 나타내는 예제도가 바로 군례라고 할 것이다. 군례의 중요한 의식은 강무와 대열이다. 강무는 일정한 지역에서 사냥을 하는 의식으로 효과적인 군사훈련이다. 그러나 사냥에 따르는 백성의 폐해나 의식의 번거로움 때문에 태종대에는 대간과 형조로 하여금 시중을 들게 하였다.[148] 그러나 군사훈련을 하기 위하여 때때로 강무가 열리는데, 열리는 장소의 원근에 따라 훈련비용과 백성의 피해가 차이가 컸다.[149] 그러나 강무는 국가안보를 위하여 필요한 것이며 예로써 행하는 것이기에 없앨 수는 없다는 데 공감대가 형성되었다.[150]

이러한 오례의는 국가의 권위와 신분질서상의 분별을 드러내기 위하여 만든 것이지만 또한 이러한 예는 반대로 왕실의 방종을 막는 역할을 할 수 있는 것이다. 왕과 왕실에는 귀한 만큼 대우하면서 반대로 그 이상의 형식은 허가하지 않고 있는 것이다. 또한 왕실의 행사를 대부분 공개함으로써 왕의 사적인 영역을 최소한 줄이고 있다. 이렇게 공인으로서 왕을 철저하게 노출시키는 것은 담합정치를 막는 역할도 할 수 있는 것이다. 또한 예는 일방적인 것이 아니라 쌍무적인 것이기 때문에 신하에게도 법도가 있듯이 왕에게도 따라야 할 법도가 있다. 즉 예는 상대방의 존귀에 따라서 알맞은 법도가 있는 것

품인 자에게는 6품을 주고, 원직이 7품 이상인 자에게는 각각 1급씩 올려줘서 3품을 한계로 하였다. 그리고 부인에게도 남편에 준해서 작위를 주었다. 천민에게는 90세 이상의 남녀는 각각 쌀 2석을 내리고, 백세 이상인 남녀는 모두 천민을 면하여 남자에게는 7품을 주도록 하였다.

148) 태종실록 권13, 태종 7년 2월 10일(을미).
149) 태종실록 권27, 태종 14년 3월 15일(무지).
150) 태종실록 권29, 태종 15년 6월 17일(임오).

이다. 그러므로 왕이 신하를 대하는 데도 예는 적용되는 것이다. 따라서 예치는 왕이 예에 의거하여 통치하는 것이지만, 반대로 예에 의하여 철저하게 구속되는 것이라 할 수 있을 것이다. 그리고 예치는 오늘날의 관습법과 같은 역할을 하여, 현재의 제도는 과거의 제도에 의하여, 그것도 가능한 한 요순과 삼대의 이상사회의 제도에 의하여, 확인되어야만 정당성을 인정받게 되며 만약 그렇지 못한 경우에는 신하들의 간쟁을 감수해야만 하는 통치의 수단인 것이다.

조선조의 왕권과 신권 관계

제1절 정도전의 군신관계에 대한 이해

1. 정도전의 군도(君道)

정도전은 「경제문감」에서 중국의 요·순으로부터 원에 이르기까지 중국의 왕들에게서 본받을 만한 것과 경계해야 할 것을 서술하였으며, 고려의 30대 동안의 득실을 또한 기록한 후 「주역」을 인용하여 군도를 설명하고 있다.

정도전은 임금은 하늘이 만물을 아무런 탈 없이 길러 내는 모습을 본받아 모든 백성을 잘 지도하여 세계평화를 가져오게 하여야 하는 존재라고 보았다. 이러한 이유로 임금은 모든 만물 중에서 가장 뛰어난 존재로 추앙받는다는 것이다.[151]

이러한 임금은 백성을 다스리는 방법은 백성 위에서 군림하는 것이 아니라 자신의 존재를 인정하는 만큼 타인의 존재를 인정하는 마음을 가지고 백성을 대하여야 하는 것이다. 이러한 마음을 가지고 타인을 대하고 만물에게까지 그러한 덕이 미칠 때 천하는 비로소 임금에게 귀속되는 것이다. 천하가 귀속되면 임금은 백성들이 믿을 수 있는 정치를 하여야 하는데 이러한 정치는 백성의 뜻에 무조건 부합되는 정치가 아니라 중(中)을 지키는 정치를 하여야 하는 것이다. 백

---

151) 정도전, 「삼봉집」 권12, 경제문감 별집 하, 의논.

성을 위한다는 이유로 상과 벌이 분명하지 않으면 종국에 가서 백성들이 임금을 믿지 않을 것이다. 그러므로 임금에게는 덕뿐만 아니라 위엄도 바로 백성을 이롭게 하는 데 필요한 요소인 것이다.[152]

또한 임금이 항상 잊어서는 안 되는 것은 임금은 일방적으로 백성에게 도움을 주는 존재가 아니라 반대로 백성으로부터 봉양을 받는 존재라는 것이다. 이러한 쌍방적인 관계임을 잊지 말아서 자신이 천하를 구제할 수 있는 것이 바로 백성들의 도움에 의하여 가능한 것임을 항상 느끼며 정사를 펴야 하는 것이다. 그리고 왕은 정사는 자신의 몸에서부터 비롯됨을 잊지 말고 항상 자신의 몸을 닦고 가정을 잘 다스림으로써 백성의 모범이 돼야 하는 것이다.[153]

또한 임금은 항상 겸손하게 처신하여야 한다. 비록 자신의 재주가 뛰어나 한 나라를 충분히 혼자서 봉지할 수 있는 능력이 있다고 생각이 들더라도 한 사람의 재능은 나라의 구석구석에 미칠 수 없기 때문에 현자들을 등용하여 임금이 뜻하는 바가 고루 미치게 하여야 한다는 것이다. 이러한 것을 정도전은 '자신의 지혜대로 하려고 하지 않으면 오히려 그 지혜가 커지는 것이다.'라고 표현하고 있다. 그리고 국가의 재난이 생길 경우에는 특히 성현의 도움이 없이는 구제할 수 없다는 것을 명심하고, 신하의 도움이 필요할 경우에는 자신을 낮추고 신하의 뜻에 따를 것이며, 일을 처리하는 데 후회 없기를 바라야지 눈앞의 이해득실을 먼저 생각해서는 안 된다고 하였다.[154]

임금은 더불어서 선악과 사리를 판별하는 데 있어서 항상 세간의

---

152) 앞의 글.
153) 앞의 글.
154) 앞의 글.

말에 주의를 기울여야 한다.155) 비록 아무리 총명한 임금이라 할지라도 여론을 돌아보지 않고 자의대로 판별한다면 위험하다는 것이다.

이렇게 임금으로서 그 자리에 오른 자는 그러한 권한을 가지고 위와 같이 처신하면 천하가 평화로워진다는 것이다.156)

2. 정도전의 관료관

위에서도 살펴보았듯이 임금이 자신의 업을 성취하기 위하여서는 현능한 신하를 얻는 일은 그 무엇보다도 중요하다. 정도전은 요·순 시대에도 순과 우를 백관을 총괄하는 백규의 직에 발탁하여 정무를 맡김으로써 대동사회를 이룰 수 있었다고 보았다. 그러므로 정도전의 관점하에서는 관료제는 왕도를 펴나가기 위한 필수 불가결한 조건인 것이었다. 그는 유교경전과 역사에 대한 통찰을 통하여 최상의 정치를 펴기 위해서는 잘 짜인 관료제가 필요하며, 특히 재상, 대관, 간관, 감사, 지방관들의 역할이 매우 중요하다는 것을 인식하였다.

1) 재상

정도전의 통치관을 평가하여 재상중심의 관료주의라고 할 만큼 그는 재상의 역할을 매우 크게 평가하였다. 특히 요순과 삼대(하·은·

---

155) 앞의 글.
156) 앞의 글.

주)의 성왕에 의한 통치 이후 춘추시대부터는 어떠한 재상을 등용했느냐에 따라 나라의 성쇠가 판가름 났다고 보았던 것이다.[157] 그러므로 임금의 가장 큰 임무는 재상을 등용하는 데 있다고 할 정도로 재상의 직위를 중시하였다. 양위의 시대에는 성인을 등용하여 정사를 맡기고 후에 왕위를 물려줌으로써 평화의 세월을 구가할 수 있었으나 세습왕조가 등장하면서 왕은 성인만이 하는 것이 아니었다. 그 이후 역사는 성왕을 만나면 다스려졌고 폭군을 만나면 혼란스러웠다. 일치일란이 거듭된 속에서 성현이 나타나 왕의 위업이 이루어지는 것을 기다리는 것은 너무 무모한 일이기도 했다. 왜냐하면 중국 역사상 세습왕조에서 성인은 500년을 주기로 나타났기 때문이다. 우이래 탕왕이 그렇고 문왕·무왕·주공이 그렇고 공자가 그랬다.

중국은 역사상 은과 수를 거치면서 제도적인 발달은 그 극에 이른 것으로 보고 있다. 특히 공자가 평가했듯이 주의 문물은 그 문이 극치를 이루고 있었다. 결국 인간세상의 제도는 거의 완성이 되었다고 보고 있었다. 또한 하·은에도 우·탕의 치세가 있었고 걸·주의 난세가 있었던 것은 제도에 문제가 있는 것이 아니라 사람의 문제라는 것이다.

결국 이러한 문제를 해결할 수 있는 것은 바로 그 시대의 가장 현능한 자를 재상으로 임명하여 정사를 맡기는 일인 것이다. 정도전도 바로 이러한 판단 아래서 '인주(人主)의 직책은 한 재상을 잘 선택하게 하는 데 있다.'고[158] 한 것이다. 가장 현능한 사람을 등용하여 정사를 맡기는 것이 바로 예전의 성왕들이 하였던 위업을 다시

---

157) 정도전, 앞의 책 권7, 조선경국전 상, 재상연표.
158) 앞의 글.

이룰 수 있는 길이라고 보았던 것이다.

왕은 오로지 이러한 능력을 가진 재상과 논의함으로써 치세를 대신하는 것이며,[159] 재상은 왕을 바르게 받들고 백관을 통솔하여 정무를 관장한다. 즉 재상이 사실상 국가의 통치조직의 최고의 정점에 서서 자연의 질서에 맞추어 백성들이 편안히 살 수 있게 해 주며, 안으로는 백성을 공평하고 밝게 다스리고 밖으로는 평화외교를 이루어야 하는 것이다. 그러므로 국가의 형벌권이나 인사권, 정치와 교화 등이 모두 재상에게서 비롯되는 것이다.[160] 그러므로 재상은 먼저 자신의 몸을 바르게 하고(正己), 임금을 바른 길로 인도하며(格君), 人才를 등용하고(知人), 일을 처리함에 사심이 없이 공(公)으로 해야 하는 것(處事)이다.

2) 대관(臺官)과 간관(諫官)

(1) 대관

대관은 관리의 규찰과 탄핵을 관장한다. 정도전은 대관의 기원을 주의 어사에 두고 있다. 이 직은 주로 재상을 도와서 관리를 규찰하고 감독하는 일을 맡았으며, 당에 와서 형옥과 소송의 일을 맡았으며, 송에 와서는 간쟁하는 일도 맡았다. 고려는 국초에 어사대를 두어 당·송의 제도를 따랐으며 공민왕 때 사헌부로 그 명칭을 고쳤다. 조선에 와서도 사헌부를 두어 풍기를 단속하는 임무를 맡겼다.

---

159) 앞의 책, 치전, 총서.
160) 앞의 책 권5, 경제문감 상, 재상지직.

어사는 조정의 기강을 맡기 때문에 그 영예는 재상보다도 더 중요하다고 하였다.[161] 어사는 재상을 포함한 모든 관료에 대하여 합당한 인품을 갖추지 못하거나, 제 직분을 잃거나, 법을 무너뜨려 기강을 어지럽히며, 참소를 일삼으며 간교함을 숨기는 자를 모두 책망할 수 있는 직책이다. 더구나 임금이 방탕하여 덕을 잃고, 패란하여 도를 잃었거나, 정사를 어지럽히고 간쟁을 받아들이지 않으며, 충성된 이를 폐하고 어진 이를 쓰기를 게을리 하면 어사가 이를 간언해야 하는 지위인 것이다.[162]

(2) 간관

산관은 임금이 무엇을 취하고 버려야 하는지를 중언함으로써 임금을 바르게 하는 일을 한다. 어사의 직분과 굳이 구별한다고 하면 간관은 임금을 바르게 하는 일을 맡는 것이고 어사는 관료들의 기강을 바로잡는 데 있다. 간관의 직책은 한에서 비롯된 것으로 정도전은 기록하고 있다. 진나라 패망의 원인 중의 하나가 언로를 막은 데 있다고 보고 한에서 간언을 하는 관직을 새로 설치하였던 것이다. 그러나 그 이후로 삼대에 자유롭게 간언하던 고례는 없어지고 일정 직위에 한하여 간언을 허락하였기에 언로가 좁아진 것을 안타까워하고 있다.[163]

천하의 득실, 백성의 이해관계, 사직에 관련된 대계와 같이 보고

---

161) 앞의 책, 대관.
162) 앞의 글.
163) 앞의 책, 간관.

듣는 것을 자유롭게 임금에게 말할 수 있는 직위는 재상과 간관밖에 없다. 그러므로 비록 직위는 재상보다 낮지만 그 하는 일은 동등하다고 평가하고 있다. 그리고 훌륭한 간관은 임금의 외부에 나타나는 잘못뿐만 아니라 내부의 허물을 찾아서 미연에 방지할 수 있어야 한다고 한다. 즉 간관은 임금의 정사를 바르게 하는 것뿐만 아니라 도덕적인 존재로 성장할 수 있도록 도와야 하는 것이 바로 간관의 직분이라는 것이다.[164]

그리고 간관은 임금과 시비를 다툴 수 있는 직책으로 재상이 정사의 전권을 쥐고 있듯이 간관도 정사에 대하여 어떠한 말이라도 할 수 있는 직책으로 재상과 더불어 천하의 경영에 책임을 지는 지위인 것이다.[165]

3) 감사와 지방관

민본주의를 정치의 근본으로 생각하는 유학자 정도전에 있어서 지방관의 임무는 막중한 것이었다. 그는 백성은 나라의 근본이기에 임금은 백성을 근본으로 하여 법을 제정하고 명령을 내리는 것이며, 임금이 신하에게 작록을 나누어주는 것도 신하를 위함이 아니라 백성을 위함이라고 보았다. 지방관의 파견도 바로 임금이 백성에 대한 사랑이 고루 미치게 하기 위한 것이라는 것이다. 그러므로 지방관은 백성의 유모요 목자의 역할을 하여야 한다. 결국 임금의 선정은 지방관을 통하여 베풀어지고 또한 지방관의 학정은 백성들이 나라에

---

164) 앞의 글.
165) 앞의 글.

대한 원망을 야기한다. 지방관은 바로 임금과 더불어 나라를 다스리는 자인 것이다.

이러한 사고를 바탕으로 목민관으로서의 지방관리의 의무의 막중함을 '백성은 나라의 근본이요, 군수 현령은 백성의 근본이다.'라는 말을 인용하여 표현하고 있다.

감사의 소임은 바로 임금의 선정이 백성들에게 펼쳐지고 있는지를 확인하는 일이다. 그는 국토의 곳곳을 두루 살펴서 백성의 어려움을 해결하고, 지방관들의 잘잘못을 들추어내야 한다. 대간이 중앙관료의 어사라면 감사는 지방관의 어사인 것이다. 그리고 감사는 지방의 인재를 천거하는 임무도 겸하고 있는 것이다.[166]

3. 군신관계의 이해

정도전은 국가를 운영하는 주요 관직의 설정을 통하여 권력이 어느 한곳에 집중하는 것을 막고자 했던 것으로 보인다. 왕은 최고 권력자이지만 재상을 임명하는 권한만을 가지며 또한 정사에 관여도 재상을 통하여 하는 것을 원칙으로 삼았다. 그의 관점에서는 성군이 나오기는 어려우나 그래도 그 시대의 현능한 인물을 세워 정치를 하면 최소한 혼란하지는 않을 것이라고 믿었다. 그리고 정무를 총괄하는 재상은 비록 궁궐 안의 모든 사무는 관여하지 않은 것이 없지만[167] 일반적인 정무는 장관에게 권한을 어느 정도는 위임하고 있

---

166) 같은 책 권6, 경제문감 하, 감사; 현령.

다. 그 예로 재상은 장관을 임명하지만 그 장관을 보좌하는 관리의 인사는 장관에게 위임하고 있기 때문이다.168) 결국 재상은 장관을 통하여 백관을 관리하는 셈이 된다. 그러므로 재상에게 있어서 당시 가장 중요한 임무는 왕을 올바로 보좌하는 일이라 할 것이다. 측근들에 의해서 왕이 미혹되지 않게 만드는 것이 재상에게 있어서 가장 중요한 임무인 것이다.169)

어찌했든 재상은 정무에 대하여 실질적인 권한을 가진 자이다. 이러한 권한은 부패되기 쉬운 것이다. 그리고 재상의 능력으로써는 백관들의 업무를 일일이 관여할 수도 없다. 이러한 결점을 보완해 주는 것이 바로 감찰기관으로서 대관과 간관, 그리고 감사이다. 대관은 모든 관리에 대한 규찰을 담당함으로써 관료의 기강을 바로잡고 간관은 정사의 잘잘못을 임금에게 간함으로써 임금을 비롯한 모든 관리들을 바로 세우는 역할을 하는 것이다. 그리고 지방관리에게 많은 권한을 줌과 동시에 감사에 의한 규찰을 시행함으로써 국정운영이 말단까지 그 영향력을 미치게 하고 있는 것이다.

여기서 짚고 넘어가야 할 것이 있는데 바로 간관의 품계인 것이다. 간언의 일을 담당하는 보궐(補闕)과 습유(拾遺)의 관직은 정오품과 정육품에 해당한다. 경국대전에 의하면 품계가 없는 자가 문과의

---

167) 정도전은 총재는 궁중의 비밀이나 빈첩들이 왕을 모시는 일, 내시들의 집무상황, 왕이 타고 다니는 수레나 말, 의복의 장식, 그리고 왕이 먹는 음식에 이르기까지도 오직 총재만은 알아야 한다고 하고 있다(정도전, 앞의 책 권7, 조선경국전 상, 치전, 총서).
168) 정도전, 앞의 책 권5, 경제문감 상, 재상.
169) 재상에게 이러한 임무를 부과한 것은 고려 말 왕들이 내시나 빈첩들에 의하여 미혹되어 정사를 제대로 펴지 못한 데에 이유가 있을 것으로 보인다.

갑과에 합격한 자는 종육품과 정칠품, 을과의 경우는 정팔품, 병과는 정구품의 관직에 임명한다. 그러나 품계가 있는 경우에는 각각 사품계에서 일품계를 올린다. 이러한 제도를 비추어 보면 간관은 관직에 오른 지 얼마 되지 않은 관료이다. 즉 아직은 세속의 때가 덜 묻고 원리원칙을 고수할 수 있는 젊은 관료라는 것이다. 이러한 관료를 간관으로 임용함으로써 조선이 얻고자 한 것이 무엇인가 하는 질문은 많은 생각을 일으키게 한다.

그리고 간과해서는 안 될 것은 이러한 관료제의 정당성의 근거는 바로 백성에게 있다는 것이다. 정도전은 백성을 단순한 피치자로 이해하고 있지 않다. 국가권력은 백성에게서 나오고 국가정치의 목적도 바로 백성을 위하는 데 있다는 그의 사상은 백성을 그 시대의 통치의 잘잘못을 측정하는 척노로 보았으며 또한 실질적으로 작용하지는 않았다고 하더라도 국가권력의 핵심으로 인정하였다. 그가 보는 백성의 지위는 사실 오늘에 와서 평가를 받더라도 민주주의의 국민의 지위에 크게 뒤지지는 않을 것이라 생각된다. 정도전은 관료제를 통하여 왕을 정점으로 하는 왕권정치하에서 가능한 한 권력을 배분하고 권력 간의 견제와 균형을 이룸으로써 국가권력이 어느 한쪽으로 치우치는 것을 막으려고 했던 것으로 보인다. 정도전의 이러한 관료제의 틀은 「경국대전」에서 나타나고 있으며 조선왕조의 정부체제 속에서 면면히 드러나고 있음을 볼 수 있을 것이다.

제2절 조선의 국가권력의 통제

1. 개국 초기의 왕권과 신권의 정립

정도전은 조선개국과 동시에 새로운 정치제도의 틀을 짜기 시작하였다. 그러한 틀은 역사적인 배경을 바탕으로 등장한 것이라는 것을 간과해서는 안 될 것이다. 앞에서 살펴보았듯이 고려왕조 말기에서 권문세족에 의한 피폐뿐만 아니라, 왕의 친인척 그리고 환관에 의한 피폐 또한 컸던 것으로 보인다. 마지막 왕인 공양왕의 실정에 대하여 다음과 같은 기록이 있다.

 "이제는 마땅히 공 있는 사람과 어진 이에게 정성을 다하여 충직한 말을 받아들이고 간하는 말을 용납하여, 서로 함께 유신의 정사를 도모하여야 했다. 그런데 어찌하여 오직 인척 간의 감정이 섞인 호소와 부인과 내시들의 사사로운 감정에만 그저 들어주고 신임하였으며, 공훈 있는 관료들을 소외하여 꺼리고, 충성되고 선량한 사람을 모함하여 해치며, 정사가 패란하여 인심이 저절로 이탈되고 천심이 저절로 가버려……"170)

 "정창군(공양왕)은 사직과 백성을 위하는 큰 계책을 돌보지 아니하

---

170) 정도전, 앞의 책 권12, 경제문감별집 하.

고 사사로이 은혜를 베풀어 인망을 수습하고자 하여, 다만 법을 범한 사람이 있으면 반드시 모두 용서해 주고 빠짐없이 기용하였으니 「서경」에 이른바 '달아난 죄수를 수용하는 괴수가 되어 물고기가 연못에 모이듯, 짐승이 숲에서 모이듯 한다.'는 것입니다. 도와서 왕을 세울 계책을 결정한 것으로써 말한다면 공로가 사직에 있으며, 대의를 주창하여 군사를 돌이킨 것으로써 말한다면 덕택이 백성에 가해졌는데도, 이에 좌우에 있는 부인과 환관의 참소를 지나치게 듣고서 반드시 죽을 곳에 두려고 하고, 사람들이 강직하여 아첨하지 않는 사람이 있으면 또한 모두 죄를 주니, 참소하고 아첨한 무리들이 뜻대로 되고, 충성하고 선량한 사람들은 기가 꺾여서, 정치와 형벌이 문란하여 백성들이 그 수족을 둘 때가 없습니다."171)

"요(공양왕)는 혼미한 자질로써 대체에 어두워서, 간사한 무리를 믿어 쓰고 충직한 신하를 내쫓으며, 부녀와 환관의 말을 듣고서 전제(田制)의 바른 것을 어지럽히고, 친척과 가까운 신하를 임용하여 명기(名器)의 공정함을 문란시키며, 정령이 일정하지 않아서 국법을 무너뜨리고, 용도가 절차가 없어서 백성의 재물을 해롭게 하며……"172)

이러한 기록은 물론 조선개국의 정당성을 나타내기 위한 것이어서 그 내용이 과장되었을 수는 있지만, 당시의 인척이나 환관들에 의한 정치의 폐해가 있었음을 말해 주는 부분이라 할 수 있을 것이다. 왕의 친인척과 환관은 왕의 주위에 있는 자들이어서 이들은 왕을 조종하여 자신들의 정치·경제적 야욕을 왕의 이름을 빌려서 행할 우려가 크며, 일정한 세력을 형성하게 된다면 국가의 정치나 경제에 직

---

171) 태조실록 권1, 태조 원년 7월 17일(병신).
172) 태조실록 권4, 태조 2년 9월 18일(경신).

접적인 관여도 가능하게 되어 정상적인 국정운영에 커다란 걸림돌로
작용할 수도 있다.

　이러한 이유로 개국 후 조직을 만들어 나가는 데 있어서 왕실과
환관의 대우도 중요한 문제가 되었던 것이다.

1) 환관의 세력 억제

　환관의 직제에 대해서는 고려 후기에 이르러 왕과 신하 간의 논란
의 대상이 되었다. 「고려사」에 의하면 의종 5년(1151)에 정함을 권지
합문지후로 봉하자 어사대에서는 환관으로 정부에 참여하는 것은 옛
법에 없다고 논쟁하고 있다.[173] 고려 시기의 환관은 그 관직이 칠품
에 한정되고 있었으나 원종에 와서 환자 민세충을 육품에 등용함으
로써 비로소 환관이 참상관에 이르기 시작하였다(1260).[174] 공민왕에
이르러서는 환관을 양부(문하부와　추밀원)와 팔위(2군 6위)의 반열에
도 참여시킬 정도로 그 세력이 확장하였다.[175] 이러한 환관의 정치참
여는 공양왕에 가서도 계속되어 조준이 간언하기에 이른다.

　　"환관은 국초로부터 충렬왕에 이르기까지 참상관이 될 수 없었더니
　　근래에 궁중에서 왕의 명령을 전달하는 임무로부터 출발하여 도를 논
　　하며 나라를 다스리는 반열에 참여하게 되었으니 이는 조정을 높이는

---

173) 「고려사」 권75 지29.
174) 앞의 글.
175) 위의 글의 공양왕 원년 12월에 오사충 등이 올린 글에 의하면 공민왕
　　때 환관을 양부에 참여시켰다가 결국 공민왕이 환관의 손에 죽는 결과
　　를 불러일으켰음을 지적하면서 내시부를 폐지할 것을 간언하고 있다.

일이 아닙니다. 원컨대 충렬왕 때의 제도를 따라 환자는 관원에 임명 하는 것을 허락하지 말기를 바랍니다."[176]

공양왕은 계속되는 간언에 의하여 비록 환자에게 조관은 허락하지 않지만 내시부는 그대로 두었다.

환관에 대한 축소의 노력은 조선개국 후에도 계속되었다. 사헌부는 개국 직후 시무책을 올리는데 그중에 하나로 중국역사와 전대에 있어서 환관의 폐해를 말하며 그들의 권한을 축소하기를 청하고 있다.

"여덟째는 환관을 물리치는 일입니다. 환관이 걱정이 되는 일은 오래되었습니다. 진나라의 조고와 한나라의 홍공, 석현과 당나라의 이보국, 구사량은 더욱 그중에서 심한 자들입니다. 더구나 고려왕조의 말기에는 환자가 권세를 부린 사람이 한둘이 아니었습니다. 대개 그 사람 된 성품은 의식이 영리하고 언어를 잘하며 안색을 잘 살피고 뜻을 잘 맞추게 되니 이로써 인주(人主)가 왕왕히 그 꾀 속에 빠져서 이를 깨닫지 못하고 권병을 옮겨서 화란을 발생하게 한 것이 대대로 그 자취가 잇달아 있었으니 진실로 탄식할 만한 일입니다. 원하옵건대, 지금부터는 그중에 순후하고 신중한 사람을 뽑아서, 옛날 제도의 문을 지키고 청소하는 일을 시키고, 그 밖에 업무는 맡기지 않으며, 그 노련한 간물과 매우 교활한 사람과 탐욕이 많고 부끄러움이 없는 사람은 모두 놓아 보내어, 고향으로 돌아가세 하여 새로운 교화에 누가 되지 못하게 하소서."[177]

---

176) 앞의 글.
177) 태조실록 권1, 태조 원년 7월 20일(기해).

이와 같은 상소는 받아들여지지는 않았지만 환관의 폐해를 바로 지적한 것으로 이러한 상소를 받고 태조도 건국 초기라 갑자기 시행할 수는 없다고 함으로써 그 폐해를 인식하고 있는 것으로 보인다. 태조가 즉위 후 관제를 개편할 때 문무의 관직과는 별도로 내시부를 설치하여 환관직으로 삼았다.178) 그 이후로 내시부의 기구 내지 업무축소에 대한 상소는 계속되었다.

> 대사헌 남재 등이 상언하였다……' 중관과 엄수는 궁문을 지키고 소제하는 것이 곧 그 직책입니다. 진나라·한나라 이래로 환관의 환난은 전적에 기재되어 있으므로 환하게 볼 수가 있는데 혹은 구변이 좋고 아첨을 잘함으로써 군주를 미혹하게 하기도 하고 혹은 군주의 총명을 가림으로써 나라를 그릇되게 하기도 하였으니, 화란의 일어남은 진실로 이루 다 기록할 수가 없습니다. 전하께서는 하늘이 주신 용맹스럽고 지혜로운 성품과, 난리를 평정하고 반정하는 재주로써 경사를 널리 보셨으니, 환관을 제어하는 데 반드시 그 방법을 알고 계실 것입니다. 그러나 처음에 법을 만들지 않으면 뒷날의 폐단이 뜻하지 않는 기회에 발생할 것입니다. 원컨대, 전하께서 그들 가운데 근실하고 조심성 있고 유약한 사람을 뽑아서 2번으로 나누어 매 1번마다 각각 15인씩으로 그 액수를 정하여, 궁문을 지키고 소제하는 역사를 맡기고, 그 나머지 경험이 많고 간사한 사람은 일체 모두 내치시어 근시하지 못하게 하소서.'……179)

그러나 이러한 계속되는 간언에도 불구하고 태조는 고려의 환관제

---

178) 태조실록 권1, 태조 원년 7월 28일(정미).
179) 태조실록 권2, 태조 원년 9월 21일(기해).

도를 계속 유지하려 하였다. 태조는 비록 환관들이 범죄가 드러나 탄핵을 받더라도 그들을 끝내 등용하여 궁금숙위나 왕명출납의 임무를 여전히 맡기고 있다.

대사헌 이직 등이 상언하였다. '엄신 조순이 현비의 병환이 급한 때를 당하여 중외의 신하가 놀랍고 두려워서 분주하고, 전하께서 깊이 염려하시어 기도하기에 겨를이 없는데, 순이 탐하고 더러운 생각을 품고 몰래 명을 비는 데에 베푼 은기·의복·마필을 훔치어 제집으로 들여갔으니, 하늘을 속이고 임금을 속이어 죄가 목을 베임에서 용서될 수가 없는 데도, 순이 다행히 전하의 호생지덕을 입어서 머리를 보존하여 그 시골로 돌아갔으니, 순의 몸에 있어서는 이것을 얻은 것이 지극합니다. 일찍이 1년이 못 되어 서울로 소환하셨으니 듣는 자가 놀라지 않는 사람이 없습니다. 비록 죄는 더하지 않더라도 전과 같이 폐하여 두어서 그 몸을 마치게 하소서.'

임금이 말하기를, '이광은 귀가 먹어서 내 말을 출납하는 데에 많이 착오를 가져오므로 순으로 대신하게 하려는 것이다. 만일 순이 불가하다면 누가 부릴 만한 자인가?' 하고 드디어 윤허하지 않았다.[180]

환관 이광으로 궁금의 숙위를 고찰하고 신문하는 등의 일을 맡게 하고, 조순으로 명령을 출납하고 대신을 대우하는 등의 일을 맡아, 항상 시위하게 하였나. 임금이 순에게 하교하였다. '너의 죄악이 대간의 말한 바로써 본다면, 비록 성문이라도 다시 들어올 수가 없는데 하물며 궁금(宮禁)이겠느냐? 너는 허물을 고치고 근신하라.'[181]

---

180) 태조실록 권13, 태조 7년 3년 3일(경술).
181) 앞의 실록 4월 21일(정유).

왕의 제례에 사용하는 물건을 훔친 경우는 유교국가에서는 중죄인 십악에 해당하여 사형에 처하는 죄로 사면이 거의 불가능한 죄이다. 그러나 태조는 그들을 사면해 주고 또한 궁전 안에서의 임무를 맡기고 있는 것으로 보아 태조의 환관에 대한 믿음은 지대한 것으로 보인다.

태종대에 이르러서 변화를 보이다가[182] 결국 세종에 와서야 비로소 환관에 대한 왕의 태도가 신하와 일치하고 있다.

강연하다가 숙주자사 이직신이 장물죄에 연루되어 죽게 되었는데, 환관이 그의 뇌물을 받고 그를 위하여 용서해 주기를 청하니 어사중승 우승유가 굳이 베어 죽이기를 청했다는 등의 말에 이르러 말하기를, '옛날의 제왕이 어찌 환관들이 마음대로 권세를 부리는 것을 알지 못하고 그들을 깊이 믿었을까. 환관은 후사가 없으므로 원대한 계책은 없고 다만 군상의 위엄만을 빌렸을 따름인 것이다.' 하니, 설순이 아뢰기를, '한나라와 당나라 때에는 환관이 황제를 폐하기까지 한 자가 있었으니, 어찌 그들이 원대한 계책이 없겠습니까. 「대학연의」에

---

182) 정종 원년에 환관의 벼슬 품계를 없앨 것을 문하부에서 건의하였으나 윤허하지 않았으며(정종실록 권1, 원년 2월 1일(임인)), 사헌부에서 역시 환관의 수를 줄일 것에 대해 상소하였으나 이를 허락하지 않고 있다(정종실록 권2, 원년 12월 1일(정유)). 태종이 즉위하고 나서 문하부 낭사에서 환관의 복식이 사대부와 같으므로 이를 구별하자는 상소를 윤허하지 않고 있다.(태종실록 권1, 원년 6월 4일(신유)). 그러나 태종 14년에 이르러 사간원에서 내시의 별감 임명제 폐지 등에 대해 상소를 윤허하고 있으며(태종실록 권28, 태종 14년 8월 17일(정사)), 관직 개편을 통하여 환관검교 20명을 없애고 있다(앞의 실록 21일(신유)). 그리고 태종 17년에 이르러는 승정원을 통하여 환관을 제어토록 하고 있다(태종실록 권34, 태종 17년 12일 4일(을유)).

환관을 논평하여 말하기를, 음양의 악기가 쌓이어 겉과 속이 같지 않으니 국사를 의논할 수 없는 사람이다.'고 하였습니다. 하니, 임금이 매우 옳게 여기면서 말하기를, '환관은 다만 소제와 사령만을 맡길 뿐이니 어찌 함께 정치를 의논할 수 있겠는가.' 하였다.[183]

경연에 나아가 강연하였다가, '태종 때에 조정의 신하가 환관인 왕계은이 적을 파한 공로에 대한 상으로 그에게 정권을 주려 하니, 태종은 따르지 않고 선정사라는 관직을 설치하여 그에게 주었다.'는 대목에 이르러, 임금이 탄식하여 말하기를, '환관들의 화는 없는 시대가 없었다. 한나라와 당나라의 사실로도 이것을 비추어 경계할 수 있는데, 이런 것을 경계하지 못하고 계은에게 이 벼슬을 주었으니 정말 탄식할 노릇이다. 전쟁에서 승리한 공로는 아무리 천한 사람이라도 후한 상을 내려야 힐 터인데, 디구니 흰관이야 말할 나위가 있는가. 그러나 당에서 군사의 권리를 준 것이 잘못이다. 책임을 주고 나서 공을 세운 뒤에는 어떻게 상을 베풀지 않을 수 있느냐. 예로부터 임금이 이런 무리들을 신임한 것은, 그들은 자손을 위하여 계획을 세우지 아니하고 또한 권신들이 변을 일으킨 것을 징계하기 위한 것이었다. 그러나 어찌 그런 소인의 무리들에게 위엄과 복을 마음대로 할 수 있는 권한을 맡긴단 말인가. 지금 중국에서도 환관을 신용하여 황제의 명령을 받은 환관이 가는 곳마다 조정의 관리를 노복처럼 대우하고 있다. 황제께서 부리는 사람을 존경하는 것은 좋은 법이나, 예절대로 아랫사람을 접대하는 것이 실로 나라를 위하는 도리니라.' 하였다.[184]

이와 같은 환관에 대한 억제책은 환관에 의한 국가권력의 남용을

---

183) 세종실록 권39, 세종 10년 2월 18일(정오).
184) 세종실록 권50, 세종 12년 11월 21일(부오).

막을 수 있을 뿐 아니라, 신하들이 왕을 직접 대면할 수 있는 기회를 늘임으로써 왕권견제기능으로 한몫을 담당하는 역할을 하는 것이다. 중국의 역대 왕은 환관과 신하를 각기 견제하게 함으로써 왕권을 옹호하고자 하였던 것으로 보인다. 그러나 환관의 세력이 정치세력화되면 그만큼 왕권은 침해되고 신하들의 정무에 대한 권력마저도 떨어져 혼란을 가져올 수밖에 없었던 것이다. 결국 환관의 세력을 억제하는 것은 정치의 선명성을 위해서도 중요한 일이 아닐 수 없었던 것으로 판단된다.

2) 종친의 정치참여 통제

고려시대에는 건국 초기에 종친에게 원군(元君)·대군이라는 칭호를 주었다. 현종 이후로 공(公) 또는 후(侯)로 봉하였으며 그 아래 종친의 등급으로 원윤(元尹)·정윤(正尹)이라는 칭호를 주어서 상서령·중서령을 겸임하기도 하고 혹은 태위·사도·사공을 겸임하게 하였다. 그리고 충선왕에 이르러 종친으로 원윤·정윤이 된 자들은 정승들의 좌상에 앉게 하고, 이성(異姓)으로 원윤·정윤이 된 자는 각각 품위에 해당하는 반열(정이품과 종이품)에 앉도록 하고 있다.185) 고려가 귀족국가의 성격을 가지고 있으며 국가의 중요사항은 합좌기구를 통해서 정책결정을 했다는 사실을 유추해 보면, 종친들에게 국가의 정사에 참여할 수 있는 길을 열어주고 있었던 것으로 보인다.186)

---

185) 「고려사」 권77 지31 종실제군.
186) 김성준 교수는 문하성의 장관인 문하시중이 수상의 직을 맡고 있으며

이러한 종친의 참여는 고려 후기에 이르러는 정무에 직접 참여하게 되었으며 공양왕 때에 이르러서 사헌부의 상소로 종친에게 사업을 맡기지 않았다.[187]

태조는 즉위 후 여러 종친과 대신에게 명하여 각 도의 군사를 나누어 거느리게 하였다.[188] 그리고 그다음 달에 여러 왕자들을 군(君)

상서성의 예하기관인 육부가 실질적으로는 문하성에 예속되어 있다는 이유를 들어서 상서성과 중서성의 장관인 상서령과 중서령이 실직을 가진 직위가 아니라고 해석하고 있다. 즉 종친들이 상서령과 중서령을 제수받은 기록이 있지만 그러한 직책을 실질적인 권한이 없는 직위여서 고려 때부터 '종친불임이사'의 원칙이 적용되고 있다고 설명하고 있다(그의 책, 한국중세정치법제사연구, 일조각, 1985, 307–317면). 그러나 고려의 최고정무결정기관은 도병마사, 도평의사사로 이어지는 합좌기구이기 때문에 비록 상서령과 중서령이 실무에 직접적으로 관여하시 않았다고 하더라도 재상의 위치에서 합좌기구를 통하여 정책결정에 영향력을 발휘했으리라고 생각이 된다.

더구나 태위 사도 사공의 직무를 겸임하게 하거나, 충선왕 때에는 동성의 종친으로 원윤, 정윤이 된 자들은 재상의 위치에 두고 이성의 원윤, 정윤은 그 품위에 맞는, 즉 2품에 해당하는 반열에 앉도록 하였다. 이와 같은 지위는 비록 그것이 허직이라고 할지라도 도평의사사에 참석할 수 있는 직위라고 볼 때는 단지 그들에게 명예만을 준 것이 아니라고 생각이 든다.

종친불임이사(宗親不任以事)를 '옛날의 제도'라고 칭하는 것은 고려건국 초기의 제도라는 의미보다는 중국 주의 제도라고 보는 것이 오히려 타당할 것 같다. 주의 제도는 왕은 나라의 중앙에서 관료를 등용하여 다스리고 왕족들은 번방에 봉군시켰다. 이러한 제도는 왕족에 의해서 왕권이 침해되는 것을 방지하고 왕족에게 부와 지위를 줌으로써 외민족의 침입을 방어하는 데 그 의의가 있는 것이다. 이러한 주의 종법제도는 주나라의 정치제도의 근간을 이루는 것이다. 이것이 바로 종친불임이사의 정확한 의미로 보는 것이 타당한 견해라고 생각된다.

187) 「고려사」 권77 지31 종실제군.
188) 태조실록 권1, 태조 원년 7월 19일(정유).

으로 봉군하고 더불어 이방과(정종)는 영안군, 서자 이방번은 무안군, 부마 이제는 흥안군이라 하고 각각 의흥친군위절제사로 삼았다.[189] 이들은 각각 태조 2년 10월에 삼군부 중부절제사, 좌군절제사, 우군절제사가 되었다.[190] 그리고 정안군 이방원은 전라도의 병마를 맡았다는 기록이 있다.[191] 이렇게 각각의 왕자와 종친에게 직위와 병권을 수여하여서 정계의 진출을 어느 정도 허용하였다.

그러나 개혁의 중심세력인 사대부들은 「조선경국전」, 「경제육전」 등을 편찬하여 왕조 초기의 통치질서를 바로 세우는 데 노력하는 한편 국가권력을 장악하려 하였다. 이들은 태조 2년 9월의 기록에 의하면 문하부, 중추원, 삼사 등의 중요 관직을 차지하였으며 또한 각 도의 관찰출척사(觀察黜陟事)까지도 문신들이 임명되었다.[192] 이와 같이 주요 관직의 독점을 비롯하여 여러 대신과 왕자들에게 분산되었던 병권에도 관심을 가졌다.[193]

---

189) 앞의 실록 8월 7일(병진).
190) 태조실록 권4, 태조 2년 10월 17일(기축).
191) 태조실록 권14, 태조 7년 8월 26일(기사).
192) 태조 2년 9월 13일(을묘)의 기사를 보면 안렴사를 폐지하고 관찰출척사를 회복시켜, 양광도는 한상질을, 경상도는 민개를, 전라도는 안경공을, 서해도는 유원정을, 교주강릉도는 유양을, 경기좌는 하윤을, 우도는 이빈을 관찰출척사로 삼고, 안종원을 판문하부사로, 권중화를 영삼사사로, 정도전을 판삼사사로 유만수와 성석린을 문하시랑찬성사로, 남은을 지문하부사로, 남재를 판중추원사로, 이직을 중추원학사로 이근을 대사헌으로, 한상경을 도승지로 삼는데 이들은 모두 문신으로 알려지고 있다(정두희, 「조선초기정치세력연구」, 일조각, 1983, 25면).
193) 태조 2년 9월 14일(병진)에 중방을 폐지하고 삼군총제부를 고쳐 의흥삼군부로 삼았는데 정도전과 조준 등이 판의흥삼군부사를 맡게 되며 태조 3년 3월 3일(임인)에는 조준이 교주 강릉 서해 경기좌우 5도의 도총제사로 임명되고, 정도전이 경상 전라 양광 3도의 도총제사로 임

이와 같은 문신들의 행보는 국가의 권력을 중앙집권화하려는 노력의 결과이며, 종친들이 병권을 빌미로 하여 국정에 간섭하는 것을 억제하려는 것이기도 하였던 것이다. 그러한 이러한 문신들의 노력은 국가의 정권과 병권을 일부의 관료들이 장악하는 결과를 가져왔던 것이다.

이러한 일부 관료들에 의한 정권과 병권의 집중은 당시에 논란을 일으켰다. 당시에는 병권과 정권이 어느 한쪽에 집중되는 것보다는 병권은 종친에게 정권은 재상에게 있어야 한다는 것이 일반적인 여론이었던 것으로 보인다.[194] 문신들에 의한 병권의 집중은 국초부터 병권을 분담하여 장악하고 있었던 왕자와 일부 무신들의 반발을 불러일으켰으며, 이것은 제1차의 왕자의 난을 일으키는 원인을 제공하였나. 이러한 종친의 성지참여를 억제하려는 관료들의 견해는 대사헌 권근 등이 올린 교장에 잘 나타나고 있다.

"왕자의 덕은 친족에 화목하는 것보다 앞서는 것이 없고, 친족에 화목하는 도는 부귀하고 안전하게 하는 데에 있습니다. 옛 제왕이 동성을 봉건제후로 삼아 작위로 높인 것은 귀하게 하는 것이요, 토지로 먹고살게 하는 것은 부하게 하는 것이요, 왕조의 벼슬을 맡기지 않는 것은 안전하게 하는 것입니다. 대개 벼슬을 맡기면, 반드시 일을 책임지게 됩니다. 히물이 있는데 묻지 않으면, 욍법을 폐하는 깃이요, 다

명됨으로써 병권을 문신들이 장악하게 되었다.
194) 태조실록 권6, 태조 3年 11월 4일(경자). 이러한 사고는 주의 정치제도에 있어서 나라의 정부는 재상을 중심으로 하는 관료들이 맡아서 하고, 국방은 기이에 봉군되어 있는 제후, 즉 종친들에 의해서 담당되었기에 나온 것으로 보인다.

스리면 사은을 폐하는 것이니, 두 가지가 모두 도리에 합하지 않기 때문에, 그 친애하는 마음을 온전히 하고자 하여, 반드시 현직을 맡기지 않는 것입니다. 고려 때에 종실을 대접한 것이 매우 큰 도리를 얻어서, 군(君)을 봉하여 귀하게 하고, 녹을 후하게 하여 부하게 하고, 지위는 일반 관료의 위에 있었으나, 일찍이 현직을 맡기지 않았으며, 출입할 때에는 반드시 의위(儀衛)를 갖추고, 의위가 갖춰지지 않으면 감히 가볍게 나가지 않아서, 그 지위가 존엄하고 그 형세가 안전하여, 함께 안부(安富)와 존영(尊榮)의 복을 누리어 백년을 내려왔으니, 어찌 아름답지 않습니까? 우리 국가가 창업하던 처음에 법제가 갖춰지지 못하여, 종친과 부마를 공으로 재주로 혹은 조정의 관직을 제수하고 혹은 병권을 맡기어, 이를 인습해 고치지 못하고 오늘에 이르렀는데, 크게는 군사를 끼고 화란을 꾸미고, 작게는 법을 범하여 탄핵을 당하니, 온전하고 편안하게 하는 도가 옛날에 어그러집니다. 또 주나라의 종맹(宗盟)에 이성을 뒤로 한 것은 동성을 높인 것인데, 지금은 귀한 동성으로서 조정의 반열에 배치하여 여러 신하 가운데에 서니, 금지(金枝)를 중하게 하는 바가 아닙니다.

원하건대, 이제부터 종친을 보전하는 도를 한결같이 고려의 옛것에 의하여, 종친과 부마는 모두 공(公)과 후(侯)로 사제에 있어 군국(軍國)의 현직을 맡지 못하게 하고, 그 지서(支庶)의 족속은 혹은 군을 봉하고 혹은 원윤·정윤을 제수하여 모두 녹을 후하게 해서 부귀에 이르게 하고, 한가롭게 놀면서 길이 존영을 누리게 할 것입니다. 또 고려의 옛 법식을 상고하여 의위를 정해서, 출입할 때에는 반드시 의위를 갖추어 행하게 하고, 의위를 갖추지 않고 감히 가볍게 나가는 자가 있거든 헌사에서 규리하여, 공족을 높이고 이성을 구별해서, 범죄의 근원을 막고 친족을 화목하게 하는 도를 온전히 하게 하소서."

정종은 이에 기년 대공의 친척을 모두 군에 봉하면서 현직을 맡기지 않고 있다.[195] 그리고 다음 달에는 권근 등의 의견을 들어 종친과 부마로 하여금 실직을 맡지 못하도록 명령하였다.[196] 이 당시에 대간에서 이러한 원칙을 극간한 데에는 태조의 부마인 이저가 판삼군부사가 되어 군정을 총괄하였는데 그 횡포가 심하여서 비롯된 것이었다. 이러한 제도는 이후 성헌(成憲)으로 되어서 종친과 부마는 품계는 주어져서 국가에서 일정한 봉록을 주어지지만 직무가 주어지지 않아서 일정한 직책을 가지고 정무에 관여하는 길을 봉쇄했던 것이다.

조선의 건국 후 관료들이 종친의 정치참여를 통제하고자 하는 것은 먼저 왕실에 의하여 정권이 집중됨을 막고 국가의 통치체제를 중앙집권화하는 데 필요한 조치였다. 그러나 왕에게 있어서도 신권으로부터 왕실의 권위를 보호하기 위해서는 왕실의 권한이 클 것이 요구되지만 왕권이 안정기를 맞이하면 왕 이외의 왕족의 권한이 커지는 것은 왕위를 오히려 위태롭게 하는 결과를 가져올 수 있다. 이러한 양면적인 이유로 해서 종친의 정무참여에 대한 논란은 일찍 마무리된 것으로 보인다.[197]

---

195) 정종실록 권4, 정종 2년 4월 18일(계축).
196) 앞의 실록 5월 1일(을축).
197) 정종 이후의 종친불임이사 원칙의 경과는 김준성 교수의 위의 책의 수록 논문 중 '조선초기의 종친부'를 참고 바람.

2. 국가권력의 통제

1) 법제도에 의한 권력통제

(1) 법전의 편찬

조선은 개국 후 유교정치에 입각한 중앙집권적 관료국가를 세우는 데 확고한 기반을 닦기 위하여 법전의 편찬에 많은 관심을 기울였다. 그리하여 태조 6년에 도평의사사에서는 당시 법관계를 맡아보던 검상조례사를 시켜서 조준의 주관하에 위화도회군(1388) 이후 10여 년간 시행된 법령과 규정을 수집하고 분류하여 「경제육전」이라는 명칭으로 전국에 공포하였다(태조6년, 1397). 이 법전은 10여 년 동안의 왕의 지시와 당시 실시하고 있는 규례들을 모아서 분류해 놓은 일종의 수교집(受敎集)이었다. 이 법전은 조선 최초의 법전으로서 그 가치가 크며, 일반 백성들이 알 수 있도록 이두로 쓰였다는 데 그 의의가 크다고 하겠다.

이 법전은 정종에 와서 누락된 것을 보충하고 그동안 반포되었던 법령을 보충하기 위하여 조례상정도감(條例詳定都監)을 설치하여 이방원, 조준 등으로 하여금 「경제육전」에 대한 수정보충작업을 실시하였다.[198] 그러나 이 작업은 진척을 보지 못하였다.

태종 4년(1404)에 전 한성부윤 윤목 등의 진언 중에 경제육전 반포 이후에 일어난 변혁과 규정을 성문화할 필요가 제기되었다. 정종

---

198) 정종실록 권3, 정종 원년 10월 17일(계축).

이 즉위한 이후에 만들어진 조령과 교지 가운데 육전에 없는 내용 중 만세의 법이 될 만한 것을 뽑아서 속육전을 편찬하자는 의견을 냈다.[199]

이에 따라서 태종 7년 8월에 속육전수찬소(續六典修撰所)가 설치되어 하륜에게 그 일을 맡겼다(1407). 하륜은 태종 12년 4월에 그 일을 마무리하여 그 이듬해 「원육전」과 「속육전」이란 이름으로 편찬하였다(1408). 「원육전」은 「경제육전」 중에서 속된 말을 빼고 이두문을 한문으로 번역한 것이며 「속육전」은 정종이 즉위 후의 법령을 모아 간행한 것이었다.

원육전과 속육전에는 서로 모순되는 규정이 많이 있었으며 시간이 지나가면서 편찬 이후에 반포된 법령들과 앞으로 시행하여야 할 조항들을 첨가할 필요를 느껴서 세종 4년 8월(1422)에 육전수찬색(六典修撰色)이라는 관청을 설치하여 수정작업에 착수하였다. 4년 후 속육전 6책과 등록 1권을 완성하였으나 다시 수정 후 세종 11년 3월(1429)에 비로소 육전 5권과 등록 1권으로 간행되었다. 이러한 수정작업을 거치면서 법전편찬의 기본원칙이 세워졌는데 그것은 바로 선대의 왕에 의해서 제정된 '조종성헌(祖宗成憲)'을 준수하여야 한다는 것이다. 이러한 사상은 태종 때부터 등장하였는데 세종에 이르러 「속육전」을 편찬하면서 실지로 적용이 되었던 것이다. 세종 11년에 만들어진 속육전의 서문과 상전문에 의하면 속전에서 원전의 조항을 고친 것은 모조리 삭제하였으며, 원전의 조항을 고쳤거나 첨가한 경우에는 원전과 속전의 해당조항 밑에 주석을 달았다고 한다. 이와

---

199) 태종실록 권8, 태종 4년 9월 19일(정사).

같은 법전 편찬 원칙은 「경국대전」 이후에도 계속되어 「대전회통」에 잘 나타나고 있다.

세종에 와서는 법전과 법규집을 분리하였다. 영구히 실시해야 할 법은 전(典)에 실어서 조종성헌의 법전을 만들고 시대에 따라 변화될 수 있는 법규는 등록이라는 법규집을 만들어서 시대의 변화에 대응하기 쉽도록 하였던 것이다. 세종은 다시 태종 때 편찬된 속육전과 자신이 편찬한 속육전을 검토하여 정전 6권과 등록 6권을 만들어 신찬경제속육전이라는 이름으로 간행하였다.

이와 같은 편찬 작업은 세조부터 성종에 이른 「경국대전」의 편찬을 이루게 한 원동력으로서 그 의의가 크다고 할 수 있을 것이다.

법전의 체계는 육전체제로 「경제육전」과 「원육전」, 「속육전」은 태조 원년에 반포한 육조의 순서대로 이전, 병전, 호전, 형전, 예전, 공전의 순서로 되어 있다. 세종 즉위년에 육조의 순서가 이전, 호전, 예전, 병전, 형전, 공전으로 바뀜에 따라서 세종 이후에 간행된 「신속육전」과 「신찬경제속육전」은 순서가 바뀌어서 간행되었다. 이 순서는 중국 주나라의 「주례」의 순서에 의한 것이다. 이는 유교의 전통적인 법전순서의 형식을 갖추고자 하여 그러한 결과로 나타난 것으로 보인다.

「경국대전」 이외의 법전들은 지금 어느 하나도 전하여지지 않고 있으며 왕조실록을 통하여 내용의 일부를 엿볼 수 있을 뿐이다.200)

---

200) 북에서 발간된 윤국일 교수의 「경국대전연구」(영인본, 신서원, 1990)에서는 왕조실록의 기사를 바탕으로 「경제육전」의 모습을 어느 정도 복원하고 있는 것을 볼 수 있다.

(2) 고제(古制)와 조선의 법

조선의 법의 편찬의 기본적인 틀로써 작용한 것은 고제였다고 할 수 있다. 주로 고제라고 하면 하·은·주 삼대의 제도연구인데 조선에 있어서의 고제연구는 단지 삼대에 국한하고 있지 않고 있다. 고제연구에 대해서는 정도전의 저서에서 그 뿌리를 찾을 수 있다.

그의 저서 「조선경국전」은 치전(治典)·부전(賦典)·예전(禮典)·정전(政典)·헌전(憲典)·공전(工典)의 순서로 서술하고 있는데 이것은 고려시대나 조선개국 후 관제개편 시 순서인 이전·병전·호전·형전·예전·공전의 순서가 아니라, 「주례」의 육전체제에 의한 이·호·예·병·형·공의 순서에 의한 편제로, 후에 법전을 편찬하는데 육전체제를 도입하고 그 순서를 정하는 데 있어서 많은 영향을 끼쳤다.

그리고 정도전의 저서의 하나인 「경제문감」에서는 재상·대관·간관·위병·감사·주목·군태수·현령 등의 관제를 기술하는 데 있어서 요순과 삼대를 걸쳐서 송까지의 중국제도의 연구와 고려제도의 연구를 통하여 정리하였으며, 「경제문감별집」에서는 요순 이후의 역대 중국의 왕과 고려의 왕의 잘못을 밝힘으로써 임금의 책임과 의무에 대하여 서술하고 있다. 이러한 전도전의 저술은 조선의 법을 제정하는 데 있어서 많은 영향을 끼쳤다.

왕조실록에 기록된 고제연구는 태조 6년에 나타난다. 노비변정도감이 대소종(大小宗)의 적첩(嫡妾)의 법을 확립하고자 가계를 계승하는 첩의 자식은 양천을 구분하여 노비를 지급하자는 상언의 근거를 예전의 전장의 연구에 토대를 두고 있는 것 있다. 그러나 고제의 연구는 개국 초기에는 그렇게 활발하게 일어나고 있지 않고 있으며 태종에 이르러 그 기반이 조성되었다. 태종 때에는 고제의 연구를 의례상정소와 예조의 주도하에서 시행되었다. 이 기관의 활동은 태종 2년에 공동으로 예악을 연구하여 악조(樂調)를 올리는 등[201) 고제연구의 기반을 어느 정도 조성하였다.[202)

고제에 대한 연구를 통하여 조선에서 법을 제정하거나 개정하는 데 참고로 삼았음은 다음의 기사를 통하여 확연히 알 수 있다.

> 의정부에서 각 품에서 진언한 것 가운데 행할 만한 사의(事宜)를 올렸다…… '평양교수관 김주 등이 진언하기를 "법을 만들면 폐단이 생기는 것이 이치의 필연한 일입니다. 무릇 문장·제도·예악·형정은 삼가 고전을 지키고 감히 경솔하게 고치지 말아야 됩니다. 만일 혹시 폐단이 있으면 다스려 개혁하여 다만 그 폐단만 제거하고 여러 번 새 법을 세워 백성의 뜻이 정해지지 않게 할 것이 아닙니다." 하였다.'[203)

고제의 연구는 세종대에 집현전의 설치와 더불어 집현전의 학자들이 고제연구에 전적으로 참여함으로써 유가적 의례와 제도의 제정에 커다란 역할을 하였다.

유교의례의 성립

세종대의 의례연구는 고금의 예서(禮書)와 「홍무예식(洪武禮制)」[204)

---

201) 태종실록 권18, 태종 9년 7월 19일(정사).
202) 한형조, 조선세종대의 고제연구에 대한 고찰, 「역사학보」 136, 1992. 역사학회, 82면.
203) 태종실록 권18, 태종 9년 7월 19일(기축).
204) 명나라 태조가 종래의 예제(禮制)를 새롭게 하기 위하여 편찬한 국가의 예식집(1381년)으로 고려 말기와 조선의 국가예식의 모범이 되었다.

등을 참작하여 우리의 실정에 맞는 국가례인 오례를 제정하게 되었다. 이 오례는 세종실록의 부록으로 붙어 있는데 국가의 의식절차를 크게 다섯 가지로 나누어, 길례(吉禮)는 종묘와 사직에 지내는 각종 제사, 산천제, 기우제, 공자사당에 지내는 제사 등 의식절차와 제사 때 쓰는 그릇, 악기, 제복에 대하여 기록되어 있으며, 가례(嘉禮)는 명절에 중국황제에 대한 망궐례, 조서와 칙서를 맞이하고 표문을 보내는 의식, 조회나 각종 모임을 가지는 의식, 서연에서 강론하는 절차, 혼인·과거 등의 의식절차와 의장대, 악기, 예복 등을 기록하고 있으며, 빈례(賓禮)는 외국사신을 접대하는 절차에 대하여 기록하고 있고, 군례(軍禮)에는 국가 및 지방차원에서 이루어지는 활쏘기, 군사사열, 무술훈련 등의 의식절차에 대하여 기록이 되어 있으며, 흉례(凶禮)에는 국장에 대한 여러 절차가 기록되어 있다. 이 오례는 세조의 명령으로 강희맹 등이 수정을 보아 성종 5년(1474)에 「오례의」라는 명칭으로 간행된다.

이 「오례의」는 「경국대전」의 예전에 의용규정에 의하여 경국대전과 동등한 법적 효과를 가지게 되어 예전의 보충법규로서의 역할을 하게 되었다.205) 유교를 국가정치의 기초로 삼고 있는 조선에서는 사회생활의 모든 분야에 유교적인 의례를 중시하였으며 모든 행사를

---

205) 「경국대전」의 예전에는 의주의 항목에서 '모든 의전의 절차는 오례의를 준용한다.'고 하여 국가 의식의 상세한 절차는 「오례의」에 따르도록 하고 있다. 이것은 국가의식의 절차는 방대하고 복잡하기 때문에 비교적 일반화된 규정에 의해서 만들어진 「경국대전」에 수록하기가 곤란하였으며 또한 「오례의」에 수록된 절차는 영구불변의 절차라기보다는 시대에 따라 변경할 수 있는 규례라는 데에 기인하는 것으로 보고 있다(윤극일, 앞의 책, 150면).

이 틀에 맞추어 시행하였던 것이다. 따라서 오례의에 맞지 않으면 위법행위로 간주하여 죄를 추궁하였던 것이다.206)

정치제도의 성립

고제의 연구는 다른 한편 유교이념을 구체화시킬 통치제도의 확립을 목적으로 시행되었다. 조선 초기에 국가를 운영하기 위하여 선결되어야 할 문제가 관제개혁이었다. 이러한 관제개혁은 「주례」에 그 기반을 두고 시행하였던 것으로 보인다.

"문하부에서 상소하여 용관(冗官)을 태거하도록 청하였다. 소는 이러하였다. '삼가 주관(周官)을 상고하니, 삼공은 도를 의논하고 육경은 직사(職事)를 분장하여, 관을 반드시 갖추지 아니하고 오직 적합한 사람을 썼습니다. 천관 총재 이하의 각 소속이 60이므로, 육경의 소속이 360인데, 오히려 능히 어진 이를 쓰고 능한 이를 부리어 태화의 정치를 가져왔습니다. …… 우리 조정은 동반이 판문하 영삼사에서 구품까지가 520여 명이고 서반이 상장군 대장군에서 대장 대부까지가 4170여 인이니, 문무의 관리의 수가 진실로 중국 조정의 제도에 3배가 됩니다…… 녹봉이 항상 부족한 것을 걱정하게 되고 군자가 저축되지 못하는 것이 어찌 용관이 태거되지 않고 산질이 오히려 많은 까닭이 아니겠습니까?'"207)

문하부가 쓸데없는 관리를 도태시킬 것을 청하면서 주례의 관직제

---

206) 성종 때에 예조에서 '오례의주'를 상고하지 않고 함부로 상복제도를 정한 일을 문책하라는 사간원의 간언이 있다.

207) 정종실록 권4, 정종 2년 4월 6일(신축).

도를 그 근거로 삼고 있는 것이다.

이러한 고제에 의한 관료체계의 정비는 세종에 와서 더욱 박차를 가하는데 관제의 설치와 폐지를 역대의 제도를 참고로 하여 정비하였던 것이다.[208] 그리고 그 밖의 지방관제도, 형률, 교육, 과거, 군사제도 등에 대한 고제의 연구도 실시되어서 그 시행 가능성을 살펴본 후 우리의 사정을 감안하여 시행하였던 것이다. 이러한 정치제도의 연구는 주례를 바탕으로 하여 당서(唐書)·문헌통고(文獻通考)·두씨통전(杜氏通典)·산당고색(山堂考索)·태평광기(太平廣記) 등의 고전연구를 통하여 역대제도를 참고하여 우리의 실정에 맞는 체제를 설립하고자 하였던 것이다.[209]

(3) 소종성헌

이렇게 요순과 삼대의 제도를 정치의 기준으로 삼고 모든 것을 여기에 비추어 보고자 하는 복고주의는 바로 왕도정치를 실현하고자 하는 군주와 신료의 경세관에서 비롯된 것이라 할 수 있을 것이다. 앞에서 순자가 이야기한 '요임금에서 요임금으로 옮긴다.'는 사상에서 볼 수 있듯이 왕도의 제도를 가지고 치세를 한다면 비록 군주가

---

208) 일례를 든다면 종친 훈신 문무일품의 상이 발생하면 임시로 설치했던 조묘·예장도감을 주례와 당서에 근거하여 예장도감으로 통합하여 상설기관으로 설치한 것이나(세종실록 권2, 세종 원년 11월 (정사)), 동궁관속으로 통전과 문헌통고에 의거하여 좌우중호를 설치하고 있다(세종실록 권41, 세종 10년 7월 (임신)).
209) 세종대의 고제연구와 거기에 따른 제도의 정비에 대해서는 한형주의 앞의 논문에 자세히 설명하고 있다.

군자가 아니라 할지라도 왕도의 정치를 펼 수 있는 것이다.

그러므로 정도전이 고제를 연구하고 그의 저서를 통하여 제도를 밝힌 이유도 바로 여기에 있는 것이다. 조선이 개국하면서 지향한 사회는 대동사회인 것이다. 요순의 치세를 본받아 모두가 어우러져 살 수 있는 나라를 만들기 위하여 조선의 관료와 임금이 고제에 대하여 가지고 있는 관심은 매우 컸으며 앞에서도 보았듯이 우리의 제도를 정비하는 데 있어서도 고제의 유무가 현 제도의 폐지 내지는 설치를 판가름할 정도였던 것이다.

이와 같은 법에 대한 태도는 조선에 법의 편찬에 있어서도 동일하게 나타났다. 태조의 명에 의하여 편찬한 법전인 「경제육전」은 바로 왕도정치를 실현하기 위해 만들어진 법전이라는 생각이었다. 사실 태조의 역성혁명은 그 형식에 있어서는 요순의 양위와 비견할 수 있는 것이며 조선의 개국도 표면상으로는 민본정치의 실현을 기치로 세워서 탄생한 나라인 것이다. 더구나 정도전은 태조의 위인 됨을 성인에 비유하고 있다.

"주상전하는 천리와 인심에 순응하여 보위를 신속히 바르게 하였으니, 인(仁)은 심덕의 온전한 것이 되고 사랑은 바로 인(仁)의 발현임을 알았다. 그래서 자신의 마음을 바르게 하여 인을 체득하고, 사랑을 미루어서 인민에게 미쳤으니, 인의 실체가 서고 인의 쓰임이 행해진 것이다. 아! 위(位)를 보위하여 천만세에 길이 전하여질 것을 누가 믿지 않으랴."[210]

"아 신하가 명군을 만나기도 진실로 어렵거니와, 인군이 양신을 만

---

210) 정도전, 「삼봉집」 권7, 조선경국전 상, 정보위.

나기도 역시 어렵다. 바야흐로 지금은 명군과 어진 재상이 서로 만나서 성의로써 믿음성을 보이며 함께 유신의 정치를 도모하고 있으니, 천년이나 백년에 한 번 맞이하는 융성한 시대이다."[211]

정도전이 표현하기를 태조는 인을 체득하고 그러한 인이 백성을 사랑하는 데 미쳐서 인을 행한 군주로 명군이라는 명칭을 쓰고 있다. 이렇게 명군과 어진 신하가 만나 유신의 정치의 시대를 맞이하게 되었다는 것이다. 이러한 시기에 기강을 확립하고 백성들과 더불어 정치를 하는 데 있어서 태조가 내리는 교서는, 중국 고대의 역대 왕들의 말이 서경에 실려서 영원히 성인의 학의 근거가 되었듯이, 문자화하여 널리 알릴 필요가 있다고 하여 법전의 편찬을 주장하고 있다.[212] 당시는 개국 직후여서 민심의 동요아 정리되지 않은 사회 질서를 바로잡기 위헤서는 먼지 국가의 체제를 징비하는 것이 시급하였다. 이것은 곧 법전의 편찬이 필요하다는 요청이기도 하였다. 「조선경국전」을 저술한 지 2년 뒤에 「경제육전」이 간행된 것은 바로 이러한 맥락에서 이해할 수 있을 것이다.

태조를 성인과 비견할 수 있는 명군으로 부각하고 또한 이러한 명군의 지시에 의하여 만들어지고 그러한 명군의 의지가 점철된 법규는 성인의 법과 다를 바 없는 것이다. 이러한 성인의 제도를 후대에서 따르는 것은 유가의 사상에서는 선대의 왕도정치를 이어서 실현하는 것이어서 요가 요에게 물려주듯이 태조가 태조에게 물려준다는 공식이 성립하는 것이다. 바로 여기에서 조종성헌을 준수하여야

---

211) 앞의 책, 재상연표.
212) 앞의 책, 교서.

한다는 사상적인 맥락을 살펴볼 수 있을 것이다.

「경제육전」이 간행된 후 태종 때 수정보충본을 내면서도 경제육전은 이두로 되었던 것이 한문으로 바뀌었을 뿐이고 추후에 내린 교서들은 속육전이란 명칭으로 별도의 법전을 만들고 있다. 즉「경제육전」은 후대의 왕에 의해서 내용이 손상되지 않았던 것이다.

그리고 태종은 법을 적용하는 데 있어 원육전(경제육전)과 속육전의 조항이 서로 다를 때에는 원육전을 따르도록 하고 부득이한 경우에는 원육전의 각 조목 아래에 그 각주를 쓰게 하도록 명하여 조종성헌은 준수되어야 하는 원칙을 천명하고 있다.213)

이와 같은 원칙이 法典에 구현된 것은 世宗에 이르러서였다고 할 수 있다. 세종 10년 11월에 상정소에서 육전 5권과 등록 5권을 편찬하여 임금에게 올렸는데 그 전문에

"예로부터 한나라의 융흥에는 반드시 한나라의 성치가 있는 법이온데, 대경대법(大經大法)은 비록 백세라도 바꾸지 아니하는 것이오나 전대의 법에 덜하고 더함이 있는 것은 각기 때에 따라 변통한 것입니다…… 영악 을묘년 8월에는 태종 공정대왕께서 예조에 유시하여 이르시기를, '속육전 안에 원전을 고친 부분은 모두 삭제하게 하고 만일 부득이하여 그대로 둘 것은 원전 본조 아래에 주를 내라.' 하였습니다마는 그대로 그쳤을 뿐 능히 그 성문을 보지는 못한 것입니다. 이러므로 혹은 서로 충돌하게 되고 혹은 자못 중복되기도 하여, 사서인들은 동이를 분별하지 못했고, 관리들은 받들어 행하는 데에 혼동을 일으켰는데, 주상전하께서 만기를 살펴옵시는 여가에 전고에 유의하사 신 등에게 모두 수찬을 더하라고 거듭 명령을 하셨습니다."214)

---

213) 태종실록 권30, 태종 15년 8월 13일(정축).

라고 되어 있다. 이것은 태종 때는 「경제육전」을 보충하는 「속육전」
을 간행하였으나 원전과 상반되는 조항이 많았으며, 이러한 이유로
비록 태종이 법을 적용하는 데 있어서는 조종성헌을 준수한다는 원
칙은 세웠으나 「속육전」을 수정하는 작업이 후속으로 일어나지 않아
서 법적용의 혼란을 가져왔다는 것이다. 따라서 세종대에 와서는 이
러한 태종의 원칙을 준수하는 의미에서 속육전에 있는 조항 중에 원
육전과 다른 조항은 삭제를 하였으며 부득이 원전을 수정할 사항은
원전의 조문 아래 주를 달았던 것이다.

세종은 이러한 조종성헌의 의지 아래 법을 고치는 데도 매우 조
심스러웠다. 세종은 법을 개정하는 데 최대한으로 전대에 이루어 놓
은 법에 위배되지 않도록 하고 있으며 부득이한 경우에 한하여 개정
하고 있다. 그 예로 세종은 대신들의 주청을 받아들여 노비에 관한
법을 개정하고자 상정소의 신하들과 의논하는 자리에서 조종성헌에
대한 자신의 의지를 밝히고 있으며 개정하는 데 있어서 태종이 이루
어 놓은 법에 위배되지 않으면서 인륜에 반하지 않도록 개정안을 만
들어 보고하게 하고 있다.215) 전대의 법을 개정하자는 주장에 대하
여 "법을 변경하는 것은 예전의 법이 열 가지 폐단이 있고 새 법은
한 가지 폐단도 없는 뒤라야 변경할 수 있는 것이다."라고 하여 법
을 개정하는 데 신중을 기하고 있다. 또한 질서를 바로잡기 위하여
법을 고쳐야 한다는 관료의 주청에 대하여 사람의 생명을 살리기 위
해서 법을 고치는 것은 타당하지만 사람의 생명을 죽이고자 법을 고
치는 것은 불가하다는 답변을 통하여 세종이 가지고 있는 법관을 엿

214) 세종실록 권42, 세종 10년 11월 29일(정축).
215) 세종실록 권55, 세종 14년 3월 15일(갑술).

볼 수 있다.[216]

그러나 이러한 법의 보충작업은 시간이 지나면서 필연적으로 법을 적용하는 데 있어서 어려움에 봉착하게 되었던 것이다. 「경제육전」은 임금의 교지와 당시 실시하고 있는 규례를 분류해 놓은 일종의 수교집적인 성격을 띤 법전이었다. 수교는 주로 구체적인 사건을 해결하기 위해서 발한 것이다. 그러므로 비록 비슷한 유형의 사건이 발생하였을 경우에도 예전과는 다른 조건에서 발한 것이면 그러한 문제를 해결하기 위해서는 그러한 조건에 맞는 다른 수교 내지는 규례가 필요한 것이다. 즉 구체적인 사안을 해결하기 위하여 그때그때 내려지는 수교의 성격상 시간이 지날수록 임금의 교지와 각 관청에서 시행하는 규칙들은 점점 늘어나게 되었으며, 여러 번에 걸친 보충과 수정을 통하여 법전의 분량은 점점 커졌던 것이다.

이렇게 법이 번잡하고 중복되어 규정되며 또한 새로운 상황이 계속 발생됨에 따라 법전의 조항에 대하여 일대의 혁신이 필요하게 되었던 것이다. 즉 구체적인 사안을 일일이 규제하는 조항에서 일반적이고 포괄적인 규제조항으로의 변화가 필요했던 것이다. 「경국대전」의 서문을 보면 그러한 것을 알 수 있다.

---

216) 신상은 절도가 성행하므로 이를 막기 위하여 상습범을 엄히 처벌하는 절도행위의 삼범의 범주에 사면전의 행위도 포함하자는 건의를 한다. 당시에는 사면이 자주 있었기 때문에 기존의 절도행위는 사면되어 재차 절도행위를 했다고 하더라도 절도행위의 수에 산입할 수가 없었다. 따라서 절도행위만큼은 사면에 관계없이 총 범죄 수를 산정하여 세 번 이상 절도죄를 지으면 엄히 처벌하고자 하였다. 이에 대하여 세종은 사람의 생명이 관여되는 형벌이므로 함부로 중하게 고칠 수 없음을 들어 반대하고 있다(세종실록 권62 세종 15년 10월 23일(임신)).

법이 아름답지 아니함이 아니로되 관리들이 우둔하여 법을 받들어 실행하는 데 현혹하고 있는 것은 진실로 법의 과목과 조문이 번잡하고 앞뒤가 서로 맞지 아니하는 것이 있어 하나로 크게 정하지 아니한 데 말미암은 것이다…… 여러 조목을 한데 모아 상세히 채택하여 이 글을 찬집하게 하시되 번잡한 것을 버리고 간략히 하기를 힘쓰며 모든 조치는 다 임금의 재결을 받기로 하였고……[217]

그래서 종전의 「경제육전」을 원전으로 하여 속전과 등록의 형식으로 증보하던 방식을 탈피하여, 기존의 원전, 속전, 등록을 참고하여 항구적으로 통용될 수 있는 통일법전의 탄생이 필요했던 것이다. 새로운 법전인 「경국대전」을 간행함에 있어서 「경제육전」의 법전 체제를 따르고 있으며 기존의 법규를 바탕으로 법전을 간행함을 원칙으로 삼음으로써 조종성헌의 원칙은 그대로 유지하려고 노력하였다.[218]

이와 같은 조종성헌의 원칙은 국가의 헌법률의 개정을 어렵게 하여 법적 안정성에 기여하였고 또한 왕이 정책결정을 함에 있어서 법에 구속을 시킴으로써 왕권의 제한에 기여하였다고 할 수 있을 것이다.

(4) 법제정절차를 통한 권력통제

왕을 중심으로 하는 중앙집권체제하에서는 입법·행정·사법권외

---

217) 「경국대전」서문.
218) 「경국대전」의 서문에는 '(선대의) 법을 그대로 지키고 그대로 행하시고 금과옥조로 삼아 구슬을 세긴 듯이 영원히 빛나게 하시니 아름답고 기록하도다.'고 하여 경국대전이 선대의 법을 그대로 따르고 있음을 강조하였다.

분리는 가능한 것이 아니다. 국가권력은 모두 왕을 정점으로 하는 관료제에서 비롯되는 것이며 결국은 왕을 통하여 나오는 것이다.

유가의 정치에 있어서 법은 반드시 (성)왕에게서 나와야 하는 것이다. 왕의 지위에서 법이 발하여지지 않고 신하를 통하여서 법이 발해진다면, 법은 그 시행부터 혼란을 가져오지 않을 수 없다. 즉 법은 입법자의 자의에 따라 만들어질 것이며, 동일한 행위를 규율하는 규정도 그 법을 발하는 자의 수만큼 생길 것이며, 마을마다 동리마다 규율하는 법은 다 다르게 되어 법으로서의 안정성을 갖지 못할 것은 당연한 일이다. 그러므로 유가에서 법이 일관성을 갖기 위하여 반드시 王을 통해서 나오게 하는 것이다.

그러나 왕을 통하여 법이 나온다고 해서 왕이 법을 제정하는 데 자의적으로 어떠한 법이라도 만들 수 있는 것은 아니다. 법은 형식적인 왕의 지위에 있는 자ー왕의 이름만 가진 자ー가 발하는 것이 아니라, 실질적인 왕ー왕으로서의 이름과 그에 맞는 실질을 갖춘 자ー에 의해서 발해지는 것이기 때문에 우선 그 법은 사회구성원이 모두가 인정하고 수긍할 수 있는 법이라야 하는 것이다. 즉 그 법은 악법이 되는 것을 부정한다. 반드시 선법이어야 하는 것이다. 그리고 왕은 어떠한 일을 시행하는 데 있어서 저자거리의 장돌뱅이가 하는 말까지도 다 받아들일 수 있어야 한다.[219] 그리고 항상 귀를 열어서 사회의 문제점을 정확히 파악해야 한다.

결국 왕이 어떠한 행정상의 일을 하나 지시하는 데 있어서도 자의에 의한 지시가 아니라 어느 정도 세간에 타당성을 인정받을 수

---

219) 정도전, 「삼봉집」 권6, 경제문감 하, 간관.

있는 그러한 조치를 취해야 하는 것이다. 따라서 王의 입을 통하여 법은 비로소 시행되지만 그 법을 입안하고 제안하는 데 있어서는 형식적으로는 구애받음이 없는 것이다.

조선의 왕들은 나라가 어려운 시기를 맞이할 때마다 교지를 통하여 난국을 타개하기 위하여 국정 전반에 걸친 시정을 위한 제안을 구하는 경우가 많았다. 그리고 어떠한 제안이나 질책을 하든지 거기에 대한 책임은 묻지 않음으로써 국정운영에 대한 허심탄회한 의견을 구하고 있다.

> 교지를 내려 구언하였다. 왕은 이렇게 말하였다. '대개 들으니, 하늘과 사람이 서로 더불어 통달하여 사이가 없으므로, 정사가 아래에서 잘못되면 꾸지람이 위에서 나타난다고 한다. 제이의 일이남이 실상은 사람으로 말미암아 생기는 것이니, 하늘이 꾸지람을 하는 것이 두렵지 않은가? ……이것이 모두 위로 화기를 범하여 재이를 부른 까닭이다. 재앙을 없애는 도를 닦고자 하면 마땅히 곧은 말을 구하여야 하겠다. 무릇 과인의 잘못과 좌우의 충성하고 간사한 것과 정령이 잘되고 못된 것과 민생의 이해와 폐단을 구제할 방법을 극진히 말하여 숨기지 말라. 말이 채용할 만하면 내가 상을 주겠고, 말이 혹 맞지 않더라도 또한 죄를 가하지 않겠다. 아! 너희 중외의 대소신료·한량·기로는 각각 소견대로 실봉하여 조목조목 올리고, 마음을 합하여 서로 경계해서 그 직책을 힘써 닦아, 나의 미치지 못하는 것을 도와서, 나의 하늘을 두려워하고 백성에게 부지런한 뜻에 부응토록 하라.'[220]

그리고 그러한 제언을 취합하니 의정부와 판사부에서 홍문한 십

---

220) 정종실록 권6, 정종 2년 12월 22일(임자).

토를 통하여 法으로서 시행하였던 것이다.

> 의정부와 육조에서 재앙을 막을 사목을 조목별로 올렸다. 의정부와
> 육조·대간에 명하여 조계청(朝啓廳)에 모여 재앙을 그치게 할 방도
> 를 함께 의논하여 아뢰게 하니, 그 의논하여 결정한 조목…… 모두 유
> 윤하였다.221)

> 육조에서 시행할 만한 진언사건을 의논하여 아뢰었으니, 무릇 33조
> 항이었다…… 임금이 모두 그대로 따랐다.222)

입법의 방법으로 왕이 직접 교지를 내리는 경우가 있다. 왕이 직
접 교지를 내리는 경우에는 크게 두 가지 유형으로 나눌 수 있다.
그 하나는 왕이 직접 문제의 해결을 위한 구체적인 규칙을 내리는
경우와 일정한 사안에 대하여 시행규칙을 만들도록 교지를 내리는
경우가 그것이다. 왕이 직접 교지를 내리는 경우에는 간관이나 관계
부서의 반대에 의하여 철회하는 경우가 있다. 시행규칙을 내리는 경
우에는 왕이 이를 다시 검토하여 가부를 결정하고 있다. 왕은 국가
의 최고의 지위에 있는 자로서 법의 운용 여부에 대한 권한은 오직
왕에게 있으므로 왕이 끝까지 관철하는 경우에는 그것을 막을 방법
은 없다고 할 수 있다. 그러나 역사의 기록에 의하면 대부분의 경우
관료들에 의한 간언으로 독선을 견제를 할 수 있었다.
법의 발의는 국정을 총괄하는 지위에서 의정부에 의하여 되는 경

---

221) 태종실록 권29, 태종 15년 6월 8일(계유).
222) 앞의 실록 25일(경인).

우가 있다. 왕조실록의 기록에 의하면 의정부는 국정 전반을 관할하는 직책을 가지기 때문에 어떠한 부서의 업무에 대해서도 입법제안을 할 수 있었다. 태종 13년 11월 11일(정해)의 기사에 의하면 의정부에서는 왕에게 아뢰어 형조도관에 접수된 노비소송사건이 폭주하므로 노비판결을 각사에 이관시키게 하고 있다. 그리고 태종 14년 4월 2일(을사)에는 의정부에서는 호조의 소관인 호구의 법을 제안하여 승인을 받고 있다. 의정부는 이러한 육조의 정무에 관한 업무뿐만 아니라, 태종 14년 1월 16일(辛卯)에 의정부에서는 종친의 일인 '대군·군·원윤·정윤·부원윤·부정윤을 봉하는 법식'을 왕에게 건의하여 승인을 받는다. 이러한 기록을 통하여 의정부는 입법에 있어서 국가 정사 일반에 관하여 폭넓은 관여를 하고 있음을 엿볼 수 있다.

실제적인 정무를 담당하고 있는 육조에서는 각 부서마다 법을 집행하는 데 있어서 필요에 따라 왕에게 진언하여 시행규칙을 제정하고 있다. 사간원, 사헌부 등도 언관이라는 직책상 왕에게 국가운영에 있어서 문제점을 간언할 수 있는 지위로 인하여 국가시정의 전 분야에 대한 문제점 지적과 아울러 개선책을 왕에게 간할 수 있다. 즉 일종의 법안을 제안할 수 있는 지위에 있는 것이다. 실록의 곳곳에서 새로운 시행책을 올려서 윤허를 받아 시행되고 있음을 볼 수 있다.[223]

지방에서는 관찰사가 지방장관으로서 필요한 시정을 올림으로써

---

223) 태종 13년 11월 11일(정해)의 기사와 태종 13년 12월 22일(정묘)에서는 사헌부에서 노비의 양천처분에 대한 기준을 제시하여 왕의 윤허를 받아 시행하도록 하고 있으며, 다음날 기사에 의하면 친척 간의 소송은 풍속을 헤치는 행위이므로 이를 금할 것을 상소하여 윤허를 얻고 있다.

입법의 제안자로서의 역할을 또한 하고 있다.[224] 그리고 국가의 중요한 정책을 결정하여 입법을 하는 경우에는 왕과 의정부, 육조 등과 협의를 거쳐서 하고 있다.[225]

이러한 입법적 태도는 왕권의 견제라는 의미보다는 왕과 관료는 대동사회라는 한 가지 목표를 향하여 나아가는 동반자적 역할을 중시한 것으로 보인다. 이러한 역할을 수행하는 데 있어서 신권과 왕권은 서로 분리해서 대립하는 것이 아니라, 부국과 민본이라는 근본적인 목적하에서 서로 협조해 나아가는 관계를 유지함으로써 입법권이 어느 한쪽에 치우치지 않고 균형을 유지하였던 것이다.

2) 교육을 통한 왕권견제

1) 경연제도

조선 초기 경연의 경과

태조는 왕위계승 후 관제를 정하면서 경연관을 설치하고 있다. 이것은 공양왕 때의 경연관제와 유사한 것으로 나타나고 있다.[226]

---

224) 태종 13년 9월 1일(정축)에 충청도 도관찰사 이안우가 시무 몇 조를 올리니, 임금이 가납하고 의정부에서 내려서 의논하였다.

225) 태종실록 권21, 태종 11년 1월 13일(갑술)의 기사에 의하면 '장형 이하의 죄를 저화로 수속하는 문제와 호패법의 시행에 대하여 의정부, 육조 등과 협의하고 있다.

226) 공양왕 2년(1390)에 경연을 개설하고 영경연사에 심덕부와 이성계, 지경연사에 정몽주와 정도전, 동지경연사에 김사형과 박의중, 참찬관에 이행 성석용 민개 이사위, 강독관에 윤소종과 이첨을, 검토관에 우홍득, 한상경, 신원필을 임명하여 4개 반으로 나누어 강의케 했다(「고려

경연제도를 개국 초기의 국가제도를 정비한 정도전은 인군의 덕을 장려하고 발전시키기 위한 것이라 하고 있으며, 태조가 경연관을 설치하도록 하여 대학을 강의하도록 한 것을 찬사하고 있다.[227] 그러나 경연이 매일 열리기까지는 약간의 갈등이 있었다. 태조는 자신은 나이가 들어서 구태여 학자들과 자리를 같이할 필요가 없으며 편전에서 「대학연의」를 강의하게 한다는 핑계로 한동안 경연을 열지 않았다.[228] 경연관직 설치 후 4개월 후에야 간관들의 간청에 못 이겨 매일 여는 것을 허락하였다.[229] 그러나 실록에서는 경연을 열었다는 기사는 없고 다만 「대학연의」를 강의하게 했다는 기사만 가끔 보일 뿐이다.

경연제도는 정종에 와서는 경연에 사관을 입실시켜 임금의 언행을 기록할 수 있노록 하여 보다 발달된 모습을 보인다.[230] 경연에 대한 실록의 기록도 짧은 제위 기간 동안 약 30건이 있는 것으로 보아 태조에 비해서는 빈번하게 열렸으며 사용한 교재도 태조 때에는 「대학연의」만이 등장한 데에 비하여 「정관정요」, 「대학」, 「논어」, 「통감촬요」, 「위기(魏紀)」, 「통감강목」 등 여러 권을 강론하였다.[231]

사」권45, 공양왕 2년 1월 12일(병자)). 태조의 관제는 공양왕 때 없었던 부검토관과 서리가 있으며 그 인원구성상 약간 다르다.
227) 정도진, 심봉집 권7, 조선경국전 상, 예선, 총서.
228) 태조실록 권2, 태조 원년 11월 12일(기축).
229) 태조실록 권2, 태조 원년 11월 14일(신묘).
230) 정종실록 권1, 정종 원년 1월 7일(무인).
231) 태조실록 권15, 태조 7년 10월 5일(정미) 태조실록 권 15, 태조 7년 11월 11일(계미). 태조실록 권15, 태조 7년 12월 15일(신해). 정종실록 권4, 정종 2년 6월 미상일. 정종실록 권3, 정종 2년 1월 1일(병인). 정종실록 권5, 정종 2년 8월 4일(병신).

태종에 와서도 즉위 시 문하부낭사 맹사성 등의 상언에 따라 곧 경연을 열어 「대학연의」를 강론하게 하고232) 사관을 입실시키는 등233) 의욕적인 출발을 보였다. 그러나 다음해 3월에 태종은 경연청의 수리와 자신의 안질환과 김과와의 독서 등을 핑계로 경연에 참가하지 않고 있으며,234) 즉위 3년에 가서는 경연을 오직 김과와의 독대로 행함으로써 경연의 본래의 모습은 사라졌다.235) 더 나아가서 날마다 경연에 나오라는 대간의 상소에도 자신이 늙었다며 세자에게 참석을 권하도록 하라고 하고 있다.236) 이것은 태종에게 와서도 경연이 실질적으로 정착되지 못하고 있는 것을 보여주고 있다. 그러나 정종과 태종 간의 경연의 의의를 찾는다면 세종 이후의 경연에 사관을 참여하게 만드는 근거를 만들어 준 것이라 할 수 있을 것이다.

경연은 세종 때에 와서 진일보하게 되었다.

세종은 즉위 후 경연관제를 정비하고 경연관이 진강할 때 좌석의 배치 등을 정하였다.237) 즉위 두 달이 지나서 「대학연의」를 교재로

---

232) 정종실록 권6, 정종 2년 11월 미상일. 이 기사는 태종이 즉위한 11월 13일 이후의 내용으로 확실한 날짜는 기록되지 않고 있다.
233) 정종실록 권6, 정종 2년 12월 1일(신묘).
234) 태종실록 권1, 태종 원년 3월 11일(경오).
235) 태종실록 권5, 태종 3년 3월 10일(정해).
236) 태종실록 권20, 태종 10년 10월 29일(임술).
237) 세종은 즉위하면서 박은 이원 유관 이지강 등 자신이 세자시절에 서연관이었던 관료들을 경연관으로 삼는다(세종실록 권1. 세종 즉위년 8월 11일(무자)). 이러한 사실은 세종은 경연을 서연의 연장선상에 놓고 있으며, 그 성질상 정치적인 토론의 장으로보다는 학문탐구의 장으로서의 의미가 강조된 것으로 보인다. 추후에 세종이 경연전담부서로 집현전을 설치하고 학문연구에 전념하도록 한 것을 보면 세종이 경연에 임하는 태도를 잘 알 수 있을 것이다. 자세한 것을 계속하여 논고

거의 모든 경연관이 참석하에 첫 경연을 열었으며,[238] 경연개시 한 달 지나서 사간원의 청에 의해 간관의 입시도 허락하였다.[239] 그러나 경연관들은 세종의 지식욕구를 채울 수 없었으며, 직무와 더불어 매일 여는 경연을 감당할 수가 없었다.

그래서 세종은 경연을 전담할 수 있는 순수학문연구기관인 집현전을 설치하기에 이르렀다.[240] 집현전의 설치로 경연의 성격은 새로운 전기를 마련하게 되었다. 우선 경연에 입시하는 자의 구성원을 변화시켰다. 당상관이나 간관, 사관을 모두 제외시키고 경연관(집현전관) 2-3인과 대언(승지) 한 명만을 입실시키도록 하고 있다.[241] 그리고 태종이 승하 후에 삼년상을 마친 세종 6년 9월에 이르러서 사관의 입시를 허락하여[242] 경연입시자는 집현전학사 2명, 대언 1명, 사관 1명을 입실시키고 있다. 이렇게 세종은 경연에 경연관직을 가진 당상관이나 간관의 참석 없이 진행한 것은 그가 경연을 정치문제를 협의

할 것이다.

238) 세종실록 권1, 세종 즉위년 10월 7일(계미).
239) 세종실록 권2, 세종 즉위年 11월 7일(계축).
240) 세종 2년 3월 16일. 그는 집현전을 궁중에 두어 학식과 인품이 훌륭한 젊은 문신을 뽑아 경사를 강론하고 고문에 대비하는 일만을 대비하게 하였다. 조선의 경연제도에 대하여 자세한 것은 권연웅, 세종조의 경연과 유하, 「세종문화연구(Ⅰ)」, 한국정신문화원편, 박영사(1982)와 남지대, 조선 초기의 경연제도, 「한국사론」 6, 서울대 국사학과(1980. 12)를 참고하기 바람. 경연제도와 관련된 기술은 이 자료를 참고로 하였다.
241) 세종실록 권14, 세종 3년 11월 7일(병인). 4년 11월의 기사를 보면 대언 한 명과 집현전관 두 명만 입시하도록 하고 있다(4년 11월 22일(을해)). 그 이우부터는 경연에 참석하는 집현전관은 두 명으로 확정되이 나타나고 있다.
242) 세종실록 권25, 세종 6년 9월 21일(계사).

하기 위한 장으로 활용하기보다는 학문연구의 장으로 사용한다는 것을 보여준다고 하겠다. 이와 같은 세종의 뜻은 다음에 잘 나타나고 있다.

> 임금이 소를 보고 승정원에 이르기를, '이제 사간원에서 올린바, 영경연·지경연 및 간관을 시강하게 하자는 조목은 그 말이 진실로 옳은 것이다. 내가 즉위한 처음에 이품 이상과 간관을 모두 경연에 시강하게 하였었는데, 그 후에 풍병을 앓게 되자 헌의하는 자가, '단지 날마다 경연에 납시는 것이 귀한 것이오니, 이품 이상이 시강하는 것이 필요하지 않습니다.' 하였던 까닭으로, 참찬관 이하는 시강하게 하고 2품 이상은 시강하는 제도를 정지시켰었다. 우리 태조 때에 유창과 태종 때에 금과는 매일 진강하였으니, 반드시 이품 이상과 간관이 시강하여야 학문에 일취하는 것은 아닐 것이다. 나 역시 생각하기를, 이품 이상에 권근이나 변계량 등과 같은 이름난 유학자가 있다면 반드시 같이 강론하는 것도 가할 것이지만, 만약 그러한 사람이 없다 하면 하필 이품 이상이 시강하여야 하겠는가. 또 집현전은 오로지 경연을 위하여 둔 것이니, 이 조목을 반드시 따를 필요가 없을 것이다.'[243]

세종은 경연을 통하여 집현전 학자들과 유교의 기본 경전인 사서오경과 역사서 등을 연구하고 토론하였다.[244] 그리고 경사(經史) 이

---

243) 세종실록 권83, 세종 20년 11월 23일(계묘).
244) 세종이 경연에 이용한 교제는 매우 다양하였다. 먼저 유교경전인 사서오경과 사서인 자치통감과 자치통감강목을 반복하여 경연에서 강론하였으며 성리학에 관한 저술을 집성한 성리대전을 교재로 사용하였다. 경연에 사용하였던 교재는 권연웅의 앞의 책 78-79면에 상세히 소개되어 있다.

외에도 성리학을 집대성한 「성리대전」을 강론하게 하여 성리학연구에 앞장을 섰으며, 또한 경연을 통하여 육전의 초안을 검토하기도 하였다.245) 세종은 후기에 자신이 건강상 문제로 인하여 세자에게 국정의 일부를 위임하기 전까지는 특별한 사정이 없는 한 매일 경연을 실시하였다.246)

문종대의 경연제도는 세자 때 서연의 연장선상에서 이루어졌다. 문종은 세종 말기에 세자로서 국정에 관여하면서 서연을 현실정치에 대한 문제를 논의하는 장으로 활용하였다. 세종은 건강상의 문제로 국정의 일부를 세자에게 넘겼으며, 서연을 통하여 주요 관리들과 국정을 논의하게 하였다.247) 문종은 왕위에 오르고 나서 경연을 세자 시절의 서연과 유사하게 운영하였다. 그래서 3일마다 번갈아 참석하는 겸관이 왕에게 직접 소관업무에 대하여 건의하고 왕은 이를 처리

---

245) 세종실록 권54, 세종 13년 10월 29일(경신).
246) 가뭄에 의하여 경연을 중단하였다가 다시 시작한 예로는 세종5년 7월 12일, 7월 17일의 기사가 있으며(세종실록 권21, 세종 5년 7월 12일(경인). 세종 5년 7월 17일(을미)). 중국사신이 와서 경연을 중단하도록 한 것으로는 세종5년 8월 14일의 기사가 있다(세종실록 권21, 세종 5년 8월 14일(임술)). 그러나 세종은 임기의 후기에 들어서는 경연을 제대로 개최하지 못하고 있다. 세종은 「자치통감훈의」를 찬수하기 위하여 약 3년간(세종 16년 9월 병신–세종 19년 9월경인 사이의 기간) 경연을 중지하였으며, 그 후 세종은 건강상 문제로 인하여 21년 3월에 경연을 폐지하고 일반국무를 세자에게 이양하여 경연보다는 세자의 서연이 그 비중이 커지게 된다.
247) 세종은 세자를 국정에 참여시키면서 의정부, 육조의 당상관 중 한 명과 중추원당상관 및 동서반 4품 이상관 중 한 사람을 날마다 서연에 번갈아 참석하게 하여 국정의 문제를 세자와 논의하게 하였다(세종실록 권100, 세종 25년 6월 23일(병오)). 대게 세지인 문종이 이를 세종에게 보고하겠다는 형식으로 처리되어 있다.

하는 방법으로 경연이 운용되었다.248)

단종대에 경연제도는 일일삼강으로 형태를 갖추고, 사헌부의 관원을 경연에 참여시키고 있다. 이는 어린 단종이 왕위에 오르게 되자 서연의 제도를 원용하여 교육기능을 보한 것으로 보인다. 이와 같은 일일삼강은 성종 때 경연의 선례가 되었다.

세조는 경연제도를 보다 축소하여 운영하였다.249) 그러나 그것도 세조 2년에 일어난 단종복위사건을 계기로 집현전을 혁파하고 경연을 정지시켰다.250) 그리고는 단순히 문신과 더불어 강설을 함으로써 경연을 대신하였다.251)

세조의 뒤를 이은 예종은 건강상의 이유로 경연을 거의 열지 못했다.252) 그러나 세조가 정지시킨 경연을 다시 부활시키고 겸관제로서 경연관제를 설치하여253) 성종대에 경연이 발달할 수 있는 토대를 마련하였다.

재위 1년 만에 예종이 요절하여 성종은 13세의 어린 나이로 왕위에 올랐다. 성종은 서연을 거치지 않고 즉위하였기에 경연은 단종 때와 유사하게 서연의 성격도 겸하게 되었다. 그래서 경연의 초기의

---

248) 문종대의 경연의 논의 내용에 대해서는 남지대, 앞의 논문, 154-159면에 자세하게 소개하고 있다.
249) 세조는 경연에 참여하여 진강하는 구성원의 수를 문종 때보다 대폭 축소하여 세종조의 예를 따른 것으로 보인다(세조실록 권1, 원년 윤6월 17일(신유)).
250) 세조실록 권4, 세조 2년 6월 6일(갑진).
251) 세조실록 권5, 세조 2년 9월 5일(임신).
252) 예종이 경연을 연 기사는 원년 4월 22일(을해), 동년 9월 19일(기해), 9월 20일(경자), 10월 4일(갑인) 등만이 보인다.
253) 예종실록 권1, 즉위년 10월 6일(임진).

성격은 경전을 배우고 익히는 장이 되었다. 당시 정치는 원로대신들이 원상(院相)이 되어 국정을 잘 보필하였으며 세조비인 정희왕후의 섭정으로 전대의 평온을 유지할 수 있었으며 성종은 경연에 전념하였다. 원상들이 경연의 영사를 겸직하여 번갈아 경연에 참석하였으며[254] 우선 아침 강연과 낮 강연을 열었다.[255] 성종 원년 2월에는 사간원의 상소[256]와 세조비의 전교에 따라[257] 저녁 강연을 열어 일일삼강이 정착된다.[258] 그리고 성종 원년 4월에 예문관에 부제학 이하 부수찬 15명이 배치되어 경연을 전담하게 하였다.[259]

성종이 성장하면서 경연의 진강방법은 성종의 의문을 해결하는 식으로 바뀌고, 진강도 처음에는 주로 2품 이상의 겸관이 진행하다가 점점 3품 이하의 녹관으로 대치되었던 것이다. 경연관직은 점점 전문화되어 성종 8년 2월에 이르러서는 경연을 전담하는 관리의 수가 세종 때보다도 더욱 많아지게 되었던 것이다.[260]

성종 9년 3월에는 예문관에서 홍문관이 분리하여 집현전의 후신으로서의 역할을 담당하게 되었다. 성종 17년에는 경연에 경연관 이외에 재상중 왕의 고문에 응할 만한 사람을 뽑아 특진관이라 하여 경연에 참석하게 하였다.[261] 이것은 성종이 성장해서는 경연은 정치

---

254) 성종실록 권1, 즉위년 12월 8일(정사).
255) 성종실록 권1, 즉위년 12월 9일(무오).
256) 성종실록 권3, 원년 2월 14일(계해).
257) 성종실록 권3, 원년 2월 16일(을축).
258) 성종실록 권3, 원년 2월 20일(기사).
259) 성종실록 권4, 원년 4월 26일(갑술).
260) 세종대에는 경연관이 15인 내외였으며 나중에 10인으로 정착되었는데 성종 8년 윤 2월에 경연관이 숫자는 22인에 달하였다(남지대, 앞의 논문, 137면).

문제를 해결하기 위한 기구로서의 성격을 띠게 되었다는 것을 보여주고 있다고 하겠다.

경연의 기능과 의미

왕을 정점으로 하는 중앙집권적 관료체제하에서는 그 실질이야 어떠하든 형식적으로는 모든 것이 왕을 통하여 나온다. 비록 이때의 왕은 유가에서는 성인 내지는 군자를 설정하고 있으나 현실정치에서는 그러한 현명한 군주가 등장하기란 쉽지 않다. 그러므로 현명한 군주를 기다려 난국 속에서의 얼마간의 치국에 안주할 것이 아니라, 현재의 군주를 끊임없는 교육을 통하여 현명한 군주로 만들어 치국을 계속 유지하는 데에 이 경연제도의 의의가 있다고 하겠다.

개국 초기의 간관들이 경연설치를 요구하는 이유를 보면

> 첫째는, 어진 사대부를 접견할 때가 많음으로써 그 덕성을 훈도하기 때문이요, 둘째는, 환관과 궁첩을 가까이할 때가 적음으로써, 그 나태함을 진작시키기 때문입니다. 더구나 창업한 군주는 자손들의 모범이 되니, 전하께서 만약 경연을 급무로 여기지 않으신다면 뒷세상에서 이를 핑계하여 구실로 삼아, 그 폐해는 반드시 학문을 하지 않는 데 이르게 될 것이니 어찌 작은 일이겠습니까?[262]

라고 하고 있다. 즉 경연의 가장 큰 목적은 교육을 통하여 왕의 덕성을 함양시키는 데 있으며, 그 둘째는 밀실정치의 여지를 뿌리 뽑

---

261) 성종실록 권191, 성종 17년 5월(신해).
262) 태조실록 권2, 태조 원년 11월 14일(신묘).

는 데 있다고 하겠다. 그러나 태조 때에 경연의 목적은 첫째 목적보다도 오히려 두 번째에 치중하였다고 볼 수 있을 것이다. 태조가 스스로 혼자서 대학을 강의받으면서 나름대로 군주의 덕을 쌓는다고 하여도 굳이 경연을 설치하도록 한 것을 보면 알 수 있을 것이다. 그리고 앞에서 살펴보았듯이 고려 말에 왕들이 신하를 가까이하지 않고 오히려 환관이나 궁첩의 말에 따라 정사를 처리하는 경우가 많았다. 그러한 전철을 다시 밟지 않기 위하여 직접 여러 사대부들과 만날 수 있는 경연을 열 것을 강력하게 주장하였던 것으로 보인다.

이러한 경연에서는 강론을 하고 그 강론의 내용과 관련하여 정치의 득실과 도의가 논의되었으며 아울러 당면의 정치적인 문제가 논의되었다. 결국 경연을 통하여 국정운영에 대하여 논의가 되었기에 왕의 사의에 의한 국성운영은 통제가 되었으며, 왕은 경전에 등장하는 성군이 되어야 했다. 왕권이 신권보다 앞섰다고 평가되는 태종이 경연을 회피한 것이나 세종이 경연을 폐지한 것은 경연이 왕권통제에 커다란 영향을 끼쳤다는 것을 반증하고 있는 것이다.

그러나 경연이 단지 왕권을 통제하는 기능만을 가진 것은 아니었다. 그 반대기능도 있었다. 즉 왕이 신하들을 통제하는 역할도 하였다고 보인다. 학문을 좋아하는 세종이나 성종대에는 윤대가 행해지거나 경연관 이외의 관리가 특진관으로서 경연에 참석하였다. 즉 경연을 통하여 해당 관료는 당면한 국정의 문제점을 보고하게 하거나 국정의 의문에 대한 왕의 질의에 응할 의무가 있었다. 이러한 관계 속에서 왕이 유교적인 소양에 뛰어난 경우에는 오히려 신하를 통제할 수 있었던 것으로 보인다.

경연을 단지 왕을 교육하는 장으로 왕권의 통제의 기능에 국한된 것으로 이해해서는 안 될 것으로 보인다. 더 나아가 유교국가에서 왕과 신하가 유교적 이상국가를 이룩하기 위하여 유교이론과 실제를 논의하는 장으로 파악되어야 할 것이다.

(2) 서연제도(書筵制度)

서연제도의 경과

서연은 왕세자에게 유교의 경사(經史)를 가르치는 교육의 장을 의미하거나 또는 왕세자의 교육 자체를 의미하였다.

태조는 즉위 후 문무백관의 관직을 정할 때 세자관속을 설치하였다. 세자관속은 좌·우사 각 1명, 좌·우빈객 각 1명, 좌·우보덕 각 1명, 좌·우필선 각 1명, 좌·우문학 각 1명, 좌·우사경 각 1명, 좌·우정자 각 1명, 좌·우시직 각 1명, 서리 4명으로 구성이 되었으며 강학과 시위의 일을 관장하게 하였다.263) 이 제도는 고려 공양왕 때의 제도를 거의 답습하였는데, 실제 태조 초의 세자의 교육은 사·전·이사(貳師) 등의 직을 두어 행한 것으로 보인다.264) 그 후 태조 4년이 되어서 처음으로 세자부빈객 2명을 두고 있다.265)

그러나 국초에는 국가의 교육제도 전반이 기틀을 잡지 못하여 사대부의 자제들도 대개는 절에서 공부하였다. 왕실도 왕자의 난 등의 혼란으로 인하여 세자의 교육은 태종대에 와서 비로소 그 모양을 갖추기 시작하였다.

---

263) 태조실록 권1, 태조 원년 7월 28일(정미).
264) 정도전, 「삼봉집」 권7, 조선경국전 상, 정국본.
265) 태조실록 권7, 태조 4년 5월 11일(계묘).

의정부에 명하여 원자의 학당을 지을 터를 성균관에다 보게 하였다. 이때 원자의 나이가 여덟 살인데 임금이 승려에게서 수학하도록 하려고 하였다. 지신사 박석명 등이 아뢰기를 '전조가 쇠한 말년에 학교의 제도가 무너져서 사대부의 자제들이 대개가 산승에게 배웠는데 예전의 제도가 아닙니다. 산승이 아는 것은 사장귀두의 말기에 지나지 못하오니 학문에 도움이 없습니다. 마땅히 성균관에 들여보내어 날마다 학관 및 제생들과 더불어 강론하고 갈고 닦아서 덕성을 함양하게 하소서.' 하였다. 임금이 아름답게 받아들여 마침내 정부의 석명에게 명하여 성균관에 가게 한 것이다.266)

위의 기사에서도 알 수 있듯이 비록 유교를 국가의 기본으로 삼고는 있었지만 당시의 사회적 정치적 혼란 속에서 절은 나름대로 교육기관으로서 억할을 했던 것으로 여겨진다. 그러나 유교입국을 주창하여 새로운 왕조를 세운 사대부들은 유가의 대동사회를 지향하였기에 왕의 정치는 왕도정치 내지는 덕치를 희구하고 있었다. 이러한 이유로 왕자의 교육은 반드시 유교적 교양을 닦는 것이라야 했을 것이다. 그래서 왕자의 교육을 승보다는 유학자에게 맡기기를 원하였던 것이다. 이것은 왕실을 불교와 단절시키고 더불어 유교의 번성을 꾀하고자 하는 노력의 일환이기도 하였다. 이 일을 계기로 조선 초기의 세자들은 책봉이 되면 입학례를 행하였던 것이다.267) 그러나 실질적인 세자의 교육은 태종 2년이 되어도 이루어지지 못한 것으로 보인다. 태종 2년에 사간원에서 올린 정사·경연·원자의 입학에 대한 시무가 채택이 된다. 특히 원자의 입학에 대한 시무는 차기의 왕

266) 태종실록 권2, 태종 원년 8월 22일(무인).
267) 이석규, 조선 초기 서연연구, 「역사학보」 110집, 역사학회, 1986. 6. 7면.

이 될 세자의 교육의 필요성에 대한 시무였다.

　　사간원에서 시무 몇 가지의 조목을 올렸다…… "원자의 입학입니다.
주역에 말하기를, '어린것을 바르게 기르는 것은 성인의 공이라.'고 하
였습니다. 대개 순일하고 아직 피어나지 아니한 어린것을 바르게 기
르면 곧 성인이 되는 공이요, 피어난 뒤에 금하면 저항하여 이기기가
어렵습니다. 따라서 어릴 때 바르게 기르는 것은 학문의 제일 좋은
방법입니다. 하물며 원자는 제2의 임금이라, 장차 종묘사직과 민生의
책임이 일신에 달려 있으니, 처음부터 교육하고 미리부터 길러 두지
않을 수 있겠습니까? 가의는 말하기를, '태자의 선함은 일찍이 교육으
로 달래고 좌우의 보필의 선택에 달렸다.'고 하였습니다. 이 까닭에
전하께서 원자를 위하여 유신을 택해 빈사로 삼으시고, 또 유선·시
학의 벼슬을 두어 그들로 하여금 날마다 서연을 열고 효경을 강습시
키게 하며, 유사에게 명하여 원자께서 입학할 궁을 세우게 하여 이제
이미 낙성이 되었사오니, 원컨대 길일을 택하여 원자를 보내 입학하
게 하소서. 그 빈사와 유선·시학으로 하여금 아침저녁으로 좌우에서
떠나지 못하게 하고 항상 효제충신의 도를 날마다 앞에서 강의하게
하신다면, 자연히 훈도되고 점점 감화되어 덕기가 성취되고 국본이
견고하여질 것입니다."268)

　서연은 세자로 책봉되어 왕위에 오를 때까지 한정적인 시간 동안
에 행해지는 것이기 때문에, 세자가 책봉된 후에 현직 관료 중에서
서연관을 임명했던 것이다. 그래서 서연관들은 서연 이외에도 자신
들이 처리해야 할 직무가 있었기에 세자의 교육에만 전념할 수가 없

---

268) 태종실록 권3, 태종 2년 6월 18일(경오).

었다. 따라서 세자는 선비들과 접할 수 있는 시간은 조석으로 강연할 때 이외에는 없었으며 대부분의 시간을 어린 내시와 더불어 장난치며 보냈다.

　사간원에서 상소하여 세자를 보익을 하는 도를 말하니 그대로 따랐다. 상소의 대략은 이러하였다. '세자는 국가의 근본입니다. 치란의 기틀은 세자에게 매여 있고 세자의 어짊은 일찍 가르침과 좌우를 고르는 데 있습니다……지금 우리 세자께서 천부적 자질이 밝고 순수하고 학문이 날로 성취되오나, 사빈과 시학의 진강이 때가 있고 세자와 더불어 거처하고 출입할 수 없기 때문에 세자가 한가할 때면 내시와 더불어 장난하며 학문에 부지런하지 아니합니다. 또 보덕 이하가 본사의 벼슬로 인하여 시강에 전념하지 못하오니…… 원컨대 전하께서는 시학을 더 두고, 보덕 이하는 본사에 임용을 하지 말고 내전에 들어와 모시게 하여 비록 한가한 때일지라도 항상 좌우에 모시게 하고, 항상 두 사람으로 하여금 내침에 숙직을 하면서 일에 따라 경계하고, 서로 학문을 갈고 닦게 하며, 시중드는 환관은 온후하고 신중한 자열 사람을 골라서 번을 나누어 모시게 하고 간사한 소인의 무리는 모두 내쫓아 나라의 근본을 바르게 하소서.'[269]

이와 같은 상소에 의하여 태종은 세자의 교육을 위하여 비로소 보덕 이하의 관속은 본시의 업무를 보지 않고 항상 세자를 모시게 하였다. 또한 태종은 세자관속의 임무 중에서 시위의 일을 분리하여 세자의 시위는 세자익위사에서 맡도록 하여 서연이 제도적으로 정비되었다.[270]

269) 태종실록 권9, 대종 5년 6월 29일(계사).

태종대의 서연제도를 기본틀로 하여 세종과 문종 때에는 집현전에서 서연을 주로 담당하였으나 세조 때 집현전의 혁파로 말미암아 겸관체제로 다시 복귀하였다.271)

서연과 유교정치

유교정치를 실현하는 데 있어서 서연은 경연만큼이나 중요한 역할을 점하는 것이었다. 왜냐하면 왕세자는 차기에 왕위를 계승할 자로 그의 교육 정도나 경륜이 결국 차기의 국정운영을 좌우하기 때문이다.

그러므로 서연은 유교적 왕도정치의 실현을 위한 노력의 일환으로 접근을 해야 할 것이다. 앞에서 살펴보았듯이 유가의 근본적인 왕위계승의 방법은 양위이다. 그러나 하대의 우 이후에 왕위를 아들에게 계승시킴으로써 왕위계승은 장자세습으로 고착화되어 왔다. 물론 장자세습은 단지 왕의 아들이라는 이유만으로 가능한 것이 아니었다. 왕위의 아들세습을 정당화하려면 천명이 있어야 하는 것이다. 즉 민심이 그에게로 향해야 하는 것이다. 최소한 즉위 후에 선정을 펼침으로써 민심을 자기에게 향하도록 하여야 하는 것이다. 그렇게 하려면 왕세자는 즉위 전까지 덕으로나 학문으로나 그 누구에게도 뒤지지 않는 위치에 있을 수 있도록 끊임없이 정진해야 하는 것이다. 그러므로 세자의 교육을 담당하는 서연은 순자식의 '요에서 요로 옮기

---

270) 태종실록 권35, 태종 18년 6월 7일(병술). 이와 같이 세자를 시위하는 부서를 세자관속으로부터 독립한 것은 양녕대군을 세자에서 폐하고 충녕을 세자로 삼은 뒤(태종 18년 6월 3일) 얼마 되지 않아서 시행한 것으로 보아 세자 교체 후 세자의 안위를 철저히 보호하기 위한 것으로 보인다. 그러나 이후로 세자관속은 교육만을 전담하게 되었다.
271) 서연의 변천에 대하여 자세한 것은 이석규의 앞의 논문 3–14면 참조.

는 왕위의 계승'을 어느 정도 가능하게 해 줄 수 있는 제도인 것이다. 이러한 이유로 유교를 국가의 근본으로 삼는 국가에서는 왕위계승자에 대한 교육은 어떠한 방법으로든지 시행이 되어 왔을 것으로 보인다.

태종대에 서연만을 담당하는 관리를 두자는 사간원의 상소에 '중국의 삼대가 오랜 세월 유지할 수 있었던 이유로 태자를 어릴 때부터 훌륭한 스승 밑에서 효인의예를 공부시키고 단아한 선비로 하여금 보좌하게 하여 올바른 일을 보고 올바른 말을 듣고 올바른 도리를 행하여 그 익히는 바가 지혜와 더불어 자라고 교화가 마음과 더불어 이루어진 것'이라고 하고 있다.272) 이것은 왕위세습제 이후에 왕조의 존속은 결국 세자의 인성 여부에 달려 있을 수밖에 없다는 깃이다. 이러한 이유로 정도전도 세사를 나라의 근본이라고 강조한 것이다. 결국 세자의 교육은 세습제의 왕조에 있어서는 국가존속에 있어서 필요조건이 아닐 수 없다고 하겠다.

이렇게 세자의 교육의 중요성은 정도전의 「조선경국전」에도 나타나고 있다. 그는 먼저 국가의 보위에 대하여 기술하고 국호를 설명한 다음 바로 정국본(定國本)이라는 제목하에서 세자에 대한 부분을 기술하고 있다. 이와 같은 조선경국전의 기술은 개국에 있어서 태조의 왕위계승이 가장 중요하고 그다음에는 국호를 세우는 것이며, 다음으로 중요한 것은 바로 세자를 세워서 왕위계승자로서 공인하여 소모적인 왕권다툼을 사전에 없앰과 동시에 차기 국가를 다스릴 왕으로서 학문과 덕을 습득하게 하는 작업이라고 보았던 것이다.

---

272) 태종실록 권7, 태종 4년 6월 29일(계사).

세자는 천하국가의 근본이다. 옛날 선왕이 세자를 세우되 반드시 장자로써 한 것은 싸움을 막기 위한 것이고, 반드시 현자로써 한 것은 덕을 존중하기 위한 것이었으니, 천하의 국가를 공적으로 생각하였다. 그래도 오히려 세자의 교양이 부족하면 덕업이 진취되지 않아 부탁한 중임을 감당하지 못할까 염려하였다. 그래서 노성한 학자와 덕행이 높은 자를 택하여 세자의 사부로 삼고, 단아하고 정직한 선비를 세자의 요속으로 삼아서 조석으로 강권하는 것이 바른 말 바른 일이 아닌 게 없도록 하였으니 그를 덕으로 감화하고 서서히 양성함이 이렇듯 지극하였다.[273]

세자는 제2인자로 차기의 왕위를 오를 자이다. 그러므로 계속적인 국가의 안위와 민생의 안정은 바로 세자가 어떠한 사람인가에 달려 있는 것이다. 이미 성장한 왕을 경연을 통하여 유교적 덕성을 쌓는 데는 한계가 있을 수밖에 없다. 그러므로 교육의 효과를 믿는 유학자들에게는 세자를 어릴 적부터 교육시켜서 유교적인 덕을 쌓게 만드는 것이 왕도정치에 한 걸음 다가가는 것이라고 보았던 것이다.

세자와 스승의 관계는 비록 세자가 2인자라고 할지라도 스승에 대한 예는 다하여야 하는 것이다. 그러므로 세자는 사(師)·전(傅)·빈객(賓客)의 상사에 치제하고 부의를 하도록 하고 있다.[274] 군사부

273) 정도전, 삼봉집 권 7, 조선경국전 상, 정국본.
274) 빈객인 이내가 죽자 세자인 양녕은 이내의 빈소에 친히 제사를 지내고 잔을 드리고 재배례를 하였다. 이러한 일에 대하여 태종이 승정원에 묻자 승정원에서는 사였던 권근의 제사에 세자가 친히 제사를 지내는 것은 스승과 제자의 관계에서 당연한 것이며, 또한 서연관 중에서 사보다 아래인 빈객은 비록 격은 떨어지지만 세자가 그에게서 교훈을 받았으니 스승에 대한 예를 다하는 것은 잘못된 일이 아니라 하였다(태종실록 권32, 태종 16년 10월 16일(갑술)). 그 후 세종대에 세

일체를 주창하는 유교적 사회에서는 스승과 제자는 한 번 맺어지면 영속적인 유대관계를 가지게 되는 것이다. 그러므로 비록 나중에 왕과 신하의 관계가 성립할지라도 스승으로서의 예를 갖추어야 할 존재이다.275)

결국 서연은 세자의 교육을 통하여 차기의 국본을 담보하는 역할을 하는 데 그 의의가 있을 뿐 아니라, 최고의 지위인 왕이 스승으로서 공경해야 할 인물이 있다는 그 자체만으로도 간접적으로 왕권의 전횡을 통제할 수 있을 것으로 여겨진다.

3) 대간에 의한 권력견제

대간은 사헌부와 사간원의 관원을 통칭하여 일컫는 말이다. 대간은 언론을 직책으로 하는 관료로 언관이라고도 한다. 집현전 내지는 홍문관의 관원도 언관의 범위에 놓기도 하지만, 여기서는 사헌부와

자의 스승의 상에 임하는 의식이 규정되고(세종실록 권26, 세종 6년 10월 6일(무신)), 스승의 상사에 대한 부의의 정도가 정해진다(세종실록 권31, 세종 8년 1월 20일(을묘). 세종실록 권53, 세종 13년 7월 15일(정축)).

275) 세종은 어려서 사저에 있을 때의 스승인 병조판서 이수가 죽자 그의 신위를 마련하여 곡을 하고 3일 동안 조회를 중지였으며 부의외 더불어 예조정랑에게 호상을 하게 하고, 대신들과 의논하여 그 지위가 맞지 않은 데도 불구하고 예장을 하게 하였다(세종실록 권48, 세종 12년 4월 18일(정해)). 거애는 의정부에 해당된 관리의 상에 행하는 것이고 예상은 1품에 해당된 자에게 행하는 것이다. 그러나 단지 사저에서 스승으로 모셨다는 이유만으로 이품인 이수의 상에 대하여 이러한 예를 표했다는 것은 비록 왕이 신분이지만 스승을 공경하는 마음은 어느 사람이나 다를 것이 없음을 나티내는 것이라 할 것이다.

사간원 중심으로 언급하고자 한다.[276)]

(1) 조선 초기 대간제도의 성립과 경과

간신의 존재 여부는 유가적인 왕도정치의 실현유무와 깊은 관계를 맺는다. 유가적 정치는 사실상 통치자의 능력 여부에 따라서 다스려짐과 혼란함이 교차될 수밖에 없다. 그러나 성군은 항상 존재하는 것이 아니다. 이러한 까닭에 현실의 혼란함을 이겨내기 위하여 유가들은 적극적으로 현실정치에 참여하고자 하는 것이다. 그래서 경연과 같은 것을 설치하여 왕을 교육하고, 뛰어난 덕과 능력을 가진 사람을 재상으로 발탁하여 관료를 통솔하게 하였다. 그리고 다른 하나가 왕의 곁에서 왕의 눈과 귀가 되어 주고 끊임없이 충언을 해 줄 수 있는 간신을 허용하도록 한 것이다.

물론 성왕 밑에서는 누구나 다 자유스럽게 간언을 할 수 있었을 것이다. 그러나 전제적인 성격이 강한 왕일수록 신하들의 간언은 자신의 권력을 사용하는 데 커다란 장애를 느껴서 언로를 통제하거나 금지하게 하는 것이다. 그러나 인의 장벽으로 둘러싸인 최고 통치자는 국가의 사정을 직시할 수 없으며 결국 자신의 실정조차도 인식할 수 없게 되는 것이다. 그래서 자신의 나라를 오랫동안 평화롭게 유지하고자 하는 통치자에게는 현실을 바로 보게 해 줄 수 있는 다른

---

276) 집현전의 언관에 관한 연구에 대해서는 <최승희, 「한국초기 언관·언론연구」, 서울대출판부, 1984>의 <二, 집현전관의 언관화>에, 그리고 홍문관의 언관화에 대해서는 <최이돈, 성종대 홍문관의 언관화 과정, 「진단학보」 61, 1986. 6>에 설명되고 있음.

사람의 눈과 귀가 필요하며 또한 자신의 실정을 지적해 줄 사람이 절실한 것이다.

정도전은 한 나라를 운영하는 데 있어서 간언의 중대함을 인식하고 그의 저서인 「경제문감」에서 재상 다음으로 대간인 대관과 간관에 대하여 서술하고 있다. 서술순위로 보아서 정도전도 언로의 존재는 왕을 중심의 중앙집권체제와 관료제를 유지하기 위하여 필수적이라고 판단하였던 것으로 보인다.

이러한 대간의 중요성에 대하여는 건국 초기에 사헌부에서 올린 여러 조목의 상소에서도 잘 나타나고 있다.

> 사헌부에서 상소하였다…… 삼가 당연히 행할 사의를 조목별로 기록하여 상세히 후면에 열거하오니, 삼가 생각하옵건대, 선하께서는 재력하시어 일대의 규모를 일으키시고 만세의 순칙으로 삼으소서……넷째는 간하는 말을 받아들이는 일입니다. 경서에 천자가 쟁신 7인만 있으면 비록 무도하더라도 그 천하를 잃지 않을 것이며 제후가 쟁신 5인만 있으면 비록 무도하더라도 그 나라를 잃지 않을 것이다 하였으니 이것은 만세의 격언입니다. 신하가 나아가서 간하는 것은 자기의 이익을 위한 것이 아니고 곧 국가를 위한 것입니다. 인주의 위엄은 천둥과 같고 인주의 세력은 만균처럼 무거운 것입니다. 천둥을 무릅쓰고 만균에 부딪히면서 약석 같은 말을 올리게 되니 대체 어찌 용이하겠습니까? 한 가지 말을 따르고 거슬리는 데 화와 복이 일어나게 되고, 한 가지 일을 폐하고 설치하는 데 이익과 폐해가 발생하게 됩니다. 그런 까닭에 인군은 항상 가르쳐 인도하여 간언을 구하고 안색은 온화하게 하여 이를 받아들여서, 그 말을 시용하여 그 몸을 편달하게 하더라도 선비가 오히려 두려워하면서 감히 할 말을 다하지 못

하는데, 하물며 위엄으로써 이를 두렵게 하고 세력으로써 이를 압박한다면 약석과 같은 말이 나올 데가 없으므로 인주의 총명을 가리는 화가 저절로 이루게 될 것입니다. 서경에 간언을 따르고 거절하지 말라 하였으며 또 군주가 간언을 따르면 성스럽게 된다고 하였으니 원하옵건대 이것으로 전하의 마음을 삼으소서……277)

조선건국에 있어서 사상적 바탕을 이룬 신진사대부들은 종국적으로는 왕도정치의 실현을 위하여 현실정치에서 대간에 의한 언론의 중요성을 강조하지 않을 수 없었다. 대간을 통하여 왕의 전제를 막고 관료들의 기강을 세움으로써 유교정치의 기틀을 잡으려고 하였던 것이다.

대간제도는 중국에서 그 연원을 찾아볼 수 있는데, 우리나라에서는 고려 때에 당·송의 제도를 받아들여서 정착되었다. 정도전의 경제문감에 수록된 대관과 간관의 연원을 찾아보면 대관은 주나라의 관제의 어사에서 비롯되었으며 총재를 도와 치령을 관장하였다고 한다. 한에 와서 시어사를 두어 공경의 상소를 접수하고, 법에 의해 탄핵하는 일을 맡게 하였으며 거처하는 관사를 어사대라고 하였다. 이러한 어사대는 당에 와서 그 모습을 갖추는데, 어사대를 두어 규찰하고 감독하는 직책뿐만 아니라 형옥과 소송을 주관하였다. 송에 와서는 어사의 임무가 탄핵하는 것 이외에 간쟁하는 일을 겸하게 하였다. 고려에는 국초에 당송의 제도를 받아들여 어사대를 두었으며 공민왕 때 사헌부로 그 명칭을 고쳤다. 조선은 고려의 언관제도를 받아들여서 풍기의 임무를 주었다. 고대에는 간하는 직무를 맡은 관

---

277) 태조실록 권1, 태조 원년 7월 20일(기해).

직은 없었으며 누구나 간할 수 있었다. 그러나 진에 와서 간하는 것을 금지하였으며, 한에 와서 비로소 간하는 관직을 두었다. 정도전은 한이 관직으로 간관을 둔 것은 비록 진에 비하여 언로는 통하였으나 오직 간관만이 간언을 하게 함으로써 언로를 좁게 만들었다고 애석하게 생각하고 있다. 당태종도 간관을 두어 간언을 즐겨 들었으나, 받아들이는 데는 지극하지 못하였으며, 송조에 와서는 간관을 양성에 나누어 배치를 하였다. 고려는 이러한 송의 제도를 받아들였으나 나중에 간관을 좌우로 나누어 문하부에 소속시켰다. 조선에 와서는 고려의 제도를 따랐으며 관직명만 바꾸었다.

당과 송의 대관은 소속 관리의 품계에 따라 직무가 분화된 반면에 고려와 조선의 대관은 그와 달리 분화되어 있지 않아서 직무를 공동으로 수행한 것으로 보인다. 또한 당송의 대관은 관리의 풍기의 단속을 주된 임무로 하는 데 비하여 고려와 조선의 대관은 아울러 정치의 시비를 언론하는 언관적 성격을 가지고 있다. 그러므로 중국에서는 언관은 간관만을 의미하는 것에 비하여 우리나라의 경우는 대관도 포함하는 것이 특징이라 하겠다. 또한 간관의 직무에 조선에는 당송·고려와는 달리 교지의 수발과 계전의 진달 등 승지의 업무가 포함되어 있다.[278]

태조는 원년 7월에 문무백관의 관제를 정하면서 '시정의 득실을 가려서 고하고 풍속을 바로잡으며 공로와 죄과를 살펴서 포상하고 탄핵하는 일'을 관장하게 하는 사헌부를 설치하였다. 그리고 문하부에 낭사를 두어 간쟁·박정·치제(差除)·교지의 수발, 계전의 진달

---

278) 최승희, 앞의 논문, 129-135면.

등의 일을 관장하게 하였다.279)

사헌부의 구성인원은 대사헌 1인(종이품), 중승 1인(종삼품), 겸중승1인(종삼품), 시사 2인(정사품), 잡단 2인(정오품), 감찰 20인(정육품), 서리 6인(칠품)이며 태종 원년에 중승이 집의, 시사가 장령, 잡단이 지평으로 명칭만 달리한 채 유지된다.280)

간쟁을 맡는 문하부의 낭사는 좌·우산기상시 각 1인(정삼품), 좌·우사간대부 각 1인(정삼품), 직문하 1인(종삼품), 내사사인 1인(정사품), 좌·우보궐 각 1인(정오품), 좌·우습유 각 1인(정육품) 등이었다. 태종 원년에 문하부를 없애면서 낭사는 사간원으로 독립하며 산기상시를 폐지하고 간의대부는 사간대부, 직문하를 지사간원사, 내사사인을 내서사인, 보궐을 헌납, 습유를 정언으로 고쳤다.281) 세조 12년에 사간원을 더욱 축소하여 사간대부를 대사간으로 하여 1인을 두고, 지원사를 사간으로 개명하고, 헌납 1인, 정언 2인을 두었다.282)

이렇게 제도상으로는 사헌부와 사간원은 엄격히 분리가 되었으며, 실록에서도 사간원이 사헌부의 직무인 탄핵이나 시정의 득실에 관한 청을 하였을 때는 왕의 제지를 받거나 사헌부의 탄핵을 받기도 하였다.

사간원에서 상소하여 주부군현의 이름을 정하고자 청하였다……사헌부에서 좌사간 안노생 등을 탄핵하여 상소하기를 '간관은 군상의 과실과 시정의 득실을 규정에 따라 간하고 실상을 살피는 것이 직책이요, 주 부 군현의 관품을 올리고 내리며 관호를 변경하고 고치는 것

---

279) 태조실록 권1, 태조 원년 7월 28일(정미).
280) 태종실록 권2, 태종 원年 7월 13일(경자).
281) 앞의 기사.
282) 세조실록 권38, 세조 12년 1월(무오).

은 마땅히 위에서 나와서 의정부에 내리어, 토지의 넓고 좁은 것과 인민의 많고 적은 것을 의논하여 정해서 행할 것입니다. 이제 안노생 등이 임의로 상정하여 사리에 맞지 않게 아뢰니 신하의 직분을 넘고, 간관의 직무에도 어그러집니다. 청컨대, 직첩을 거두고 국문하여 벌하십시오.283)

사간원에서 계하기를 '전달 27일 광효전에 제사를 지내고 어가가 돌아올 때에…… 등 20여 인이 시신으로서 시위를 빠졌으니 그 죄를 논하기를 청합니다.' 하니, 임금이 말하기를 '이것은 사헌부의 책임인데 무슨 이유로 사간원에서 말하는가' 하다.284)

장령 정이한이 아뢰기를 '사간원과 유효반의 일을 모두 논의하지 말라고 하는데 신 등은 생각하기를 효반은 사간원을 능욕하여 패만무례했으니 진실로 잘못이었으며 또 추핵하는 것은 사간원이 임무가 아닌 데도 함부로 효반을 탄핵했으니 이미 옳지 않은 것이 되었습니다……'285)

이와 같은 기록으로 보아 양사의 직무는 분리되어 있는 것으로 보인다. 그러나 양사의 직무는 서로 연관된 것이 많으며, 특히 언관으로서의 역할을 하는 데 있어서는 양사가 합동으로 하기도 하고, 대사헌과 대사간의 공동명의로 하기도 하는 등 밀접한 연관성을 가졌다.

---

283) 태종실록 권6, 태종 3년 윤11월 19일(임술).
284) 세종실록 권35, 세종 9년 1월 8일(정유).
285) 세종실록 권98, 세종 24年 10월 24일(신해).

(2) 대간의 역할

간쟁

왕을 정점으로 하는 군주국가에서는 군왕의 성향에 따라서 한 나라의 안위가 좌우되는 것이다. 그러나 항상 성군이 나와서 국가를 다스리는 것이 아니기 때문에 군왕의 곁에서 군왕의 과실과 실정에 대하여 간하는 것은 한나라의 평화를 위하여 필수적인 것이다.

앞에서 살펴보았듯이 중국의 고대에는 따로 간관을 두지 않았어도 관료로부터 저자거리의 서민에 이르기까지 간언을 하였으며 왕도 이를 적극적으로 수용하였다. 그러나 나라의 규모가 커짐에 따라 이러한 언로는 사실상 불가능하여졌으며 특별히 간언을 하는 관리를 두어 간쟁을 맡게 하였다. 이러한 간쟁은 정도전의 「경제문감 하」에서 보다시피 간관, 즉 사간원이 맡는 직무이다. 그러나 조선에서는 사간원에서만 간관을 담당한 것은 아닌 것으로 보인다. 물론 왕조실록의 기사에서 사헌부와 사간원의 담당 분야의 분리에 대한 논의가 여러 번 있었으며, 그 구분의 기준으로 주로 당송의 제도를 바탕으로 주장한 것으로 보인다. 그러나 태조가 관제를 발표하면서 내린 사헌부의 업무 중에는 중국의 제도에는 없는 논집시정득실(論執時政得失)과 교정풍속(矯正風俗)의 직무가 있다. 이것은 바로 사헌부도 언관으로서의 역할을 보장하는 것이다. 이러한 이유로 실록의 기사에는 사헌부가 간언하는 기사가 자주 등장을 한다.

이와 같은 사헌부의 간쟁은 연구결과에 의하면 태조부터 성종까지 간쟁횟수가 217회에 달하는 것으로 나타나고 있어서 그 기간 동안 사간원의 간쟁횟수인 272회에 비하여 뒤지지 않는 것으로 나타나고 있다.[286] 이러한 연구 결과는 사헌부도 언관으로서의 역할을 충분히 했다는 것을 보여주고 있다고 하겠다. 간쟁은 양사가 개별적으로도 하였지만 일이 중요한 경우에는 합동으로 하였으며[287] 다른 기관과도 연대하여 간쟁하는 경우도 보인다.[288]

간쟁의 내용은 임금의 일신적인 것부터 정사에 이르기까지 다양하였다. 조회를 게을리 하거나, 경연에 참석하지 않거나, 적절하지 못한 수렵 등을 행할 때 등 군주가 사적인 안일이나 기분에 흐르는 것을 막았다. 그리고 사적인 정리에 의하여 상벌이 정당하지 않거나, 종친 등에 대한 배려가 지나쳤을 때, 언로가 막혔을 때 등 군주로서 바른 정치를 할 수 있도록 간하였던 것이다. 이것은 왕권의 남용에 대한 견제로서 그 역할을 했던 것으로 보인다.

탄핵

왕을 중심으로 하는 군주국가에 있어서 통치는 관료를 통하여 이루어지게 된다. 그러므로 왕이 성군이거나 간언을 통해서 현군이 되었다고 하더라도 관료가 왕의 뜻에 따라 제대로 시정을 펴지 않는다고 한다면 태평성대를 구가할 수 없는 것이다. 결국 관료들이 정치에 임하는 태도가 어떤가에 따라서 정치의 성패가 달려 있다고 할 수 있는 것이다. 그러므로 관료들의 기강을 확립하고 부정부패를 시정하기 위하여 행하는 기관이 필요한 것이다.

---

286) 최승희, 「조선초기 언관·언론연구」, 서울대학교 출판부, 1984, 242면.
287) 성종대까지의 합사는 167건으로 보고되고 있다(최승희, 앞의 책, 242면).
288) 태종실록 권36, 태종 18년 7월 16일(갑자). 세종실록 권19, 세종 5년 2월 19일(경오). 권39, 세종 10년 1월 29일(임자) 등등 실록 곳곳에서 발견할 수 있다.

이러한 기관이 탄핵기관으로서 조선의 법제상으로는 대관, 즉 사헌부가 맡는 것으로 되어 있다. 앞에서 보았듯이 사간원이 탄핵을 하는 경우에는 왕권에 의하여 제재를 받거나 사헌부에 의하여 월권행위라는 이유로 탄핵을 받는 것을 볼 수 있었다. 그러나 실록의 기사 곳곳에는 사간원에서도 탄핵을 하고 있는 기사가 보이고 있다.

새로 임명한 안동대도호부사 박돈지를 면직시켰다. 사간원에서 상소하기를, '수령은 백성의 표준이오니 임명함에 있어 가리지 않을 수 없습니다. 검교중추 박돈지는 전조 때에 가도가 바르지 못하다 하여 죄를 입었으나 도망하여 형벌을 피하였사온데, 지금 한 성을 주장하고 마음대로 할 수 있는 임무를 맡았습니다……. 원컨대 그 직을 파면하여 풍俗을 바르게 하소서.' 하여, 그대로 따른 것이었다.[289]

사간원에서 상소하여 박만·임순례와 장사정을 베기를 청하였으나, 윤허하지 아니하였다. 상소는 대략 이러하였다. '……무릇 조사의의 난에 관여한 자는 모두 복주되었습니다. 박만·임순례는 인신을 맡아 병사를 징발하던 자들인데, 도리어 형에 처하지 않고 외방에 유배하여 내쫓았다가, 이제 이미 사유를 입었습니다. 화성군 장사정은 지난해 도성의 길거리에서 살인하였고, 지금 또 마음대로 사람을 살해하였으니, 그 罪가 중하여 용서할 수 없습니다. 모두 유사로 하여금 그 죄를 밝혀 바르게 하소서.'[290]

사간원에서 민무구·민무질의 죄를 청하였다.[291]

---

289) 태종실록 권3, 태종 2년 5월 3일(을유).
290) 태종실록 권8, 태종 4년 8월 21일(경인).
291) 태종실록 권15, 태종 8년 5월 22일(경오).

사간원에서 상소하기를, '……더욱이 방금 거상 중에 있으면서 공공연히 말을 타고 다니오니, 겉으로만 상복을 입었을 뿐, 마음속으로 슬퍼하는 빛이 없사오니, 비록 서울에 있어서 상제를 마치게 한들, 그가 어찌 슬픔을 머금고 奠을 드려 정성과 공경을 극진히 하겠나이까……. 엎드려 바라옵건대, 전하께서는 굽어 뭇 사람의 뜻을 좇으시어 먼 곳으로 내쳐서 다시 돌아오지 못하게 하시오면, 강상에 매우 다행하옵고, 풍속에 매우 다행하겠나이다." 하였으나, 윤허하지 아니하였다.[292]

사간원에서 상소하기를, '……노회신이 여색에 빠져서 첩의 꾸밈새를 궁에서 금하는 것을 하여 참람되게 쓰면서 거리낌 없사오니, 그 예를 넘고 분수를 어지럽게 함이 이보다 더 심할 수 없사옵니다……. 엎드려 바라옵건대 특별히 유사로 하여금 그 사유를 국문하여 그 죄를 밝히고 바르게 하소서.'[293]

사간원우정언 홍일동이 아뢰기를, '이염의가 재령군수가 되어 전라도로부터 수로로 운반한 기민진제의 미두를 자기 집에 거두어 들여서 도용하였는데, ……청컨대 정시응의 예에 의거하여 그 장물은 징수하고 온 가족은 변방에 입거하도록 하소서.'[294]

위와 같이 사간원은 탄핵을 하는 데 별다른 제재 없이 행하고 있으며, 앞에서 예시했던 사료에서 간관의 탄핵활동을 막은 태종이나 세종 때에도 간관들의 탄핵활동을 볼 수 있다. 이것으로 보아 비록 법제상으로는 탄핵은 사헌부의 업무로 되어 있으나 실질적으로는 사

---

292) 세종실록 권64, 세종 16년 4월 5일(임자).
293) 세종실록 권93, 세종 23년 7월 7일(신축).
294) 문종실록 권1, 문종 즉위년 5월 27일(경오).

간원에서도 탄핵을 행사하였음을 알 수 있다. 그리고 또한 양사가 합사하여 탄핵하는 경우도 많은 곳에서 찾아볼 수 있다.295) 그리고 탄핵의 대상은 앞에서 보았듯이 양사끼리도 가능하며, 같은 부서에서도 가능한 것으로 보인다.

> 사헌집의 정수홍 등이 대사헌 박은을 탄핵하였으니, 박은이 무질의 무리인 때문이다.296)

> 사헌부에서 상소하여 대사헌 안성의 직임을 파면하도록 요청하였다. 안성은 일찍이 전라도에 봉사하여 완산기생 옥호빙을 사랑하다가 뒤에 경상도 관찰사가 되매, 불러다가 도내의 함안 전사에 두고 부친상을 당했어도 돌려보내지 아니하였다.297)

대간은 탄핵을 통하여 백관을 규찰하는 임무를 수행하기 위하여 일반 관료와는 다른 대우를 받았다. 「원육전」에 의하면 대간에 대해서 비록 말직이라 할지라도 당상관은 답례를 하도록 규정하고 있다.298) 그리고 비록 법(法)으로 정해지지는 않았지만 대간은 과실이

---

295) 세종 2년부터 세조 2년간의 탄핵 횟수는 대관이 726회, 간관이 241회, 양사가 합사한 것이 98회로 나타나고 있다(최승희, 앞의 책, 앞의 부분). 이러한 수치로 보아 간관에게도 실질적으로 탄핵을 허용했다는 것을 알 수 있을 것이다.
296) 태종실록 권16, 태종 8년 11월 1일(을사).
297) 태종실록 권25, 태종 13년 4월 19일(정묘).
298) 세종실록 권13, 세종 3년 9월 11일(경오). 사간원은 상소를 통하여, 봉숭도감계조가 속육전을 인용하여 모든 관리는 계급이 한 등급 현격하면(예를 들어서 3품과 5품 간) 답례가 없다고 주장하는 데에 반하여, 「원육전」을 인용하여 대소관원들이 절하고 읍하는 예에 있어서 대간

있더라도 외직으로 보임되지 않고 단지 좌천을 시킨 것으로 보인다. 세종대에 비록 대간을 외직에 임명한 기사가 보이지만 외직으로 나간 대간은 그 능력이 인정받게 되면 지방관의 임기를 다 채우지 않고도 경관직으로 다시 임명될 수 있도록 하고 있다.[299] 또한 「경국대전」 이전의 포폄조를 보면 경관직은 그 소속 관사의 당상관, 제조 및 소속조의 당상관이, 지방관사의 관원은 소속 관찰사가 매년 6월 15일과 12월 15일에 근무성적을 매겨 왕에게 보고하도록 하고 있다. 이 근무성적은 승진에 그대로 반영되는데 사헌부와 사간원, 세자시 강관의 경우는 등급을 매기지 않도록 하고 있다. 아마도 이들에게는 그 누구보다도 자유로운 활동이 보장돼야 하기 때문에 근무성적과 관계없는 관직으로 만든 것으로 보인다.

이와 같이 대간은 백관을 규찰하고 탄핵하는 임무를 수행하려면 권위와 위신이 있어야 하기 때문에 타 관료보다는 특별한 대우를 한 것으로 보인다.

원에게는 보통과 달리 답례를 하여야 한다고 왕에게 간하고 있다.

[299] 세종실록 권90, 세종 22년 7월 18일(무오). 이 기사에 의하면 사간원좌정언 박적선이 예전에는 대간이 과실이 있더라고 좌천을 시킬 뿐 외직으로 보내지는 않았다고 하여 당시의 장령 우효강과 헌납 권형을 외직에 보낸 것에 대하여 간쟁을 하고 있다. 여기에 대한 의정부의 논의가 있었는데 우의정 신개는 건국한 이래 대간에서 수령으로 나간 자는 없었다고 하고 있으며, 찬성 하연 등은 정해진 제도가 없으므로 불가능한 것은 없다고 하였다. 영의정 황희는 절충적인 의견을 냈는데 근간에 그러한 일이 있음을 제시하면서 외직으로 나갔을 때 그 능력이 다시 확인되어 지방관(地方官)의 임기를 부시하고 경관직으로 발탁하자고 하여 왕이 이 의견에 따른다. 이러한 기사의 내용으로 보아 간관은 관습법적으로 그 신분을 보장받고 있다는 것을 알 수 있다.

시정

대간의 주요한 책무 중 하나가 시정(時政)의 득실을 바로잡는 것이다. 앞에서 제시한 간쟁과 탄핵은 사실 밀접한 관련을 가지고 있는 것이라서 구분하기는 어려우나 그래도 구분 짓는다면 간쟁은 임금을 바로잡기 위한 것이고 탄핵은 백관을 바로잡기 위한 것이라고 한다면, 시정은 백성의 민생안정과 가장 밀접한 국가의 정책을 바로세우기 위한 것이다.

법제상으로는 '논집시정득실'은 사헌부의 직무라서 사간원은 외양상 배제되고 있는 것같이 보인다. 그러나 사간원의 임무가 간쟁이고 그 간쟁의 내용은 천하의 득실과 생민의 이해, 사직에 관한 대계 등300) 범위가 한정되어 있는 것은 아니다. 그러므로 시정의 득실을 바로잡아 임금에게 고하는 일은 간관에게 있어서도 중요한 직무가 되는 것이다.

시정의 득실에 대하여 임금에게 고하는 방법은 주로 상소를 올림으로써 하는데 형식은 한 가지의 시정득실에 대하여 고하는 것으로부터 여러 개의 시정조목을 들고 고하는 것 등 일정한 형식은 없는 것으로 보인다.

몇 가지 예를 보면 다음과 같다.

간관 한상환 등이 군대를 강하게 하고 식량을 풍족하게 하는 요점을 올려서 말하였다. '원하옵건대, 검교의 벼슬과 부녀들의 작위를 파하면 녹봉이 낭비되지 않을 것이요, 사원의 토지는 이미 준 것 이외에 다시 더 주지 말고, 원종공신의 토지도 역시 주지 말며, 또 지금부

---

300) 정도전 삼봉집 권6, 경제문감 하, 간관.

터는 쌀로 부의하는 것을 일체 중지하여 뜻밖의 일어나는 사변에 대비하게 하소서.'[301]

사헌부에서 상소하여 저화를 행하기를 청하였다.[302]

사간원에서 상소하여 정사를 의논하였다.

1. 옛날은 관리로서 직책이 있는 사람이라야 녹봉이 있었습니다. 지금 공신과 제군에게는 이미 전토와 노비를 하사하여 그들로 하여금 대대로 그 하사를 받게 하였으니, 포상의 은전이 이미 극진한 데도 또 상록이 있음은 과합니다. 원컨대, 이제부터는 직책이 없는 여러 군에게는 상록을 불허하소서. 또 대소의 검교지신도 직책이 없이 녹을 허비하니, 엎드려 바라건대, 모두 다 정파하소서.

1. 재상이란 임금과 천위를 같이하여 천직을 다스리는 것입니다. 그러므로 옛날의 임금은 반드시 쓸 만한 인재를 고른 뒤에야 임명하였는데, 오늘날 의정부찬성사 이숙은 어려서 일을 경험하지 못하였으니, 종친의 예에 두심이 마땅하고, 참찬의정부사 신극례도 재주와 덕행이 맞지 아니하므로 훈신의 예에 두심이 마땅하니, 아울러 재보의 직책은 허락하시지 마소서.

1. 임금의 일신은 만화의 근원이므로, 동정과 위의를 삼가지 않을 수 없으니, 엎드려 바라건대, 전하께서는 날마다 정사를 들으실 때나 예도를 갖추어 행행하실 때, 중립을 사용하지 마시고 반드시 사모를 사용하시어, 첨시를 높게 하소서.

1. 각도의 전지를 개량할 때, 차견된 사람들의 소견이 같지 아니하여, 결의 수가 어떤 것은 평등하고 어떤 것은 과중하여 서민이 원망하

---

301) 태조실록 권7, 태조 4년 5월 13일(을사).
302) 태종실록 권6, 태종 3년 8월 30일(을해).

니, 엎드려 바라건대, 신간의 전지 이외의 다시 측량한 전지는 우선 이전의 양안에 의거하여 조세를 거두어서 백성의 마음을 편하게 하소서.

1. 근자에는 천도를 한 처음이라 영선의 일을 해이하게 할 수 없는 일이나, 전하께서는 백성의 농사에 방해가 됨을 염려하여, 대체로 작업이 있게 되면, 오로지 부·위의 군사만 역사시켰습니다. 각처의 영선 역시 거의 끝났으나, 부·위의 사람들은 공역에 곤고하여 그 외의 일을 볼 겨를이 없으니, 어찌 원망이 없겠습니까? 원컨대, 토목의 역사를 일절 정파하고, 또 각도에서 세공재목도 감하여 민력을 쉬게 하소서.[303]

실록에서 자주 논의되는 시정은 중앙행정, 지방행정, 과거, 법제, 행형, 군사, 군역, 전제, 조세, 부역, 진상, 구휼, 농업, 공업, 상업, 교통, 의식생활, 풍속, 치안, 노비, 화폐, 옥송 등으로 국가의 정치와 시책의 세밀한 부분까지 거론이 되고 있다.

서경(署經)

「경국대전」의 이전의 고신조에는 오품 이하의 관원을 임명할 때에는 사헌부와 사간원의 서경을 받도록 하고 있다. 서경이란 임금이 관원을 서임한 뒤에 그 사람의 친가·외가의 사대조와 본인의 신상에 대하여 하자 유무를 조사하게 하여 그 가부를 구하는 것을 말한다. 서경에 통과되어야 사령장을 교부받게 되는데 1차 심사에서 통과하지 못하면 재서·삼서를 구할 수 있고 삼서에서도 통과되지 못하면 그 관직에 임명되지 못하는 것이다. 고신은 바로 서경을 통하

---

303) 태종실록 권12, 태종 6년 7월 26일(계축).

여 직첩(사령장)을 교부하는 것을 말한다.

이와 같이 대간은 서경을 통하여 해당 직무에 합당한 관료가 임명되는가를 판단하거나 파격적인 인사를 막는 등 인사에 직접적인 관여를 하게 된다.

사헌부에서 아뢰기를, '헌납 장진이 가난한 것을 싫어하고 부자 되기를 구하여 조강지처를 버리고 판원주목사 정남진의 병든 딸에게 다시 장가를 들었으니 마음과 행실이 청렴하지 못합니다. 신 등은 감히 고신을 사출하지 못하겠습니다.' 하니 이에 예조정랑으로 고쳐 제수하였다.304)

사헌부지평 문여량을 불러 전교하기를, '감찰 이승윤의 고신을 어찌하여 서경하지 않는가?' 하니 문여량이 대답하기를 '이양의 매부 안구와 이보정이 모두 감찰직에 임명되지 못하였고 안구의 아들 안지귀와 사위 허인은 비록 감찰에 임명되었으나 그 고신을 아직 주지 않고 있는데 하물며 이승윤은 이양의 아들이 아닙니까? 현재 이를 상량하고 있습니다.'305)

대간의 직은 왕에게 간하고 백관을 규찰하는 직무이므로 그 어떠한 관리보다 학문적으로나 도덕적으로 뛰어나야 하는 것이다. 만약 하자가 있는 사가 대간의 식을 맡는다면 관료들의 기강을 바로 세울 수는 없을 것이다. 그러므로 대간의 직인 경우는 어느 직의 관료보다도 신중히 서경을 하고 있는 것이다.

---

304) 태종실록 권30, 태종 15년 7월 26일(신유).
305) 문종실록 권9, 문종 원년 8월 1일(병인).

사간원좌정언 조수량이 계하기를, '전날 신이 받자 온 교지에 맹효중의 고신을 서경하라고 하옵신 일은 본원에서 의논을 하옵기를, 효중은, 즉 이무의 외손이온즉 벼슬을 주는 것은 마땅하지 않다고 하였으므로 감히 교지를 봉행할 수 없사옵니다.'[306]

그리고 위와 같이 조상 중에 하자가 있을 때도 이와 같이 서경을 내주지 않았다.

이러한 관리임용에 대한 서경은 왕이나 이조 병조의 인사권을 견제할 수 있는 제도로서 인사제도의 공정성 확보와 더불어 관료체제를 바로잡을 수 있는 제도이다. 이 제도는 조선 초기 왕조의 굴곡만큼이나 여러 번 제도가 바뀌면서 「경국대전」에서 법제화되었다.

조선의 서경제도는 태조 원년 8월에 입관보리법(入官補吏法)을 제정하면서 그 모습을 드러냈다.

입관보리법을 제정하였다. 대개 처음에 품계에 들어오는 것을 7과로 만들어 문음, 문과 이과 역과, 음양과, 의과는 이조에서 주관하고 무과는 병조에서 주관하는데, 그 출신문자는 고려의 처음 입사하는 예와 같게 하고, 생년월일·본관·삼대를 명백히 써서 대간에게 서경하되, 7과를 거쳐 나오지 않는 사람은 품계에 들어오는 것을 허락하지 않고, 매번 제배할 때마다 맡은 관청에서 그 출신문자를 상고하고 난 후에야 출사에 서경함을 허락하였다.[307]

모든 관리는 7과를 통하여야 될 수 있으며, 과거합격증서인 출신

---

306) 세종실록 권28, 세종 7년 4월 22일(신유).
307) 태조실록 권1, 태조 원년 8월 2일(신해).

문자에는 생년월일·본관·삼대(조 부모 본인)를 쓴 것을 대간이 서경하게 하였으며, 모든 관리의 인사에도 대간이 출신문자를 상고한 후에야 관리임명장에 서경을 하도록 하였다.

그러나 이렇게 모든 관리임용에 서경을 하는 것은 왕의 인사권을 크게 제약하는 것이었다. 결국 2개월 후에 고신법(告身法)을 고쳤다.

고신법을 고쳤다. 일품에서 사품까지는 왕의 교지를 내리는데, 이를 관교라 하고, 오품에서 구품까지는 문하부에서 직첩을 주는데 이를 교첩이라고 하였다.[308]

이것은 고관의 인사는 서경 없이 왕이 직접 행사한다는 것이며, 오품 이하의 관리의 인사에만 대간에 의한 서경을 하도록 하겠다는 것이다. 이것은 당에서 관리를 임명하던 조칙에 의한 것으로 보인다. 인재등용과 관리의 적재적소에 배치하기 위하여 예전의 법으로 돌아가지는 간관의 상소와[309] 가선(종이품) 이하의 관리를 대성으로 하여금 서경을 하게 하자는 절충안을 제시하였으나[310] 다 거절되었다.

정종 2년 1월 20일(을유)에 문하부에서 모든 품의 고신은 반드시 대성(臺省)에서 서경하기를 청하였으나 정종은 이를 윤허하지 않았다. 그달 24일(기축)에는 문하부와 사헌부에서 각각 상소를 올려 다시 청하자 정종은 이를 도평의사사에 내려 상량하여 아뢰게 하였다. 대간이 장신한 것이 사리에 맞는다는 보고에 정종은 결국 모든 관리

---

308) 태조실록 권2, 태조 원년 10월 25일(계유).
309) 태조실록 권 2, 태조 원년 12월 22일(무진).
310) 태조실록 권15, 태조 7년 9월 18일(경인).

의 고신을 대간에서 서경하도록 하였다.

태종은 즉위하고 나서 관교법을 다시 부활한 것으로 보인다. 직접적으로 실록상의 기록은 없으나, 태종 12년에 예관에게 고신법의 옛 제도를 조사시키면서

'평양백 조준이 정승이 되자 대간에서 서경을 하지 않았으므로 내가 심히 미워하여 곧 관교로 고쳤다. 그러나 4품 이하의 조사는 아직도 그 폐법을 따라 권세가 대간에 있으니 심히 불가하다.'

라고 하면서 서경제도로 인하여 왕권이 심하게 제약을 받는다고 하였다.311) 이 기록에 의하면 관교법은 조준이 정승이 된 후에 얼마 되지 않아서 부활한 것으로 추측할 수 있다. 실록의 기록상 태종대에 조준에게 정승의 직을 준 때는 태종 원년 정월의 일이므로312) 태종이 즉위한 후 얼마 되지 않아서 관교법이 부활한 것으로 보인다. 그러나 태종은 이에 만족하지 않고 모든 관리의 인사를 독점하고자 하였다.

고신법을 의논하였다. 임금이 말하기를, '무릇 벼슬의 제수에 있어서 혹 문음으로 혹 문장으로 혹 무예로 혹 군공으로 인하여 각각 그 직책이 맞지 않음이 없는데, 대간에 이르러 고신을 사출할 때 간혹 허물로 인하여 100일이 지나도록 사출하지 않을 뿐 아니라, 심한 경우에는 다시 100일이 지나서야 마침내 그 직을 파하게 하니 과인이 제수하는 본의에 매우 어긋난 일이다. 임금이 신하의 벼슬을 제수하

311) 태종실록 권 23, 태종 12년 1월 29일(갑인).
312) 태종실록 권1, 태종 원년 1월 25일(을유).

는데 대간이 명령을 어기고 행하지 않으니, 이러한 이치가 어디 있겠는가? 내 이것을 매우 싫어하니 이제부터 일품에서 구품에 이르기까지 모두 관교로 내려주는 것이 어떻겠는가?' 하니 여러 대신의 의논이 분분하여 결정짓지 못하였다.[313]

계속되는 대간의 상소에 인하여[314] 태종 13년 4월에 모든 관료에 대하여 서경을 시행하도록 하였다.[315] 그러나 대간의 서경권의 행사로 인하여 자신의 인사가 계속 방해를 받자 그해 10월에 다시 관교를 시행하였다. 즉 사품까지를 관교로 제수하고 서경은 오품 이하의 관리에 한하도록 하였다.[316]

세종 8년 정월에 이르러 좌사간 허성의 상소를 받아들여서 모든 관원에 대한 서경을 허라하였으나,[317] 태종 때와 유사한 일이 발생하여[318] 그해 9월에 세종은 이조에 전지하여 祖宗성헌을 개정할 수

---

313) 태종실록 권21, 태종 11년 4월 14일(갑진).
314) 태종실록 권25, 태종 13년 3월 5일(갑신)에 대간에서 각각 태조가 건국 당시의 고신법을 부활하여 모든 관료들에게 서경을 실시할 것을 간하고 있으며, 12일(신묘)에도 계속되었다.
315) 태종실록 권25, 태종 13년 4월 5일(계축).
316) 고신법을 고친 뒤 이틀이 지나 태종이 인사를 단행하였는데(태종 13년 4월 7일(을묘)) 대간에서는 그중에서 이조판서 이천우, 판공안부사 이지숭, 참찬의정부사 유정현의 고신은 서경하지 않고, 오히려 이천우와 이지숭은 환왕의 첩의 자식으로 종친을 칭하여 불가하고 유정현은 이천우의 매부이기에 그 부당함을 상소하였다(4월 16일(갑자)). 그리고 사헌부에서는 며칠 뒤에는 사헌부에서 대사헌으로 제수한 안성마저도 그 직임을 파면하도록 상소하였다.(4월 19일(정묘)). 태종은 이를 빌미로 삼아 그해 10월에 태조 때 만들었던 4품 이상 관교법을 부활시켰다(태종실록 권26, 태종 13년 10월 22일(무진)).
317) 세종실록 권31, 세종 8년 1월 26일(신유).
318) 세종 8년 3월 6일(경사)에 이발을 병조판서로 임명하였는데 15일(기

없다는 이유를 들어 사품 이상은 서경에서 제외하게 하였다.[319]

세조에 와서도 사품 이상 관교법이 계속 실시되다가, 세조 12년에 군사들의 고신이 많이 지체된다고 하여 서경을 철폐하고 사간원으로 하여금 추후에 조사보고하게 하였다.[320] 성종 원년 3월에 이조의 진언을 받아들여 군사고신을 제외하고 조정관료의 고신서경이 다시 부활하여,[321] 이때의 서경제도가 경국대전에 법제화되었다.

(3) 대간의 활동과 왕권견제

대간(臺諫)은 위에서 살펴본 것과 같이 간쟁과 논집시정을 통하여 왕의 일신존속적인 행위로부터 국가의 시정에 이르기까지 모든 분야에 대하여 간언을 함으로써 왕이 잘못되는 것을 막았으며 국가의 시정이 올바르게 백성들에게까지 미칠 수 있도록 하였다. 그리고 탄핵과 서경을 통하여 백관의 기강을 바로잡고 왕에 의한 인사의 전횡을 막음으로써 관료제도에 정화작용을 할 수 있었다.

그러나 이와 같은 대간의 활동이 순기능을 가지려면 왕권에 의해서 대간들의 언로가 보호되어야 하는 것이다. 비록 대간의 간쟁과 탄핵이 종국적으로는 민생안정과 국가의 부강과 직결된다고 하지만

유) 좌사간 허성은 이발이 중국에 사절로 갔을 때 특산물을 많이 가져가서 마음대로 무역한 행위 등을 들어서 서경을 하지 않았음을 상소하였고, 우헌납 정갑손도 그를 탄핵하였다. 세종은 이튿날 정갑손을 불러서 속히 고신에 서경하도록 하였다(세종실록 권31, 세종 8년 3월 16일(경술)).

319) 세종실록 권33, 세종 8년 9월 4일(갑오).
320) 세조실록 권39, 세조 12년 7월(무인).
321) 성종실록 권4, 성종 원년 3월 4일(계미).

그들의 활동은 현실적으로는 왕권과 배체되는 일이 많을 수밖에 없다. 그래서 왕의 관점에서 보는 대관은 양면을 다 가지고 있는 것이다. 즉 그것은 왕권을 향하여서는 왕권제약의 문제이고 관료를 향해서는 관료의 정화의 역할인 것이다. 이런 양면성에 대해서는 태종이 다음과 같은 대간에 대한 이해에서 확실히 볼 수 있다.

> 정권이 대간에게 다 돌아가는 것은 부당하나, 대간에서도 또한 권력이 없는 것도 부당하다. 이러한 세상을 당하여 대간에서 권력이 없다면 탐오하고 포악한 자를 능히 제어하지 못할 것이다.[322]

왕을 중심으로 하는 유가의 중앙집권적인 관료국가에서 대간의 성격은 제3의 국가기관으로서 왕권의 전횡을 견제하고 관료의 부정부패뿐만 아니라, 왕과 관료의 안일한 태도까지도 사정한다. 결국 대간은 한 국가가 정체되거나 보수적으로 되는 것을 막고, 항상 새롭고 활기차게 움직일 수 있는 윤활유의 역할을 하는 필수 불가결한 기관인 것이다.

공자도 간쟁이라는 것은 작게는 한 사람이 바른 길을 나갈 수 있게 하고 크게는 한 나라, 온 천하가 평화로운 질서를 유지할 수 있게 하는 중요한 일임을 강조하고 있다.

> 공자가 말하길…… 옛날 천자는 간하는 신하 일곱을 두면 비록 자신이 무도하다 할지라도 그 천하를 잃지 않았으며 제후는 간하는 신하 다섯만 두면 비록 자신이 무도하다 할지라도 그 나라를 잃지 않았

---

322) 태종실록 권35, 태종 18년 1월 18일(기사).

으며, 대부는 간하는 신하 셋만 두면 자신이 무도하다 할지라도 그 집안을 잃지 않았다. 그리고 사에게 간하는 벗이 있으면 그 몸에서 아름다운 이름이 떠나지 않을 것이다. 아버지에게는 간하는 자식이 있으면 불의에 빠지지 않을 것이다.[323]

그러나 대간의 이러한 직무가 권력에 의하여 방해를 받으면 오히려 더 나쁜 결과를 가져왔다. 조선의 건국 초기에 관직들이 제대로 기능을 하지 못하고 수성을 위한 왕권강화가 필요했던 시기에 대간은 왕권에 장애가 되는 자들을 처벌하기에 급급했다. 그러한 예 중의 하나가 고려의 왕씨일가를 제거한 일이라 하겠다. 단지 왕실의 안정에 해를 끼칠 우려가 있다는 이유만으로 왕씨일가를 격리시키고[324] 급기야는 모반사건을 연루시켜서 모두 제거한 일이다.[325] 이 일은 태조가 여론을 이용하여 왕씨일가를 죽인 것으로 일반적으로

---

323) 「효경」, 간쟁장.
324) 태조 즉위 후 3일 만에 사헌부대사헌 민개는 고려왕조의 왕씨를 물 밖으로 격리시키기를 청하니 태조는 조선개국에 공로가 있거나 고려 왕조의 제사를 받들 몇몇의 왕씨를 제외하고 강화와 거제로 격리시킨 다(태조실록 권1, 태조 원년 7월 20일(기해)).
325) 태조 3년에 동래현감 김가행, 염장관 박중질이 국가의 안위와 왕씨의 명운에 대하여 밀성의 맹인 이흥무에게 점을 쳤는데 참찬문하부사 박위가 가담된 것으로 밝혀진다(태조실록 권5, 태조 3년 1월 16일(병진)). 그러나 이 일은 모반의 혐의가 분명하지 않아서 이흥무, 김가행, 박중질을 곤장을 쳐서 귀양을 보내는 것으로 이 사건은 마무리 짓는데 이 일을 계기로 대간과 형조에서는 왕씨를 제거하기를 청하였다(동월 21일(신유)). 계속되는 대간의 상소로 박위를 파직하고(3월 27일(병인)) 본토에 남아 있는 왕씨를 섬으로 모두 유배를 보내고 나서 결국 태조는 중의를 묻는 방식을 통하여 왕씨를 모두 제거해 버리고 있다(동년 4월 14일(계미), 동월 17일(병술), 20일(기축)).

평가하고 있다. 이렇게 대간은 권력의 편에 서면 그 권력을 확고히 하기 위하여 권력에 반하는 세력을 제거하기 위하여 무슨 일이라도 가능하게 되는 것이다.

물론 태조대에 대간들이 왕권의 앞잡이 노릇만을 한 것은 아니다. 내시 이만과 세자현빈의 사건을 규명할 것을 요구하자 대간과 형관이 모두 유배를 간 바가 있다.326) 이러한 대간에 대한 탄압 속에서도 백성의 역을 줄이기 위하여 성 쌓는 일을 중지하기를 건의하기도 하였다.327)

태종은 즉위 후 왕권의 강화를 다지기 위한 제도를 만들어 나갔던 시기였다. 대간에 대한 탄압도 그러한 수위에 따라 가일층 심해졌다. 그러나 대간들도 여기서 물러서지 않고 언로를 넓히기 위하여 간쟁도 하고 시무책노 올렸다.328) 이와 같은 대간의 노력은 탄압에

326) 태조는 내시 이만을 목 베고 세자현빈 유 씨를 사저로 내쫓은 이틀 뒤에 대간과 형조에서 진상규명을 요구하자 우산기상시 홍보, 좌습유 이조, 사헌중승 이수, 시사 이원, 형조정랑 노상을 옥에 가두고(태조실록 권3, 태조 2년 6월 21일(을미)), 다음날 좌간의 이황, 우간의 민여익, 직문하 정탁, 기거주 이지강, 우보궐 윤장, 우습유 왕비, 형조전서 이서, 의랑 조사의 최사의, 좌랑 민사정, 겸사헌중승 박포, 잡단 진경 이치, 참대감찰 유선 등을 옥에 가두어 국문을 하게 하고, 그 이튿날에는 귀양을 보내거나 사저로 돌아가게 하였다(동년 6월 23일(정유)).

327) 태조실록 권10, 태조 5년 7월 6일(신유). 당시에 수해 등으로 인하여 도성의 수로의 옹성이 무너질 정도였다(동월 5일). 그리고 폭풍우로 강원도에서 인명피해가 많았다(동월 8일). 동월 8일에 간관이 성 쌓는 역사를 중지함을 청하매 정직을 명하였다. 12월이 돼서 다시 대간의 사무를 보게 한 것으로 보인다(태조실록 권10, 태조 5년 12월 21일(을사)).

328) 배충소에 대간의 간쟁을 분석한 것을 보면 언로를 열자는 간쟁이 12회가 있는 것으로 나타나고 있다(최승희, 앞의 책, 256면). 이것은 대종에게 강무를 중지하라는 간쟁 다음으로 많은 것으로 비록 태종은

도 불구하고 자신들의 임무에 충실하려고 했음을 보여주고 있는 것이라 하겠다.

이와 같이 대간이 직무에 대하여 갖는 충실성은 세종조의 우헌납 정갑손의 다음과 같은 말에서 극명하게 드러난다.

소신이 간관으로 있지 않으면 그만이나 간관으로 있는 이상 어떻게 감히 잠자코 있겠습니까?[329]

이와 같은 대간에 의한 바른 언론이 가능하였기에 조선 초기는 유교적 정치가 제대로 자리매김을 할 수 있었던 것으로 여겨진다.

4) 사관에 의한 언행통제

(1) 조선 초기의 왕과 사관의 역사의식

유교국가에서 역사서가 갖는 의미는 단순한 과거의 기록 이상이다. 우선 중요한 유교경전으로 사서삼경의 범주에 드는 「시경」과 「서경」이 경전이라는 명칭이 부여됐지만 사실은 바로 중국의 하·은·주의 역사를 기록한 사서이다. 그리고 고대 중국의 문화를 정리하여 유가를 탄생시킨 공자도 또한 「춘추」라는 역사서를 지었으며 그 역사서

대간을 왕권옹호의 수단으로 전락시키기 위하여 탄압을 계속했지만, 대간들은 이에 굴하지 않고 언로를 열기 위하여 계속 간쟁했음을 알 수 있다.

329) 세종실록 권31, 세종 8년 3월 15일(기유).

는 후대에 오경의 하나로 평가된다. 맹자는 공자가 「춘추」를 지은 것을 평가하여 공자를 우왕과 주공의 반열에 올려놓고 있다.

> 옛날에 우임금이 홍수를 다스려서 천하가 편안하게 되고, 주공이 오랑캐를 달래고 맹수를 몰아내어 백성들이 편안하게 되고, 공자가 춘추를 적어 나라를 어지럽히는 신하와 역적들이 두려워했다.[330]

맹자가 이렇게 「춘추」를 극찬하는 데는 다 이유가 있는 것이다. 그것은 「춘추」는 단순한 역사에 대한 기록서가 아니라 당시 사회의 질서를 혼란하게 한 자들의 죄와 의로운 자의 공을 밝힌 그러한 역사서이기 때문이다. 이것은 바로 당시의 난신과 역신에 대해서 문자를 통하여 단죄한 것이다.[331] 이렇게 유가에서 역사의 의미는 후세의 귀감이 되어 규범화되고, 권력을 남용한 자를 단죄하고 의로운 자를 높이 평가하여 영원히 그 이름을 남게 하는 역할을 하는 데 있다. 그리고 이러한 사서는 유교경전과 동등한 위치에 두어 중시하는 것이다.

---

330) 「맹자」, 등문공 하.
331) 맹자는 공자가 춘추를 지어 신하들의 공과 죄를 밝힘으로써 마치 천자가 할 일을 하였다고 하고 있다(앞의 책). 사실 춘추시대의 주나라 왕은 명색이 천자였지만 실질적인 권력은 가지지 못했다. 그 시대는 제후국 중에서 가장 강력한 국가의 군주가 패왕이 되어 주왕의 이름을 빌려서 천하의 질서를 잡아가던 시대였다. 그러나 유가에 있어서 상벌은 제후가 아니라 왕에게서 나와야 하는 것이기에 공자의 춘추의 집필은 공·제후·경·대부들의 공과를 밝혀서 직접적인 상벌은 가하시 않았지만 그 미명과 오명을 대대손손 알리게 하였다. 공자는 이렇게 간접적으로 그들을 징계하고 칭찬함으로써 천자의 상벌과 같은 역할을 한 것이다.

그러기에 후대의 왕들은 사서에 자신이 어떤 모습으로 그려지는지
에 대하여 관심이 많을 수밖에 없으며 태조도 예외는 아니었다.

> 임금이 당나라 태종의 고사를 본받아 즉위 이래의 사초를 보려고
> 하니, 대신이 상언하여 옳지 못하다 하고 대간에서도 또한 상서하여
> 옳지 못하다고 하였으므로 임금이 이에 따랐다.[332]

이성계는 비록 형식상으로는 양위의 방법으로 왕위를 물려받았지
만 공양왕을 궁지에 몰아넣고 획득한 왕권이기에 그러한 사실이 어
떻게 기록이 됐는지를 알고 싶었으며, 즉위 후의 자신의 행적이 어
떻게 기록되었는지를 확인하고 싶었던 것으로 보인다. 그래서 당태
종의 일화를 들어서 자신에 대한 기록을 미리 보고자 하였다. 그러
나 이 시기만 해도 건국의 초기라 태조는 신하의 반대에 물러섰다.
그러나 태조 7년이 되어서 사초를 다시 올리게 하였다.[333]

이에 대해서 사관인 신개가 불가함을 간하는 상소를 올렸음에도
불구하고, 공민왕 이후에 편수한 「고려사」[334]와 즉위 후의 사초를

332) 태조실록 권7, 태조 4년 6월 9일(신미).
333) 태조실록 권14, 태조 7년 윤 5월 1일(병자).
334) 고려사의 집필은 조선개국의 정당성을 부각시키기 위하여 필요한 일
     이었다. 그래서 조선 건국의 모델을 세운 정도전을 중심으로 편찬이
     되었다(태조실록 권7, 태조 4年 1월 25일(경신)). 그러나 정도전일가가
     크게 부각되고 고려 말의 이성계에 대하여 다르게 쓰였다는 이유로
     태종 14년에 다시 쓰게 하였다(태종실록 권27, 태종 14년 5월 10일(임
     오)). 세종은 「고려사」가 고려의 제도에 따라 집필되지 않았음을 보고
     는 다시 고치게 하였다가(세종실록 권22, 세종 5년 12월 29일(병자),
     권25, 세종 6년 8월 11일(계축)), 다시 정도전의 편수한 전례에 따라
     각 명칭을 고치게 하였다(권30, 세종 7년 12월 7일(임신)). 그리고 세

바치게 하였다.[335] 신개는 사초열람의 불가함을 다음과 같은 몇 가지 이유를 들어서 상소하고 있다.

1. 사관을 설치한 의의는 임금의 언행·정사와 신하의 옳고 그름을 바른 대로 쓰게 하여 그 시대의 임금과 신하에게는 역사를 숨겨서 뒷 세상에 전하게 하였기에 모두 이를 경계로 삼아 그릇된 행동을 하지 못한 데 있다.

2. 당태종 당시에 당태종과 역사편찬을 맡은 방현령은 명군과 현신으로 당태종은 자신의 평가에 대하여 바른 대로 쓰더라도 이해할 수 있는 왕임에도 불구하고 숨긴 것이 많았다. 그러나 그러하지 못한 군주와 신하가 당대의 역사를 집필할 때는 숨기는 정도로 끝나지 않고 왜곡되고 과장될 수밖에 없다.

3. 당태종의 이러한 행위는 뒷세상의 비난을 먼지 못하였으니 이러한 일은 본받을 만한 고사가 못 된다.

4. 태조 4년에 사초열람을 하려다가 간언을 듣고 그만둔 것은 태조 스스로가 후대의 왕들에게 사초열람을 해서는 안 된다는 법과 공론을 만든 것이다.

5. 사초열람이 공식화되면 후세의 왕이 이를 따를 것이니 사관들이 바르게 기록하지 못할 것이고, 따라서 결국 한 시대의 왕과 신하가 꺼리는 것이 없게 되어 혼란을 야기할 것이며, 또한 후세에 태조의 업적을 거짓이라 생각하여 신용을 얻지 못할 것이다.

이러한 신개의 상소에 태조는 '자신의 행실을 어떻게 기록했는가

종 28년에는 탁조부터 태조에 이르는 소상들의 자취를 찾아서 첨가하게 하였다(세종실록 권114, 세종 28년 10월 11일(을사)).
335) 태조실록 권14, 태조 7년 6월 12일(병진).

를 검토하기 위하여 보는 것이 아니라, 즉위할 당시에 자신과 대신과의 은밀한 대화가 많은데 당시 상황으로서는 이러한 것을 사관이 자세히 알지 못하기 때문이다.'라고 하였다. 마치 즉위 시기의 사관들이 미처 살피지 못한 역사적 사실을 바로 지적하여 역사를 바르게 기술할 수 있도록 도와주기 위해서 사초를 보는 것처럼 궁색한 변명을 하여 공민왕 이후의 고려사와 즉위 이후의 사초를 바치게 하고 있다.

신개의 상소를 통하여 유교국가에서 사서를 후대에 집필하도록 하는 이유를 알 수 있을 것이다. 바로 사서는 후세의 귀감뿐만 아니라, 당대의 왕과 신하가 스스로를 반성하고 경계하는 계기를 마련해 준다는 것이다. 그러나 고래로 동양의 역사는 왕조중심의 기록이기에 왕과 사관 간의 이해관계는 여기서 극명히 드러난다 하겠다. 결국 스스로 반성과 경계를 할 일차적인 대상은 왕이라는 것이며, 사관은 사서를 수단으로 하여 왕을 바로 세우게 하겠다는 것이다.

역사에 대한 왕과 사관의 견해 대립은 태종에 와서도 계속되었는데 그 발단은 태조실록의 편찬 때문이었다. 태종은 당시의 영춘추관사의 직에 있는 하륜에게 태조실록의 편찬을 명하는데 실록편찬의 시기에 대하여 논란이 되었다.[336] 태종의 명을 받은 하륜은 이에 편찬작업을 착수하고자 하는데 기사관(육품 이하)의 직에 있는 관리가 사기가 모두 3대 이후에 이루어졌으며 고려시대에도 그러한 원칙을 가지고 편찬되었다고 하여 태조실록의 편찬을 반대하였다. 춘추관의 최고의 위치에 있는 하륜이었으나 실무자인 말직관리 기사관의 의지

---

336) 태종실록 권18, 태종 9년 8월 28일(정묘).

를 꺾지 못하였다.[337]

　오히려 기사관들은 간관의 위치에 있지는 않으면서도 성인은 아래의 말도 귀 기울인다는 요순의 예를 들어 임금에게 상소를 올려 간하였다. 즉 삼대의 사서가 후대의 사람들에 의하여 이루어졌으며 그 이후 이를 사서편찬의 법으로 여겼다는 것이다. 그리고 한 시대의 신하가 그 시대의 역사를 편찬하는 바는 없으며 가까운 시기의 사서를 편찬한 예는 있으나 이것은 예외적인 것이며 본받을 만한 것은 아니라는 것이다. 더구나 지금 태조실록을 편찬하면 후대에 태조의 업적을 과장된 것이라 의심을 하게 될 것이라는 것이다.

　태종은 이에 대하여 한과 위의 역사는 후대에 기록한 것이 아니고 춘추 역시도 당대의 제후들을 다뤘으나, 역대의 사서에서 왕위를 찬탈한 내용이 있는 것으로 보아서 오래된 뒤에 편찬하였다는 것을 알겠다는 묘한 뉘앙스를 남기며 우선 물러섰다.[338] 그러나 태종은 예조에 왕지를 내려 고전을 살펴서 본조에 국사를 편찬한 예를 조사하게 하고 대간의 반대에도 불구하고[339] 그러한 예가 있음을 내세워

---

337) 당시의 하륜이 태조실록 편찬의 정당성으로 내세운 것은 태조 때의 사실을 잘 알 수 있는 신하들이 살아 있을 때 본말을 갖추어 기록하여야 한다고 주장하였으나, 3대가 지나지 않은 데도 불구하고 태조실록을 편찬하여 후세의 의논을 어떻게 감당하겠냐는 기사관의 말보다는 설득력을 얻지 못했으며 사관들이 상소를 올리기에 이른다.

338) 태종실록 권18, 태종 9년 9월 1일(경오). 황희도 이러한 태종의 말에 사초는 반드시 3대가 지난 뒤에 나오는 것이라 하여 사관의 상소를 두둔하고 있다.

339) 태종실록 권18, 태종 9년 9월 8일(정축). 이때 영관사(정일품)인 하륜과 감관사(정일품)인 성석린은 춘추관의 최고의 관직에 있으면서도 사관들과 동참하지 않는 것으로 보아 실록편찬은 단지 왕만의 문제가 아니라, 당시의 고관들도 이해가 얽혀 있음을 알 수 있다.

태조실록을 편찬하게 하였다.340)

세종에 와서는 사관과 왕과의 관계는 전대보다는 유연한 관계를 유지했던 것으로 여겨진다. 태종이 상왕으로 있다가 죽자 세종은 태종실록을 편찬하면서 태종이 집정한 세종 1년부터 4년까지의 기록도 포함시키기 위하여 그 당시의 사초도 모두 수납하라고 하였다. 이때 사관들의 여론은 태종실록을 편찬하는 것은 시기가 너무 이르다는 것이었으며, 더구나 사관이 사망하면 사초의 유실이 염려되니 즉시 사초를 수납시키자는 세종의 의견에 대하여 반대가 거셌다.341) 이를 감지한 세종은 사관이 사망하더라도 그 자손으로부터 즉시 사초를 수납하는 것만은 못하도록 하였다.342) 그러나 이렇게 실록편찬을 일찍 하여 당대의 기록까지 수납하게 하는 것은 고관들이 자신과 관련된 사초를 고치는 기회를 제공하였고 이러한 일이 실제로 발생하였던 것이다.343) 그리하여 춘추관에서 사관의 사초를 당대에 수납하는 일이 없게 하고, 징은금고법(徵銀禁錮法)344)을 철폐하여 주도록 주

---

340) 태종실록 권19, 태종 10년 1월 11일(무인).
341) 이 당시에 동지춘추관사(종이품)인 변계량은 세종이 태종실록을 편찬하고자 하는 논의를 비판 없이 따르고 있으며, 세종 4년까지 사초를 수집하는 데 있어서 서울에는 3개월 이내에 경기 충청 황해 강원은 4개월 이내에, 그리고 경상 전라 평양 함경은 5개월 이내에 바치게 하고 기일을 어긴 경우 형벌을 가하자고 하여 윤허를 얻는 등 사서편찬에 매우 적극적임을 알 수 있다(세종실록 권26, 세종 6년 12월 1일(임인)).
342) 세종실록 권26, 세종 6년 12월 1일(임인).
343) 세종실록 권26, 세종 6년 12월 20일(신유).
344) 태조실록을 편찬할 때 사초를 수집하는 데 있어서 기한 내에 바치지 않아 실록편찬에 어려움이 있자 석 달여의 시간을 더 주어 바치지 않는 자에게는 고려 때의 판지에 의하여 자손을 옥에 가두고 은 20냥쭝을 과태료로 내게 하였다(태종실록 권19, 태종 10년 1월 11일(무인)).

청하여, 세종은 이 내용을 상정소에 내렸다.

그러나 조선의 왕들이 실록편찬의 시기에 대해서는 비록 사관과 이해관계가 대립되었으나 사초의 열람이나 실록의 열람에는 신중하였던 것으로 보인다.

> 임금이 말하기를, '전대의 제왕들이 선왕의 실록을 친히 보지 않은 자가 없는 것 같은데, 태종께서 태조의 실록을 보지 않으시매, 이때 하윤 등은 이를 보시는 것이 옳다고 말하고 변계량은 보시지 않은 것이 옳다고 말하여 태종께서는 계량의 논의에 따랐던 것이나, 이제 태종실록을 춘추관에서 이미 그 편찬을 마쳤으니 내가 한번 이를 보려고 하는데 어떤가.' 하니, 우의정 맹사성·제학 윤회·동지총제 신색 등이 아뢰기를, '이번에 편찬한 실록은 모두 가언과 선정만이 실려 있어 다시 고칠 것도 없으려니와 하물며 전하께서 이를 고치는 일이야 있겠습니까? 전하께서 만일 이를 보신다면 후세의 임금이 반드시 이를 본받아서 고칠 것이며, 사관도 또한 군왕이 볼까 의심하여 그 사실을 반드시 다 기록하지 않을 것이니 어찌 후세에 그 진실함을 전하겠습니까?' 하매, 임금이 말하기를, '그럴 것이다.' 하다.[345]

태조는 비록 조선 건국의 정당성을 역사에 남길 필요가 있어서 사초를 열람하였으나 태종은 태조실록을 편찬하고도 그 내용을 살펴

이 예에 따라서 태종실록을 편찬할 때도 사초의 수납을 기한 내에 하지 못한 경우에 동일한 처벌을 하도록 하였다(세종실록 권26, 세종 6년 12월 1일). 이러한 법은 사초를 급히 제출하게 하여 사관들이 사초를 제대로 짐토할 시간을 주시 못했을 뿐 아니라 고급관료들에게 사초수정의 빌미를 제공하였다(세종 6년 12월 20일)

345) 세종실록 권51, 세종 13년 3월 20일(갑신).

보지 아니함으로써 전례를 남겨 후대에 모범을 보인 것이다. 그래서 세종도 태종의 실록을 보고는 싶었지만 선대에서의 전례와 더불어 신하들의 간언으로 말미암아 태종실록의 열람을 포기하였다.346) 이러한 태종과 세종이 전대의 실록을 열람하지 아니하는 전례를 남김으로써 비록 사관들이 주장한 3대 후 집필이라는 간언과 부합하지는 못했지만 최소한 역사를 집필하는 사관들에게 사초의 선택을 자유롭게 할 수 있는 분위기를 조성함으로써 왕조의 역사집필에 객관성을 가져오게 할 수 있었으며, 또한 왕에게 있어서도 자기반성의 계기를 만들어 줄 수 있었다.

(2) 사관의 입시와 왕권의 견제

사관의 직제와 인선

태조는 즉위 후 관직을 발표하면서 논의(論議) 교명(敎命) 국사(國史) 등의 일을 관장하기 위하여 예문춘추관을 두었다. 직제는 감관사 1인(문하부시중 이상 겸임), 태학사 2인(정이품), 지관사 2인(자헌대부 이상 겸임), 학사 2인(종이품), 동지관사 2인(가선대부 이상 겸임), 충편수관 2인(사품 이상 겸임), 겸편수관 2인(四品 이상 겸임), 응교 1인(오품 겸임), 공봉관 2인(칠품), 수찬관 2인(정팔품), 직관 4인(정구품), 서리 4인(팔품)으로 구성하였다.347)

---

346) 세종 20년에 세종은 다시 한 번 태종실록을 보고자 하였으나, 황희, 신개가 불가함을 청하니 보는 것을 포기하였다(세종실록 권80, 세종 20년 3월 2일(병술)).

347) 태조실록 권1, 태조 원년 7월 28일(정미).

태종 1년에는 두 기관으로 분리하여 예문관과 춘추관을 두었으며 예문관은 녹관으로 하고 춘추관은 모두 겸관으로 하였다.[348]

경국대전에 의하면 예문관은 영사 1인(정일품, 의정겸임), 대제학 1인(정이품), 제학 1인(종이품), 직제학 1인(정삼품, 도승지겸임) 응교 1인(정사품), 봉교 2인(정칠품), 대교 2인(정팔품), 검열 4인(정구품)으로 구성되며, 춘추관은 겸관으로 하되 수찬관(정삼품) 이하는 승정원(정삼품)과 홍문관의 부제학(정삼품) 이하의 관원, 의정부의 4인(정사품), 검상(정오품)인 관원, 예문관의 봉교 이하의 관원 및 시강원의 당하관 2인과 사헌부의 집의(종삼품) 이하의 관원이 이에 속한다.

여기서 예문관의 봉교 이하 8인은 한림팔원(翰林八員)이라 하여 전임관으로서 기사관을 겸하게 하고 있다. 일반적으로 사관이라 함은 이들을 가리키는 것이다.

사관들은 역사를 기록하여 후세에 남긴다는 유교국가에서의 중요한 직책을 맡고 있으므로 그 인사에 있어서도 사관은 사관의 천거에 의해서 인선이 되도록 특혜를 받고 있었다.

> 임금이 말하였다. '사관이 천거하는 것은 유래가 오래되었다. 새로 나온 유생의 재행과 조계를 위에 있는 사람이 두루 알 수 없으므로 스스로 그 동료를 택하게 하면 선택하는 것이 바로 정확하리라고 생각한 것이다. 하물며 그 천거하는 표에 말하기를 "문이나 행실에 있어 이 책임을 감당할 만하다."고 한 경우이겠는가? 만일 혹시 불가하다면 고치는 것이 무엇이 어렵겠는가?[349]

---

348) 태종실록 권2, 태종 원년 7월 13일(경자).
349) 태종실록 권34, 태종 17년 12월 4일(을유).

이것은 당시에 전임관의 결원이 생겨서 사관을 보충하여야 할 때에는 전임관의 천거에 의하여 사관에 임명하는 것을 관례로 하고 있었음을 보여주고 있는 것이다. 이러한 관행은 원래 관리의 채용과 임용을 맡는 이조의 인사권을 배제하는 것이다. 이러한 천거의 관행은 전임사관들에게 어느 정도의 독립성과 나름대로의 세력을 형성할 수 있게 해 주었을 것으로 여겨진다. 그러나 태종대에 사관천거법을 만듦으로써 사관들은 시험을 통하여 천거되도록 하였다.

이조에서 상언하였다. '사관은 시사를 기록하는 것을 맡아서 후세의 귀감이 되니, 그 책임이 가볍지 않습니다. 다만 참외사관의 천거로서 계문하여 제수하니, 전선의 법에 실로 미편합니다. 이제부터는 사관이 궐원이 생기면 예문관·춘추관의 당상으로 하여금 시직 산직의 문관으로 참외 내에서 직품이 상당한 자를 모아 시험하여 반드시 경사에 통하고 제술에 능하고 안팎이 허물이 없는 자로서 1자리에 3인을 추천하여 이조에 관문을 보내어 계문하여 제수하는 것으로써 항식을 삼으소서.' 임금이 그대로 따랐다.[350]

사관은 비록 하급관료이기는 하지만 그 직무가 중요하기 때문에 사관의 인선을 하급관료에게 맡길 수 없기 때문에 당상관이 참여한 자리에서 시험을 통하여 임용하고자 하였던 것이다. 그러나 세종에 와서도 새로운 사관의 추천은 여전히 예문관 봉교 이하의 관리들이 맡았으며 그 재능과 족보를 상고하여 셋을 추천하면 이조에서는 첫째로 추천한 자를 서용하였다.[351] 결국 실질적으로는 사관의 채용은

---

350) 앞의 기사.
351) 세종실록 권66, 세종 16년 10월 26일(기사).

예전의 관례가 그대로 통용되었다고 할 수 있다. 이러한 사관의 채용은 구품을 대상으로 하다가 인선의 범위를 넓히기 위하여 팔품까지 상향되었다.[352] 성종 때의 기록에 의하면 사관임용에 대한 예전의 관례를 종합하여 사관임용제도를 만들었음을 알 수 있다.

> 무릇 사관은 결원이 있으면, 예문관 봉교 이하의 관원이 삼관관원의 사대조를 취하여 그 세계(世系)를 살펴보고 또 그 인품을 살펴보고서 이를 천거하고 춘추관의 관원까지 모두 의정부에 모여서 그 가부를 의논하고서 그 가한 사람은 이에 그 재주를 시험한 후에 이를 뽑게 됩니다.[353]

사관의 결원을 보충할 때에는 먼저 예문관의 봉교 이하의 관원들에게 친기권을 보장해 주고 있는 것이다. 앞에서 보았듯이 태종 17년까지 사관을 임용하던 관례를 적용시킨 것이다. 전임사관에 의한 후임사관의 천거는 같이 일을 할 동료를 뽑는 일이라 가장 적절한 사람을 천거할 가능성이 높기 때문이다. 이 奉敎 이하의 관원들은 후보사관을 성균관·예문관·교서관에서 살펴서 그들의 부·조부·증조부·외조부를 조사하고 그 자의 인품을 살펴서 천거하게 한다. 그러면 의정부는 이조, 홍문관, 춘추관, 예문관의 모든 관원을 모이게 하여 그 가부를 결성한 다음 동감, 좌전, 사기 등 역시사를 강의하게 하여 합격한 자를 임용하였던 것이다.

---

352) 세종실록 권98, 세종 24년 10월 5일, 사관은 그전까지만 해도 구품 이하의 관원에서 시험을 봐서 뽑았으나 구품의 수효가 적기 때문에 팔품으로 확대하도록 이조에서 상인을 하여 임금의 허락을 얻었다.
353) 성종실록 권64, 성종 7년 2월 4일(무인).

사관은 비록 하급관료이기는 하나 그 직임이 매우 크기 때문에 임용에 철저를 기하였다. 그래서 절차상의 하자가 있거나, 세계를 조사하여 약간의 하자가 있으면 대간이 서경을 하지 아니하거나 임용이 된 후에도 탄핵하였던 것이다.[354]

사관의 직무수행과 왕권견제

태조 때에 직제가 공포된 후 예문춘추관에서 상언하여 직무를 수행하기 위하여 세 가지의 활동을 요청하여 허가를 받는다.

예문춘추관에서 세 가지 일을 상언하였다. '1. 매양 정전에서 만기를 재결하고 신료들을 접견할 때에는. 원컨대 사관으로 하여금 좌우로 입시하게 하여 일이 크고 작은 것을 논할 것 없이 모두 참여하여 듣도록 하소서. 1. 겸관으로서 수찬 이하의 관직에 충당된 사람은 원컨대 자기가 보고들은 바를 기록하여 사초로 만들어서 모두 예문춘추관으로 보내게 하소서. 1. 본관으로 하여금 서울과 지방의 크고 작은 아문에 직접 공첩을 보내어 무릇 시행한 것이 정령에 관계되어 후세에 권계가 될 만한 것은 명백히 공문서로 보내게 할 것이며, 또 도평의사사와 검상조례사로 하여금 매양 그달의 마지막 날에 조례를 모두 써서 예문춘추관으로 보내어 기록에 근거가 되게 하고 이것을 일정한 법식으로 삼게 하소서.' 임금이 이를 모두 허락하였다.[355]

---

354) 사관의 임용에 절차상의 하자가 있어서 논란이 되었던 예는 '세종실록 권66, 세종 16년 10월 26일(기사) / 동월 28일(신미)'의 기사가 있으며, 사관의 세계 및 자질에 하자가 있다고 하여 논란이 된 경우는 '성종실록 권63, 성종 7년 1일 21일(병인)/ 권64, 성종 7년 2월 2일(병자)' 등 여러 기사가 있다.
355) 태조실록 권2, 태조 원년 9월 14일(임진).

이때까지만 하더라도 사관은 왕을 시위하는 관리로서의 위치를 잡고 있는 것으로 보이지 않는다. 이에 예문춘추관에서 사관이 공식적인 국정운영에 참여하게 하여 사초를 기술할 수 있도록 허가해 달라고 하였다.[356]

왕의 교육의 장인 경연에 참석하는 것은 정종 때에 이르러서였다. 문하부에서 사관이 경연에 입시하는 것을 허락하기를 두 번이나 청하였다. 소의 내용은 다음과 같았다.

> 사관의 직책은 인주(人主)의 언동과 정사의 득실을 직서하여 숨기지 않고 후세에 전하니, 반성의 기준이 되게 하고 권계를 남기자는 것입니다. 고려 말년에 임금이 황음무도하여 부녀자와 내시를 가까이 하고 충성스럽고 어진 신하를 멀리 하였으며, 사관이 직서하는 것을 꺼리어 근시하지 못하게 하였으니 너무도 무도한 일이었습니다. 마땅히 고려의 실정을 거울삼고 관직을 설치한 의의를 생각하여, 특히 사관으로 하여금 날마다 좌우에 입시하여 언어 동작을 기록하고 그때그때의 정사를 적게 하여 만세의 큰 규범을 삼도록 하소서.[357]

이에 정종은 사관의 경연입시를 허락하였으며, 지경연사 조박은 경연에 사관이 처음 입시하는 자리에서 다음과 같이 정종에게 말하고 있다.

---

356) 태조실록 권3, 태조 2년 4월 11일(을유)의 기사에 태조가 평주온천에 거동하는 데 있어서 친군위·대간·사관 등의 시위를 받고 있는 것이 보인다.
357) 정종실록 권1, 정종 원년 1월 7일(무인).

인군이 두려워할 것은 하늘이요, 사필입니다. 하늘은 푸르고 높은 것을 말하는 것이 아니라 천리를 말하는 것입니다. 사관은 인군이 착하고 악한 것을 기록하여 만세에 남기니 두렵지 않습니까?[358]

정종에 와서 사관의 역할이 정사의 득실만을 기록하는 것뿐만 아니라, 왕의 언동까지도 기록하게 되었던 것으로 보인다. 그리고 사관은 이 일 이후로 가능한 왕의 곁에서 시위하면서 왕의 언행을 기록하였던 것이다.

> 왕이 다섯 승지와 시독 금과에게 이르기를, "전일에 사관이 사냥하는 곳에 따라온 것은 무슨 까닭인가?" 하니, 모두 대답하기를, "사관의 직책은 시사를 기록하는 것을 맡았는데, 하물며 인군의 거동이겠습니까?" 하였다. 과가 앞으로 나아가서 말하기를, "인군은 구중궁궐에 있어 경계하는 뜻이 날로 풀리고, 게으른 마음이 날로 생기는 것을, 누가 능히 말리겠습니까? 그러므로 인군은 오직 황천과 사필을 두려워할 뿐입니다." 하니, 왕이 말하기를, "왜 그런가?" 하였다. 과가 대답하기를, "하늘은 형상이 없으나, 착한 것은 복을 주고, 음란한 것은 화를 주며, 사필은 시정의 좋고 나쁜 것과 행동의 잘잘못을 곧게 쓰지 않음이 없는데, 만세에 전하여 효자와 자손이 능히 고치지 못하니, 두려운 일이 아닙니까?" 하니, 왕이 말하기를, "그렇다." 하였다. 과가 또 말하기를, "비록 사관으로 하여금 입시하지 못하게 한다 하더라도, 다섯 승지가 모두 춘추관을 겸하여 일동일정을 또한 모두 씁니다." 하였다. 왕이 처음에는 그런 것을 알지 못하고 항상 가까이하기 때문에, 자못 소홀히 여겼었는데, 이때부터 언동을 더욱 공손하고

---

358) 앞의 기사.

삼갔었다.359)

　유가의 덕치 내지는 왕도정치의 본 모습은 요순에서 보았듯이 왕이 먼저 모범을 보이고 나서 모든 백성이 감화되어 따라오게 하는 정치인 것이다. 그러므로 군왕의 개인적인 언행이라 할지라도 그것은 개인의 것이 아니라, 공적인 언동인 것이다. 왜냐하면 왕의 말 한마디가 바로 법이 되며, 왕의 행동 하나하나는 모든 관료와 백성들이 따르고자 하는 바가 되기 때문이다. 그러므로 사관은 왕의 곁에서 왕의 언행을 기록하여 후세의 왕들이 언동을 경계하고 따르게 하는 것이다.

　태종조에 승지들을 대동하는 자리에 사관의 시위는 그 의미가 큰 것이다. 왜냐하면 승지들은 왕명의 출납을 관장하는 관료로 그들은 사관을 겸하는 직책이다. 승지들의 기록은 승정원일기라 하여 실록을 편찬하는 데 중요한 사초가 된다. 그럼에도 불구하고 사관도 같이 입시하여 왕의 언행을 기록하는 것은, 후에 실록편찬을 하는 데 있어서 왕에 대한 평가를 함에 있어서 보다 객관적인 시각으로 집필할 수 있었을 것이다. 왜냐하면 왕의 언행이 보는 사람의 입장에 따라 달리 평가될 수 있기 때문이다. 즉 승지만 하더라도 정삼품의 고위직으로 오늘날의 대통령비서관과 같은 직이므로 권력의 주변에 있는 관료들이다. 그러나 전임관의 경우는 칠품 이하의 하위직이며 관료로서 그들은 항상 왕의 곁에 머무르는 것이 아니라 주로 공식적인 행사에 참석하여 왕의 언행을 기록하기 때문에 관점이 승지와는 다

359) 태종실록 권1, 태종 원년 3월 23일(임오).

를 수밖에 없을 것이다.

이러한 이유로 왕과 사관의 관계는 실록의 기록을 보더라도 그리 편하지 않은 것으로 나타나고 있다. 태종의 예를 들면 문하부 낭사의 간언을 받아들여 사관을 좌우에 두는 것을 허락하기는 하였지만,360) 자신이 평소에 거처하는 편전에는 사관을 들지 못하게 하고 정사를 보았던 것이다. 기록에 의하면 태종 원년 4월 25일에 보평전에서 정사를 보는데 사관 홍여강이 들어오려고 하니 내시를 시켜서 들어오지 못하게 하고는 도승지에게 '무일전 같은 곳에서는 사관이 마땅히 좌우에 들어와야 하지마는 이곳은 내가 편히 쉬는 곳이고, 승지들이 모두 사관의 직책을 겸하였으니 사관이 반드시 들어올 것은 없다.'고 하였다. 보평전은 자신이 편히 쉬는 편전이기 때문에 정사를 보는 무일전과 달리 사관의 출입을 막는다는 것이다.361)

이에 대한 논란이 승지와 사관 간에 있었다. 춘추관의 겸관인 승지 박신 등은 고려에도 사관이 정사를 듣는 데는 입시하지 못하였다는 예를 들어 편전에 사관의 입시를 금하자고 하였으며, 경연에 입시한 민인생은 정사를 들으면서 임금이 하는 말을 기록하여야 한다고 하여 반론을 폈다.362) 그리고 또한 연회에도 승지의 참관은 허락하지만 사관이 참석하는 것을 허락하지 않아 관료들끼리 논란도 있었다.363) 결국 태종은 사관들을 조회를 보는 날에만 입시하고 날마

---

360) 태종실록 권1, 태종 원년 4월 16일(갑술).
361) 태종실록 권1, 태종 원년 4월 25일(계미). 4일 후에도 태종이 편전에서 정사를 보는데 사관 민인생이 전일에 문하부에서 사관의 입실을 청하여 허락을 받았다는 이유로 들어가지만 태종은 또한 이를 내쫓는다(태종실록 권1, 태종 원년 4월 29일(정해)).
362) 태종실록 권1, 태종 원년 5월 8일(병신).

다 궐에 들어오지 못하도록 하였으며,[364] 기사관인 직관을 4인에서 2인으로 축소를 하였다.[365]

이러한 일련에 사관들의 행동을 억제하고자 하였던 이유는 왕 자신의 분방한 행위가 사관들에 의해서 어떻게 기록될지가 두려워서 그런 것으로 여겨진다. 태종은 궐내에서 무신들과 활을 쏘는 것을 금지하라는 간관의 간쟁을 받고는 사관이 알렸을 것이라고 하면서 그들의 입시를 금지하였다가, 20여 일 후에 태종은 사관을 꺼려서가 아니라, 문신과 무신 사이에 불화가 있을 것 같아서 사관의 입시를 금한 것이라 하면서 사관을 다시 입시하게 하였다. 또한 간관의 반대를 뿌리치고 법에 정한 대로 사냥 가겠다고 고집을 부린 후 사냥터에서 말에서 떨어지자 먼저 한 말이 그 상황을 사관에게 비밀로 하라는 것이었다.[366] 이러한 기록들은 결국 태종이 사관에 의해 쓰이는 사초를 매우 두려워하고 있다는 사실을 극명히 보여주고 있는 것이라 할 수 있을 것이다.

형조참의의 간언으로 인하여 태종 5년에는 육조에서 보고를 할 때에는 입시하도록 하여 조계(朝啓)의 참석을 허락하기도 하였으나 제대로 시행되지는 않았다.[367] 간관들의 계속되는 상소에 힘입어 태

---

363) 태종실록 권1, 태종 원년 6월 22일(기묘). 임금이 연회를 베푸는 자리에 사관이 들어오려다 문지기의 지지를 받았다. 이에 시독 김가가 수찬 노이에게 '다섯 승지가 춘추관을 겸하여 임금의 언동을 기록하는데 사관이 어찌 반드시 들어오는가?'라고 말하자 노이는 '그러면 사관의 직임은 비록 없애도 가하겠다.' 하여 둘이 다투었다.

364) 태종실록 권2, 태종 원년 7월 8일(을미).

365) 태종실록 권2, 태종 원년 7월 13일(정자).

366) 태종실록 권5, 태종 3년 3월 3일(경진). 태종 3년 3월 27일(갑진) 권7, 태종 4년 2월 8일(기묘).

종 12년 7월에 비로소 편전에 입시하기를 허락하였으나, 다음 달에 다시 사관들에게 정사 보는 데 입시하지 못하게 하였다.368) 이듬해에는 사헌부 상소를 받아들여서 사관의 조계 입시를 허락하였다.369)

사관들도 자신의 직분을 다하기 위하여, 왕이 문하부낭사의 간언을 받아들인 적이 있다는 이유를 들어, 입시를 허락하지 않더라도 병풍 뒤에 숨기도 하고 허락 없이 정사를 듣는 자리에 참석하려 하였고, 태종이 사냥을 나가면 사관들은 얼굴을 가리면서까지 자리에 참석하여 태종의 일거일동을 기록하려고 하였다.370)

세종에 와서는 사관의 입시는 점차 범위를 확대하여 나갔다. 비록 초기에 세종이 태종에게 문안을 가서 중대한 정사나 군무에 대하여 논의하는 자리에는 사관들의 입시를 허용하지는 않았지만,371) 정사를 볼 때 사관을 대전에 들어오게 허락하였으며372) 대언이 일을 아뢸 때 대언의 반대가 있더라도 사관도 따라 들어오게 하였으며373)

---

367) 태종실록 권9, 태종 5년 6월 14일(무인). 태종 10년에 다시 사간원의 시무를 올려 태종으로부터 사관의 입시를 허용받는 것으로 보아(태종실록 권20, 태종 10년 10월 29일(임술)), 태종은 비록 간언에 못 이겨 앞에서는 사관의 입시를 허용하였으나, 실질적으로는 사관의 입시를 허용하지는 않았던 것으로 보인다.
368) 태종실록 권24, 태종 12년 7월 29일(임자). 8월 26일(무인).
369) 태종실록 권25, 태종 13년 1월 16일(병신).
370) 태종실록 권24, 태종 12년 11월 20일(신축).
371) 세종실록 권5, 세종 원년 9월 4일(병오).
372) 세종실록 권5, 세종 원년 10월 24일(을미). 이전에는 정사를 볼 때에는 사관들을 항상 대전 밖의 동쪽 층계 위에 엎드려 있게 하였으나, 이때에 비로소 대전 내의 기둥 밖에 있게 하였다.
373) 세종실록 권21, 세종 5년 7월 25일(계묘). 이 기사는 이때에 비로소 대언이 계사할 때 사관의 입시를 비로소 허락한 것이 아니라, 사관이 따라 들어오는 것을 막지 말라고 한 것이다. 당시에는 대언이 무시로 왕

경연에서 경연관이 강할 때 사관은 법식에 따라 들어와 참여하게 하였다.374) 비록 윤대할 때도 사관을 참여시키라는 사간원의 청을 윤허하지 않았으나, 세종은 매일 아침조회에 사관 두 사람이 입시하여 출납하는 모든 일을 기록하라고 명하였다. 그리고 세종이 건강이 좋지 않아서 법령제정·인사·군사 등 국가의 중요한 일 이외의 일반적인 서무를 세자에게 넘기자 사관은 한 달여 후 서연에 참석하였다.375) 이렇게 세종대에는 사관은 초기 세종과 상왕의 대면 시에 참석하지는 못했지만 정사를 논하는 중요한 자리에는 대부분 입시를 허락받아 상세한 기록을 남길 수 있었다. 이러한 관례는 그 후대의 왕에게도 이어져서 왕실의 사적인 자리를 제외하고는 사관의 입시는 비교적 자유로웠던 것으로 보인다.

단종대에는 소릉 행차 시에 사관이 입시하지 않아서 사간원에서 사관의 입시에 대한 간언을 함에 따라 일이 크거나 작거나 불문하고 사관을 입시하게 하였다.376) 성종대에는 경연을 하루에 세 번 실시하였는데 석강할 때에도 승지·경연관·사관을 입시하게 하고, 윤대

에게 계사를 하였으며 사관은 자유롭게 따라와 기록하였다. 그러나 이 당시 지신사 조서로가 사관이 따라 들어오는 것을 싫어하여 내시로 하여금 사관을 막자, 동지춘추 윤회가 이를 왕에게 아뢰어 사관이 따라 들어오는 것을 금하지 말도록 하였던 것이다.

374) 세종실록 권25, 세종 6년 9월 21일(계사). 세종 19년에 이르러 경연에 사관들이 입시를 못하게 하지만(세종실록 권78, 세종 19년 9월 7일(갑오)), 다음날 승지가 사관이 경연에 입시하는 의미를 아뢰어 이를 번복하였다(9월 8일(을미)).

375) 세종실록 권29, 세종 7년 8월 21일(정해). 권30, 세종 7년 11월 3일(무술). 권108, 세종 27년 5월 1일(경인). 6월 13일(을묘).

376) 단종실록 권12, 단종 2년 10월 9일(정해). 10월 11일(기축).

에도 승지와 사관을 각각 한 사람씩 참석하게 하였다.377) 그리고 야
대(夜對)나, 도승지가 이를 아뢸 때도 주서378)와 사관을 각각 한 사
람씩 입시하게 하였다.379) 성종은 자신의 사적인 공간인 활터, 종친
연과 관사에 사관의 출입을380) 막은 외에는 거의 모든 일에 사관의
입시를 허락한 것으로 나타난다. 그리고 성종은 가뭄복구상황이나
전세의 수납실태, 강우량조사, 구휼실태, 방화시설조사, 행형실태381)
등 현실의 상황을 조사기록하기 위하여 사관을 파견하기도 하였다.

　세종 이후에 비록 정사에 사관들이 참여하는 것이 관례가 되었지
만 세종 28년에 세종이 영의정 황희・우의정 하연・우찬성 김종서・
우참찬 정분과 함께 비밀히 의논하다가 사관이 오자 신하를 시켜서
사관에게 피해 가라고 하였다.382) 세조 때에 이조 판서 한명회 등을
사사로이 내전으로 부르면서 승지가 참석한다는 이유를 들어 사관을
못 들어오게 한 경우도 있었으며,383) 성종 4년에 신하를 친견할 때

---

377) 성종실록 권3, 성종 1년 2월 20일(기사). 권8, 성종 원년 12월 7일(경술).
378) 승정원의 정칠품 직으로 승정원의 실무와 기록을 담당하는 관리이다.
379) 성종실록 권14, 성종 3년 1월 25일(임술). 권63, 성종 7년 1월 17일(임술).
380) 성종실록 권97, 성종 9年 10월 20일(무신). 권114, 성종 11년 2월 28
　　　일(무인). 권115, 성종 11년 3월 8일(무자).성종실록 권115, 성종 11년
　　　3월 3일(계미). 3월 8일(무자).
381) 성종실록 권68, 성종 7년 6월 2일(계유). 권218, 성종 19년 7월 5일(병
　　　인). 권137, 성종 13년 1월 10일(기묘). 권210, 성종 18년 12월 10일(을
　　　해). 권213, 성종 19년 2월 3일(정유). 권237, 성종 21년 2월 3일(을유).
　　　권204, 성종 18년 6월 22일(경인). 권210, 성종 18년 12월 11일(병자).
　　　권221, 성종 19년 10월 17일(정미). 권229, 성종 20년 6월 29일(병진).
　　　권260, 성종 22년 12월 21일(계해).
382) 세종실록 권113, 세종 28년 8월 30일(을축).
383) 세조실록 권14, 세조 4년 9월 12일(병신).

사관의 입시를 막은 것을 발단으로 사관들이 간쟁을 하여 성종의 잘못을 받아내기도 하였다.[384] 또한 성종 11년에 서거정이 사신의 일을 왕께 아뢰는 자리에서 도승지만 입시시키고 사관을 입시하지 못하게 하는 등[385] 사관을 입시시키지 않는 예외가 나타나고 있다. 그러나 이러한 예외는 또한 예외 없이 기록됨으로써 후세의 왕에 대한 경계로서 작용을 하게 하고 있다.

5) 재이론(災異論)과 왕권의 통제

(1) 유교에서의 자연 이해와 왕

앞에서 보았듯이 왕이 제일 두려워할 것은 사관의 붓과 하늘이라고 생각하였다. 이성계가 왕위를 물려받은 정당성의 근거도 명목상으로는 천명이었으니,[386] 조선의 모든 권위와 질서를 근거 지울 수 있는 원천은 바로 하늘에 있다고 할 것이다. 사실 유교적 이상국가를 실현하고자 하는 국가에서 천의 의미는 중요하다. 왕이라는 지위는 하늘의 명을 받은 자만이 가능하기에 천자라는 명칭으로 불리고, 인도는 천도에서 정당성의 근거를 찾게 되는 것이다. 그러므로 왕은 하늘을 본받아 인간을 다스리는 그러한 존재이다.

유가에서 말하는 덕치주의나 왕도정치의 본질은 군왕이 하늘의 덕을 본받아 인간세계에 시정을 펴는 것이다. 즉 유가들은 인간을 둘

---

384) 성종실록 권32, 성종 4년 7월 30일(기미).
385) 성종실록 권117, 성종 11년 5월 30일(기유).
386) 정도전, 「삼봉집」 권7, 조선경국전 상, 정보위.

러싼 자연세계에서 하늘의 덕성을 발견하였다. 하늘 아래의 모든 생명체는 하늘의 질서에 따라 대를 이을 생명체를 잉태하고 길러 내며, 하늘은 그러한 생명체가 생활을 영위해 나갈 수 있게 알맞게 계절을 변화시키고 비와 바람을 뿌려 주는 것이었다. 하늘의 변화에 따라 질서 짓는 이러한 자연세계는 유가가 판단하기에는 가치가 부여된 세계였던 것이다.

비록 예기하지 못하는 자연의 변화가 있기는 하지만, 해와 달, 별의 운행과 사계절의 변화는 영원한 규칙성을 지닌 변화로서 인간의 기대에 어긋나는 일은 없다. 하늘은 이러한 질서를 운행하면서 식물을 꽃 피우고 나무에 열매를 달리게 하고, 동물들을 각기의 영역 속에서 영원히 번식하면서 살아 나갈 수 있도록 하고 있다. 물론 이러한 자연세계에 먹이사슬이 존재하여 초식동물은 풀을 뜯고, 육식동물은 다른 동물을 잡아먹지만, 신비스럽게도 서로 적정수준의 개체를 유지하는 공존의 세계였던 것이다.

이러한 세계를 발견한 유가는 인간의 위치를 다시금 규명하였던 것이다. 인간은 자연 속에 종족을 유지하면서 살고 있는 수많은 생명체 중에 하나에 불과하지만 그래도 다른 생명체와는 다른 특이점을 갖고 있는 존재였다. 즉 하늘이 만물을 생육하는 그러한 덕성을 도와서 생명체들이 더욱 번성하게 할 수도 있으며, 그 역도 가능한 존재인 것이다. 이러한 인간존재를 유가는 천지와 동일한 위치로 이끌었던 것이다. 즉 유가는 인간을 천지를 도와 자연의 생명체를 더 잘 생육할 수 있는 능력을 지닌 존재로 파악하여, 비록 피조물 중의 하나이지만 조물주의 대리인으로서 천지의 법칙에 맞추어 생명체를 잘 생육시켜야 하는 의무를 지닌 존재라는 것이다.[387] 그래서 유가에서는 인간과 하늘과 땅을 삼재(三才)라고 표현했던 것이다. 결국 유가가 보는 세계운영은 천시(天時)와 지리(地利)와 인화(人和)의 조화 속에서 비로소 이루어지는 것이다.

춘추전국시대의 인간의 경험의 축적과 지식은 지금 우리와 비교하면 차이가 있을 것으로 보인다. 그 당시의 사람들은 지금 우리가 당시의 글을 주석하는 것과 같은 많은 양의 지식을 가지고 살았던 것이 아니라, 자연에 대한 관찰 속에서 얻은 지혜를 가지고 삶을 영위해 나갔을 것이라고 본다. 당시의 전 국토가 전화 속에 쌓여 있으며 각 제후국들은 민생보다는 강병을 우선하였다. 결국 그 당시에 民에게 가장 중요했던 일이 무엇인가 고려해 본다면 계절을 놓치지 않고 땅을 갈아(天時), 토지에 맞는 종자를 선택하여 씨 뿌려 거두고(地利), 개인적이거나 국가적이거나 큰 다툼 없이 살아가는 것(人和), 바로 그뿐이었을 것이라는 생각이 든다.

그러나 인간의 세계경영의 참여는 모든 생명체에 미치는 것은 아니다. 인간 자신의 삶과 관계되는 생명체의 생육에 천지와 같이 참여하는 것이다. 그러한 자연세계의 범위에는 인간 자신들과 인간의 의식주와 관련된 자연물들이 주로 포함될 것이다. 물론 그 나머지의 자연물들은 완전한 천지(天地)의 몫인 것이다.

우선 인간은 사회를 이루어 나름대로의 질서를 가지고 살아 나갈 수 있도록 하여야 할 것이다. 이러한 질서의 모습도 자연에서 빌려

---

387) 김충열, 앞의 책, 68면 이하 참조. '農者天下之大本也'라고 하는 것이 다름 아니라 곡식을 계절과 토지에 맞게 심어서 결실을 맺게 하는 것이 바로 천지가 생명체를 탄생시킨 마음을 인간이 곡식을 기르면서 실천하는 일이기에 하늘과 땅 위의 공간에서 가장 기본이 되는 일이라고 하는 것이다.

온다. 즉 모든 동식물들이 천지간에서 자신을 발현하면서 살아가듯이, 인간도 능력에 따라 적재적소에서 자신의 일을 하면서 살 수 있도록 하여야 하는 것이다. 농민은 전답에서 시기를 놓치지 않고 농사를 하여 곡식을 극대로 생산할 수 있도록 하여야 하고, 관료들에게 국정운영을 분담하여 맡김으로써 관청과 현장에서 자신의 직무를 성실히 임하도록 하여야 한다. 그리고 인간과 관련이 있는 자연물도 인간이 자연의 혜택을 영원히 누릴 수 있도록 관리되어야 한다.

이러한 일을 주도적으로 해야 하는 자가 유가에서 말하는 군왕인 것이다. 왕은 천지간의 모든 생명체가 자연의 질서에 따라 자신의 모습대로 발현하는 것과 마찬가지로 인간도 사회의 구성원으로서 자신의 능력과 소질에 따라 자기를 개발하고 발현할 수 있는 여건을 만들어 주어야 할 의무가 있는 것이다. 바로 이러한 직분을 다하였을 때 비로소 천명은 그에게 주어지고 민심은 그에게 향해져 명실공히 왕이 되는 것이며 바로 유가에서 말하는 천인합일이 이루어지는 것이다.

(2) 재이론과 민본

위와 같은 자연관 속에서 유가는 민심은 곧 천심이며 천심은 또한 곧 민심인 것이다. 즉 왕은 자신의 시정의 결과를 백성을 통하여 들을 수 있으며 이것은 곧 하늘의 소리와 다름이 아니며, 하늘의 마음은 백성의 마음을 통하여 볼 수 있다는 것이다. 그리고 하늘의 예기치 않은 변화는 민심이 흔들림이니 시정을 하는 데 경계를 하여야 하는 것이다.

재이와 시정에 대한 관계를 잘 살펴볼 수 있는 부분은 「예기」의 월령편이다.

음 정월에는…… 입춘날에 천자가 친히 삼공 구경과 제후와 대부를 거느리고 동쪽들에 나가서 봄을 맞이한다. 그리고는 곧 돌아와서 공경대부들에게 조정에서 상을 내리고 정승에게 명령하여 덕을 펴고 영을 온화하게 하며 경사를 행하고 은혜를 베풀되 아래로 백성에게 미치도록 한다. 경하함을 수행하는 데 마땅하지 않는 것이 없게 한다……원신을 택하여 천자가 친히 쟁기와 보습을 수레에 실어 같이 마차를 탄 용사와 시자의 사이에 두고, 삼공과 구경과 제후와 대부들을 거느리고 가서 몸소 황제의 적전에서 밭갈이를 한다…… 제전을 수행하여 산림과 천택에 제사하게 하고 희생은 암컷을 쓰시 못하게 한다. 나무 베는 일을 금지하며 새집을 엎어 버리지 못하게 하며 애벌레와 태와 갓난것과 날기를 배우는 새를 죽이는 일이 없게 하고 새끼 짐승을 죽이지 않으며 알을 가져오지 말게 한다. 대중을 모으지 말며 성곽을 쌓지 않는다. 드러난 해골과 아직 살이 남아 있는 사골을 덮어 준다. 이달에 전쟁을 일으켜서는 안 된다. 전쟁을 일으키면 반드시 하늘의 재앙을 받을 것이다. 전쟁을 일으키지 말아야 한다. 이편에서 먼저 전쟁을 시작하지 말아야 한다. 그러니 하늘의 법칙을 역하지 말아야 하며 땅이 만물을 살리는 기운을 단절하지 말아야 하며 사람이 지켜야 할 법을 문란하게 하지 말아야 한다…… 맹춘(孟春)에 여름의 정령을 행하면 천시에 이변이 초래하여 우수가 때를 잃고 초목이 일찍 말라 떨어지며 나라의 매가 두려움이 있게 된다. 이달에 가을의 영을 행하면 그 백성들에게 크게 전염병이 유

행하게 되고 회오리바람과 폭우가 일시에 이르러 악초들이 무성하게
될 것이다. 겨울의 정령을 행하면 홍수와 지나친 비가 수해를 일으
키며 눈과 서리가 크게 백곡을 상해하고 먼저 심는 곡식이 거둬들여
지는 것이 없게 될 것이다.[388]

　계동(季冬)의 달…… 이달에 어부에게 명하여 비로소 물고기를 잡
게 하고…… 얼음이 바야흐로 얼어서 수택의 배가 견고하게 얼어붙
으면 명령하여 얼음을 채취하게 한다……백성들에게 令을 내려 오곡
의 종자를 내놓게 하고 농사를 맡은 관원에게 명령하여 우경할 일의
계획을 세우게 하며 수레를 수리하게 하고 농기구를 갖추게 한
다…… 사감에게 명하여 일정한 수의 땔나무를 수납하여 사당과 온
갖 제사의 땔나무와 횃불의 용도로 공급하게 한다…… 백성들을 오
로지 농사에 전심하게 하고 다른 부역에 투입되는 일이 없게 한다.
천자가 이에 공경대부들과 함께 국법을 살피고 하고 때에 맞는 정령
을 강론하여 다음 해의 마땅히 할 바에 대비한다…… 계동에 가을의
정령을 행하면 이슬이 일찍 내리며 벌레가 꼬여 전쟁의 요망한 징조
가 되어 사방의 시골 백성들이 피난하여 성안으로 들어오게 될 것이
다. 봄의 정령을 행하면 태아와 갓난애가 상하는 일이 많을 것이며
나라의 고질이 많을 것이다. 이런 것을 명명하여 자연의 운행의 법
칙에 역행한다고 말한다. 여름의 정령을 행하면 홍수와 장마가 나라
를 깨뜨릴 것이며 때에 맞는 눈이 내리지 않고 얼음이 녹아내릴 것
이다.[389]

---

388) 「예기」, 월령.
389) 「예기」, 월령.

이렇게 월령은 음 정월에서부터 12월까지 천시에 맞추어 군왕이 행하여야 할 국가의 모든 정책에 대한 기록이다. 이러한 월령에는 군주는 음식,390) 잠자리 등 사적인 영역에서부터 관리의 상벌, 전쟁, 부역, 생산 등 국가운영에 대한 시정을 기술하고 있다. 그리고 인간의 생활만을 규정한 것이 아니라 인간이 그 결실을 취할 수 있는 자연계의 동식물에게까지 확대하여 인간의 생활을 규제하고 있다.

이러한 시정이 바로 천인합일의 시정이며 하늘에 순응하는 정치인 것이다. 그러나 이러한 월령이 제대로 시행되지 않는다면, 즉 하늘에 역하는 시정을 편다면, 먼저 하늘은 재이로서 경고를 보내게 되고 백성들은 도탄에 빠지게 되어 그 나라는 위험에 처하게 된다는 것이다.

이와 같은 천인합일적 사고는 정도전에게서도 발견된다.

하늘과 사람 사이는 간격이 없는 것이며 길흉과 재앙·상서로움이 각기 동류로써 대응하는 것입니다……동중서가 이르기를 '천심은 인군을 인애(仁愛)하여 먼저 재이를 내어 허물을 알리니 이는 두려움을 갖고 살펴서 고치게 하려는 것이다' 하였다. 바라건대 전하는 사람을 등용하고 벌을 내릴 때에 그 친소귀천을 논하지 말고 공과 죄의 유무로 처리하여 각기 마땅하고 서로 넘보지 못하게 하면 임용이 공정하고 상벌이 바르게 되어 인사를 얻는 것이고 천도도 순해질 것입니다.391)

---

390) 군왕의 음식의 종류를 각 월별로 정한 것도 당시로서는 그 의미가 매우 중요하다. 국가의 최고의 권력자로서 개인적인 취향은 관료와 백성들에게 민폐를 끼칠 우려가 매우 클 수 있다. 희귀한 동식물을 음식으로 취하거나 짧은 시간에만 구할 수 있는 것을 취한다면 그러한 것을 구하거나 오랫동안 보존하기 위하여 생기는 민폐가 예상외로 클 수밖에 없을 것이다. 그러나 月令은 군왕의 음식을 그 계절에 가장 쉽게 구할 수 있는 것으로 한정시킴으로써 그러한 우려를 불식시킨 것이다.

정도전은 동중서의 천인감응설을 그대로 인용하여 자연의 이변을 하늘이 군왕에게 내리는 경고의 의미로 해석하고 있다. 즉 인간은 하늘과 동일한 종류의 음양의 기를 가지고 있어서 인간세상의 음양의 기가 부조화하면 그에 감응되어 천지의 음양의 기도 부조화하여 자연재해가 발생하며 인간세상의 기가 조화되면 상서로운 현상이 나타난다는 것이다. 그러므로 자연재해가 생기면 군왕은 이는 하늘이 자신을 사랑하여 미리 경고하는 것임을 인식하여 하는 것이다. 그래서 상벌을 주는 데 있어서 공정히 하며, 백성들이 원한을 풀어 주고 사악한 마음이 생기지 않도록 정사를 폄으로써 인간세의 음양이 조화되어 인화가 이루어지며 이는 곧 하늘에 순응하는 것이 될 것이라는 것이다.

천심은 민심이며 민심은 천심이라서 통치자가 백성의 마음을 얻으면 천심도 얻는 것이다. 이는 다시 말하여 민심을 얻는 것은 천명을 얻는 일이며 더불어 왕위에 대한 정당성을 획득하는 것이다. 결국 재이론의 이면에는 민본이라는 유가의 근본적인 정치사상이 다른 이름으로 자리잡고 있다고 할 수 있겠다.[392]

---

391) 정도전, 「삼봉집」 권3, 상공양왕소.

392) 이와 같은 동중서의 천인감응설은 순자의 천인분이의 이론에 비하여 신비적인 요소를 가미한 것이라서 한나라에 와서 오히려 유가의 정치사상이 후퇴하고 있는 것이라 할 수 있을 것이다. 그러나 중국을 통일한 강력한 왕과 대항하여야 하는 유학자의 입장에서는 유교적 민본주의를 실현하기 위하여 이러한 신비적인 요소를 가미하여 절대적인 왕권을 제어할 필요가 있었을 것이라고 본다.

(3) 재이와 권력견제

조선의 건국은 천명에 의한 것이라는 것을 부각시키기 위하여 이성계가 즉위한 다음날 실록에서는 다음과 같이 기록되어 있다.

비가 내렸다. 이보다 앞서 오랫동안 가물었는데, 왕이 왕위에 오르자 억수같이 비가 내리니 백성의 마음이 크게 기뻐하였다.[393]

자연의 상서로운 징후를 기록함으로써 이성계의 왕위즉위를 정당화하고자 하는 것이다. 이 이후에 자연의 특이한 변화는 실록에 기록하고 있다. 그러한 기록으로는 달과 별의 움직임,[394] 천둥·번개·큰비,[395] 계절에 맞지 않은 현상[396] 등등이 있다. 이렇게 사소한 자연의 변화를 일일이 기록한다는 것은 그만큼 소선소의 하늘은 그 의미가 매우 중요하다는 것을 보여주고 있다고 할 수 있을 것이다.

태종 9년에 사간원 우사간대부 권우 등의 상소에 의하면 자연의 변화를 기록한 것은 「춘추」에서 비록 재이의 변이 있으면 비록 지극히 적은 것이라 하더라도 반드시 썼으며, 「서경」의 홍범구주에는 다

---

393) 태조실록 권1, 태조 원년 7월 18일(정유).
394) 태조실록 권2, 태조 원년 9월 4일(임오). 5일(계미). 18일(병신). 20일(무술). 11월 12일(기축). 15일(임진). 12월 12일(무오). 이것은 <태조실록 권2>의 기록만 모은 것으로 계속되는 자연의 변화도 이 범위에서 추출한 것이다. 기록횟수로 보아 자연의 변화가 조선조에 있어서 얼마나 큰 관심사였는가를 알 수 있을 것이다.
395) 태조실록 권2, 태조 원년 9월 30일(무신). 10월 1일(기유). 4일(임자). 19일(징묘). 11월 9일(병술). 16일(계시).
396) 태조실록 권2, 태소 원년 11월 29일(병오).

섯 가지 일이 닦아져서 황극이 세워지면 아름다운 징조가 응하고, 다섯 가지 일이 잘못되어 황극이 서지 못하면 나쁜 징조가 응하는 것이 기록되었고, 「예기」의 월령에 춘하추동을 열기하고 각각 그달의 절기와 그달의 영을 말하였는데, 만일 혹시 봄에 여름의 영을 행하거 나 여름에 가을의 영을 행하여, 그 영이 그 절기에 어긋남이 있다면 재앙을 내리는 것이 기록되어 있으며, 이것은 대개 인사가 아래에서 느껴지면 천변이 위에서 응하기 때문에 후세로 하여금 천재를 두려 워하고 백성의 고통을 불쌍히 여기게 한 것이라는 것이다.[397] 이러한 내용으로 미루어 보아서 왕조실록의 자연의 변화에 대한 기록은 춘 추를 본받아서 세세한 것까지 기록을 하여 후세에 경계를 주려고 한 것으로 보이며, 그 행간의 의미를 바르게 파악함으로써 그 시대의 정 치상황을 보다 올바르게 평가할 수 있을 것이라 여겨진다.

자연의 변화가 일회성에 그치지 않고 계속되는 경우에는 재이에 대한 대책을 강구하고 있다.

때는 바야흐로 양기가 한창인 이달에 이러한 비바람의 재난이 있어 변고가 보통이 아니니 내가 심히 두려워하노라. 사람의 하는 일이 옳 고 그름에 따라 하늘이 재앙을 내리기도 하고 상서를 주기도 한다. 그러므로 옛날의 슬기로운 왕들은 천재를 만날 때마다 반드시 사람의 일에서 (그 원인을)찾아보고 혹 몸을 기울여서 도를 닦기도 하고 혹은 널리 여러 사람의 말을 구하기도 하였으니 대개 그 근본으로 돌아가 려는 것이다. 과인이 천직을 대신하여 천물을 다스리고 있으나, 나 홀 로 다스릴 수 없어서 재상과 더불어 다스리는 것이니 시정의 득실과

---

397) 태종실록 권18, 태종 9년 8월 9일(무신).

인민의 기쁨과 근심거리를 숨김없이 말하여 천선개과하여 천재가 없어지게 하라.398)

연 이틀 계속되는 천둥과 우박으로 말미암아 태조는 정도전에게 명하여 구언을 하는 교서를 지어 내리고 있는 것이다. 이 교서는 정도전이 지은 것이라서 천인감응에 대하여 앞에서 인용한 것과 그 내용이 다를 것이 없다.
여기에 대하여 다음날 대사헌 박경은 상소를 올리고 있다.

도저히 보고만 있지 못할 것은 하늘의 노함이요, 더욱이 무시하지 못할 것은 백성들의 의심이옵니다. 사람들의 의심을 풀어 줄 줄 알게 되면 하늘의 노여움도 없어지게 할 것입니다. 이달 22일 전하께서 거동하실 때, 하늘이 크게 천둥치고 번개하며 우박을 내리게 하여 연일 계속되오니 이것은 곧 하늘의 마음이 인자하여 전하로 하여금 속히 잘못을 고치게 하려는 것입니다…… 전하께서는 요순과 우왕, 탕왕, 문·무왕의 번성기를 본받고 깊이 한나라 위나라 이후의 잘못된 일을 거울로 삼으시어, 풍악을 들으시되 절제하시고, 사냥과 거동은 일정한 때에 하시고, 토목공사를 생략하시고, 아첨하는 무리들을 물리치시고, 부처와 귀신을 섬기되 번잡하게 하지 마시고, 여악을 금하고 가까이 하지 마시오면, 인심이 즐거워하고 하늘의 노여움이 풀릴 것이오니, 진하께시는 깊이 실피시어 받아들여 주소서.399)

박경의 상소를 봐도 정도전이 말하는 천인감응설을 먼저 전제하고

---

398) 태조실록 권7, 태조 4년 4월 24일(정해).
399) 테조실록 권7, 테조 4년 4월 25일(무지).

상소를 올리고 있음을 알 수 있다. 결국 천인감응설은 당시 사대부들이 가지고 있는 일반적인 견해라고 할 수 있을 것이다. 박경도 상소에서 민심을 얻음으로써 천심을 얻어 천재가 없어질 것이라고 하고 있다. 그러므로 왕은 먼저 민심을 얻어야 하는데 그러한 방편으로 왕의 무절제한 생활을 조절하고, 궁궐공사의 규모를 줄여서 백성의 부담을 덜게 하고, 아첨하는 신하를 멀리하고, 불필요한 행사를 줄이도록 하고 있다. 이렇게 천재를 통하여 신하들은 군왕의 일신상의 언행을 통제할 뿐만 아니라 국가의 행사를 줄임으로써 민생의 부담을 덜어 주는 정책을 시행하도록 청하고 있는 것이다.

여기서 한 가지 간과해서는 안 될 사항이 있다. 유가에서 말하는 성왕이라면 그 누구보다도 천인합일을 성취한 성인이다. 요순과 우·탕·문왕의 시대는 일거일동이 반드시 때에 합치되게 하고 행동에 지나친 일이 없어서 언행과 정사가 모두 후세의 모범이 되었었다. 이런 시기의 민심은 동요됨이 없이 자신의 생활을 영위할 수 있었고 심지어는 왕이 누구인지도 관심이 없었던 때였다. 그러나 천재는 사실 자연현상으로 잘 다스려지고 있든 아니면 그와 반대이든 불구하고 어느 시대나 일어날 수 있는 현상이기 때문에, 성군들이 덕치주의를 구현하고 있는 시대라고 해서 생기지 않을 수 없다.

물론 유가는 이를 숨기지 않고 있다. 요순시대도 몇 년간 계속되는 홍수와 가뭄이 있었다. 오히려 천재가 있었으나, 스스로 반성하고 구언을 하여 자신의 행동을 고침으로써 천재를 사라지게 했다는 것을 강조하고 있는 것이다. 이러한 내용으로 보아 유가의 이상사회인 대동사회는 모든 근심걱정 없이 살 수 있는 무릉도원을 상정하고 있는 것은 아닌 것으로 판단된다.

사실 인간이 살아가는 사회에는 아무리 정의가 구현되고 자유와 평등이 이루어졌다고 하더라도 그러한 이면에 있는 사람들이 존재하기 마련이다. 그러므로 정의사회 내지는 이상사회를 만들어 나가는 데 있어서 중요한 것은 곳곳에서 나타나는 부정의하고 부자유스럽고 불평등한 것을 그때그때 고쳐 나가는 위정자들의 태도인 것이다. 유가의 대동사회는 이러한 과정을 포함하고 있는 사회로 인간이 추구하는 사회의 종착역일 뿐 아니라 종착역을 향하여 가는 길에 잠시 정차하는 역이기도 한 것이다.

따라서 천재지변의 징후가 보이면 비록 왕이 구언을 하지 않더라도 신하들은 왕으로 하여금 근신하기를 주청하는 것을 주저하지 않았다.

> 장차 평주 온정에 거동하려 하니, 낭사에서 상소하여 그 폐단을 극력 진달하였으나, 윤허하지 아니하였다. 왕이 말하기를, '내가 작은 병이 있어서 목욕하러 가는 것이지, 사냥을 위한 것은 아니다. 하물며, 사계절의 사냥은 고전에 실려 있는데, 나는 다만 1년에 한 번 나가는 것뿐이다.'하였다. 낭사에서 또 상소하여 행차하는 것을 중지하기를 청하였는데, 그 소는 이러하였다. '군사를 사열하고 강무하는 것은 비록 국가의 정한 법이기는 하지만, 하늘을 두려워하고 백성에게 부지런한 것은 실로 인군의 큰 덕입니다…… 그러므로 나라를 잘 다스리는 이는 반드시 때의 치란과 세상의 완급을 살펴서 하는 것입니다. 지금 곡식이 결실이 되지 않아서 백성들이 살아갈 수가 없고, 재변이 여러 번 일어나니 하늘이 전하를 경계하는 것은 지극합니다…… 윤허하지 아니하고 말하였다. '천재 지괴를 내가 어찌 경계하지 않을까마는, 나만 내가 작은 병이 있으니 부득이하다.' 하였다.[400]

이것은 정종이 사냥과 더불어 병으로 인하여 온천욕을 하고자 하는데, 그해의 농사의 결실이 좋지 못하고 천변이 자꾸 일어나기 때문에 비록 법으로 허용이 되는 행사일지라도 금해야 한다고 낭사에서 간쟁을 한 것이다. 사실 왕의 행차에는 수행인원이 많기 때문에 왕의 행차길 주변의 마을에 민폐를 끼칠 수밖에 없는 형편이고 보면, 흉년이 들어서 궁핍한 백성들에게는 더욱 큰 부담으로 다가올 것이다. 그러한 이유로 천재와 민생안정을 들어서 행차를 금하라는 간쟁을 한 것이다.[401] 천재에 대하여 비록 신하의 상소가 있지 않더라도 스스로 근신을 하기도 하였던 것이 기록도 많이 찾을 수 있다.[402] 이렇게 스스로 근신을 하는 것은 군왕도 재이는 자신의 부덕의 소치라는 것을 인식하고 있다는 데서 비롯되는 것이다. 태종이 근신하는 것을 보고 우사간대부인 권우는 다음과 같이 말하고 있다.

근자에 전하께서 재이가 나타남으로 인하여 감히 스스로 편안치 못하시고, 전지까지 내리시기를, '지금 이 재이는 진실로 과인의 부덕으로 말미암은 것이다.' 하여, 궁문을 닫고 수라를 감하고 정사를 듣지 않으시니, 전하의 마음이 지성 간절하기가 이와 같으시매, 장차 재앙

---

400) 정종실록 권6, 정종 2년 10월 3일(갑오). 그 밖에도 태종실록의 기록에 의하면 사간원은 가뭄이 심하면 예부터 왕도 반찬 수를 줄이고 궁내에서 음악연주도 하지 않았다고 하여 간접적으로 근신하도록 주청하고 있다(태종실록 권26, 태종 13년 7월 3일(경진)).
401) 천재로 인하여 왕의 행차를 막는 경우는 실록에 많이 보인다. 태종실록 권27, 태종 14년 4월 13일(병진)도 그러한 기사이다.
402) 태종실록 권18, 태종 9년 7월 27일(정유). 권32, 태종 16년 11월 6일(계사). 세종실록 권29 세종 7년 7월 5일(임신). 권76, 세종 19년 1월 12일(임인). 권105, 세종 26년 7월 13일(경신).

이 변하여 복이 되는 것을 볼 것입니다.[403]

권우는 태종이 천재를 부덕의 소치로 생각하고 주위의 사람을 물리치고 근신하면서 식사도 줄이는 것을 보고는, 절실히 반성하시니 곧 자신의 허물을 고치게 되어 천재가 오히려 나라의 복으로 될 날도 얼마 머지않았다는 것이다.

왕들은 대개 천재가 생기면 자기의 반성과 더불어 적극적으로 대처하려는 노력을 보인다. 그래서 왕과 신하들은 시정의 득실을 논하고 그 실태를 파악하여 시정에 잘못이 있으면 고치려고 노력을 기울이고 있다.[404]

그래서 민생을 보살피기 위하여 진상을 중지하고, 조세를 감면하고, 식량을 아끼기 위하여 금주령을 발하고, 국가의 공사를 줄여서 백성을 쉬게 만들고, 구휼하고, 죄수를 사면하거나, 형옥을 살피게 하였다.[405]

---

403) 태종실록 권18, 태종 9년 8월 9일(무신).
404) 태종 때의 기사를 보면 천재가 계속되니 직접 경차관을 외방에 보내어 백성의 실태를 파악하게 하기도 하고(태종실록 권22, 태종 11년 11월 22일(기묘)), 수령들이 농사의 시기를 잃지 않도록 권면하는지 여부를 조사하여 임면을 결정하도록 하고 있다(권27, 태종 14년 2월 6일(경술)).
405) 진상중지: 세종실록 권12, 세종 3년 6월 18일(기유). 권65, 세종 16년 7월 26일(신축). 조세감면: 세종실록 권30, 세종 7년 12월 9일. 금주령: 태종실록 권26, 태종 13년 7월 3일(경진). 세종실록 권12, 세종 3년 6월 18일(기유). 권101, 세종 25년 7월 18일(신미). 성종실록 권9, 성종 2년 3월 3일(병자). 공사절제 ;태종실록 권18, 태종 9년 7월 12일(임오). 권36, 세종 9년 6월 14일(신미). 권65, 세종 16년 7월 24일(기해). 구휼: 태종실록 권32, 태종 16년 11일 6일(계시). 죄수사면: 세종실록 권89, 세종 22년 4월 25일(정유). 형옥관리: 성종실록 권20, 성종 3년

그리나 또한 천재는 왕만의 책임은 아닌 것이다. 관료는 왕을 도와 시정을 펴는 자임으로 그들에게도 책임을 물을 수 있었다.

　　편전에서 정사를 보았다. 임금이 좌우에게 일렀다. "근래 수한과 풍재가 해마다 없는 적이 없어 곡식을 손상하니, 민생이 가히 염려스럽다. 천재는 비록 인력으로 능히 면할 바가 아니지만, 그 씨 뿌리고 곡식 거두는 때를 잃어서 농사의 공을 허물어뜨리는 것은 수령의 책임이다. 이제부터 정부에서 정밀하게 고찰을 가하여 임면을 행하라."406)

　　예문제학 윤회가 윤대할 때, 임금이 이르기를 '이제 천기가 불순하여 겨울이 봄의 정령을 행하고 있다. 이것은 정사가 밝지 않고 기강이 방종하고 해이하여진 때문이다. 이제 대소관리들이 술잔치를 벌이고 무리를 지어 마시건만 사헌부가 규탄을 하지 아니하니 정사의 밝지 않음과 기강의 해이함이 이보다 더할 수 있겠느냐' 하다.407)

　결국 재이론은 먼저 왕의 자의를 견제하고 덕치로 나가게 하는 방편이 되었고 또한 관료의 해이해진 기강을 바로잡는 데도 일익을 하였다.
　그러나 순수한 자연 현상으로서 가뭄이나 일식 월식에 대한 과학적인 지식은 조선에도 있었다. 그래서 매년 일어나는 자연재해는 「기수(氣數)」라고 하여 왕과 관료가 어느 정도 당연한 것으로 받아들였던 것이다.

　　7월 20일(을묘).
406) 태종실록 권27, 태종 14년 2월 6일(경술).
407) 세종실록 권30, 세종 7년 12월 16일(신사).

임금이 말하였다. "내가 선정을 하지 못하여 가뭄이 너무 심하다. 만약 비가 오지 않아, 오는 달 10일까지 이르게 되면, 농사를 지을 수 없어서 백성들은 먹을 것이 없어질 것이다. 마땅히 속히 영을 내려 먼 곳의 미곡을 운반하여서 구휼의 용도에 대비하게 하라." 병조판서 박신과 이조판서 황희와 의정부참찬 이원 등이 아뢰기를, "금년이 비록 가물더라도 지난해와 같이 심하지 아니하고, 때도 아직 늦지 아니하니, 청컨대, 우선 정지하여서 비가 내리기를 기다리소서." 하니, 그대로 따랐다. 이윽고 또 하교하기를, "군사와 사람을 등용하는 것은 오직 내가 이를 하고, 무릇 호령을 내어 정령을 시행하는 것은 세자와 같이 의논하라."하니, 여러 신하들이 모두, "가뭄은 기수에 말미암은 것이요, 우리 전하께서 정치한 소치로 그러한 것은 아닌데, 전하께서 어찌하여 이런 말씀을 하십니까?" 하고, 눈물 흘리지 않는 사람이 없었다. 임금이 말하였다. "여러 신하는 내맘을 알지 못한다. 내가 하지 않고자 하여서 이런 말이 있는 것이 아니다."[408]

조선시대는 농경사회였기 때문에 자연적인 질서를 정확히 파악하는 것은 중요한 일이었다. 그러므로 천문에 대해서 많은 관심을 가진 것도 사실이다. 그래서 세종에 와서는 「칠정산 내외편」을 지어서 태양과 달의 주기를 정확히 측정하고 일식과 월식도 정확하게 계산하고 있다. 이러한 과학적인 지식하에서 일상적인 자연변화를 단지 하늘의 계고라고 받아들인 것이라고는 생각되지 않는다. 오히려 자연변화에 따르는 흉년을 걱정하였고, 흉년에 따르는 민심의 동요를 막기 위하여 여러 가지 정책을 폈던 것으로 보인다.

이러한 것은 앞에서도 보았듯이 유시의 대동사회가 이루어진 요순

---

408) 태종실록 권31, 태종 16년 5월 24일(을묘).

시대에도 자연재해는 있었다고 당당하게 밝히고 있다. 이것은 유가가 바라보는 자연재해는 왕의 잘못을 징계하기 위함이 아니라는 것이다. 비록 이것은 왕에 대한 경고이지만 현재의 실정을 탓하고자 하는 것보다는, 자연재해로 인하여 일어날 수 있는 미래의 민심의 동요를 막아야 한다는 경고인 것이다. 그러므로 그때까지의 정치를 돌아다보고 장래의 정치를 고려하여야 하는 계기가 되는 것이다.

민심은 천심이라는 공식이 성립되는 유교국가에서 백성의 동요는 결국 하늘의 동요이다. 그러한 동요가 장기간 계속될 때에는 정권유지마저 어렵기 때문에 백성의 삶에 더욱 관심을 기울이는 것이 필요하다. 그리하여 재해를 통하여 생기는 혼란의 여파를 최소한으로 줄이도록 하는 것이 바로 재이론이 갖는 중요한 의미라고 생각된다.

6) 소결

유가는 기본적으로 인간세계 이외의 자연계를 도덕적인 세계로 판단하였다. 자연계는 일면으로 먹고 먹히는, 끝없는 삶에 대한 투쟁의 세계라고 볼 수 있다. 그러나 자세히 보면 그 속에도 엄연히 질서가 있다는 것을 인지하였던 것이다. 즉 자연에서 먹이사슬의 구조는 외견상으로는 약육강식의 세계이지만, 거기에서는 어떠한 동·식물도 멸종됨이 없이 일정한 개체를 유지하며 공존하는 세계임을 알았던 것이다. 이러한 자연질서를 당시의 인간들은 천지의 덕의 발로라고 인식하였고, 이러한 자연의 모습을 인간세계로 투영하고자 하였다.

유가가 생겨날 때의 사회는 귀족과 관료, 생산계급으로 분화가 되어 있던 사회였다. 이러한 사회에서는 지배계급이 생산계급에 대한 착취는 인간세계에서는 너무도 당연한 것이라고 받아들일지는 모른다. 그러나 자연에서 공존의 모습을 파악한 유가는 인간에게서도 공존의 질서를 발견하고자 노력한 것이다.

당시 사회에서 왕과 관료와 민은 발이 셋 달린 솥인 '정(鼎)'과 마찬가지의 형국인 것이다. 생산계급은 지배계급에게 생활물자를 공급해 줌으로써 안정적인 삶을 영위할 수 있었으며 지배계급은 조세로 받는 물자를 통하여 자신의 생활을 풍족하게 하는 대신 그 사회 내의 질서를 바로잡고 외부로부터의 침입을 막아주었던 것이다.

이러한 구조 속에서 유가는, 하늘이 계절에 따라서 햇빛과 비와 바람을 적당히 대지에 뿌려주고 대지는 그러한 하늘의 질서에 순응하여 자연 속에서 생물들이 자기의 모습을 가지고 살아나가듯이, 인산세계의 실서도 왕은 하늘의 질서에 따라 백성들이 생산활동에 전념할 수 있도록 국가의 정책을 수립하고, 관료는 이러한 왕의 정책에 따라서 백성의 생활을 돌보게 함으로써, 인간은 천지의 질서에 참여하여 만물을 경영하는 것이라고 보았던 것이다. 이러한 인간세의 질서 속에서 생산계급은 생산에 전념할 수 있어서 많은 물자를 확보할 수 있으며 또한 민생의 안정을 가져올 수 있으며 지배계급은 적절한 세금을 거두어들여서 국가운영을 할 수 있는 것이다.

그러므로 왕과 관료의 관계도 견제와 대립의 관계로 보기보다는 상호보완의 관계로 보는 것이 마땅하다고 본다. 사실 유교에서 왕권의 견제로서 나타난 여러 가지 장치들은 단지 왕권만을 견제하는 것이 아니라 신권조차도 견제하는 것이다. 즉 누구의 권력을 견제하는 것이 아니라 잘못된 권력을 견세하는 것이다. 그리고 이러한 선제는 견제를 위한 견제로 끝나는 것이 아니라, 유교적 이상국가라는 대동사회를 구현하기 위한 한 목적하에서 서로를 보충해 주는 수단으로서의 역할을 하는 것이다. 결국 이러한 왕권견제제도들은 왕과 관료와 백성이 공존할 수 있는 조건을 만들기 위하여 존재하는 것이다. 그러므로 왕과 신하의 권력갈등 속에는 그 정당성의 근거로서 항상 백성이 자리를 하고 있는 것이다.

유가에서 지배계급이 가지고 있는 정치사상을 위민정치, 애민정치라고 하는 것도 엄밀하게 말해서는 공존의 정치인 것이다. 비록 생산계급은 자신들이 생존을 보호해 줄 수 있는 사람에게 마음이 향하는 것은 자연스러운 이치이다. 따라서 민심의 이동은 또 다른 지배계급의 역성혁명을 정당화하는 근거가 되는 것이다. 동양의 역성혁명은 어떠한 커다란 가치가 아니라 가장 원초적인 민생고를 해결하는 것으로 그 정당성을 확보했다. 이러한 사실은 백성에게는 그 어떠한 자유나 권리를 보장해 주는 것보다도 먼저 가족과 생활을 영위해 나갈 수 있는 삶을 확보해 주는 일이 가장 중요한 일이라는 것을 말해 주는 것이다.

그러므로 왕을 교육시키고, 간언하고, 인사권의 독점을 막고, 사필과 재이로서 왕을 경고하는 이 모든 것이 모두가 왕과 관료와 백성이 공존하기 위한 방편으로서 나타난 제도인 것이다. 이러한 것을 왕도 인식하고 있었기에 이러한 일들을 계기로 자신을 바로 세우고 민생을 살폈던 것이다.

4장

조선 초기의 신분제도와 유교적 질서

제1절 유교적 신분질서

유가는 앞에서 보았듯이 인간에 대하여 모두 동일한 존재로 보지 않고 차등이 있는 존재로 파악하고 있다.

맹자도 사회에는 치자와 피치자가 있으며, 치자는 한 국가를 다스려 질서와 평화를 유지하는 대가로 피치자를 통하여 의식주를 해결하고, 피치자는 그러한 사회에 사는 대가로 재물을 공급해야 한다는 것이다. 이러한 구분은 권력에 의하여 획일적으로 정해지는 것이 아니다. 사람에 따라 힘쓰는 일에 적합한 자가 있고, 머리(마음)를 쓰는 데 적합한 사람이 있다는 것이다. 그래서 힘을 쓰는 자는 한 국가의 물자의 생산을 담당하고, 마음을 쓰는 자는 통치를 담당하여 국가의 질서를 잡는다. 맹자는 이러한 사회의 이분적인 분업이 곧 천하통일의 원리라고 하고 있다.[409]

이렇게 유가는 사회의 구성원을 크게 치자와 생산자로 구분을 하고 있음을 알 수 있다. 여기에 공자는 인간의 성품과 기질에 따라 사람을 분류한다.

> 나면서 아는 사람은 상이요, 배워서 아는 사람은 그다음이요, 노력해서 배워서 아는 사람은 또 그다음이니, 애써 노력하고도 배우지 못

---

[409] 「맹자」, 등문공 상.

하면 백성으로 하등이 되는 것이다.410)

이렇게 네 가지로 인간을 구분하는 공자도 인간의 천성은 서로 비슷하지만 후천적인 습득을 통해서 구별이 된다고 하고 있다. 후천적인 습득의 중요성에 대해서는 맹자나 순자는 후천적인 학습에 의하여 인간의 발전 가능성은 무궁무진하다고 보고 있다.

> 가이 요나 우왕도 될 수 있고, 걸과 도척도 될 수 있으며, 가이 목수나 장인도 될 수 있고, 농민이나 상인도 될 수 있는 것은 후천적으로 습성이 쌓인 까닭이다.411)

인간은 대이니면서 누구나 동일한 욕구를 가지고 있는 것이다. 배고프면 먹고 싶고, 추우면 따뜻하게 입고 싶고, 고단하면 쉬고 싶고, 이익을 좋아하고 손해를 싫어하는 것은 인간이 나면서 가지고 있는 본성인 것이다. 이러한 본성은 성왕인 요나 폭군인 걸도 갖고 있는 것이다. 그들이 다르게 된 이유는 바로 후천적인 학습에 의한 것이다. 이러한 후천적인 습득에 의하여 인간은 군자가 되기도 하고 소인이 되기도 한다 또한 통치자가 되기도 하고 생산자가 되기도 한다.

그러나 인간의 정리(情理)는 어느 신분에 있더라도 더 맛이 있는 음식을 찾고자 하고 좋은 옷을 입고 싶고, 편안하게 시내고 싶어 하는 것이다. 그러한 욕구는 끝이 없는 것이며 또한 얻고자 하여도 다 얻을 수 없는 것이다. 그러므로 이를 조절할 필요가 있는 것이다.

---

410) 「논어」, 계씨.
411) 「순자」 영욕.

(개인의)욕망을 그대로 두면 누구나 되는 것이 아니며 그것으로 끝나는 것도 아니다. 그러므로 선왕이 이를 위하여 예의로 절제해서 분별한 것이다. 귀천의 등차와 장유의 차등이 있게 하고 어질고 어리석음과 능하고 못한 구별을 알게 하여 다 그 일을 맡아 각각 적소를 얻게 한 연후에 녹이 많고 적고 후하고 박한 정도의 적당한 한계가 있게 한 것이다. 이것이 사회생활의 총화통일을 얻게 하는 도리인 것이다.[412]

유가가 차별적인 질서를 추구하는 데에는 먼저 왕과 제후 등의 지배계급, 그리고 관료계급과 생산계급으로 구분되어 있는 당시의 신분사회를 반영한 것이라 할 수 있을 것이다. 신분사회에서 유가는 인간의 동일성이 아니라 유별성을 강조하는 것이다. 그러므로 모든 제도와 예절, 주거와 혼인이 신분에 따라 규정되고 구분되고 있다.

이러한 논리는 당시의 신분구조에 대한 정당화를 부여하여 신분의 고착화를 가져왔다는 비판을 받기도 한다.[413] 그러나 유가는 당시의 신분사회의 토대위에 세워졌으나 신분계급간의 경직성까지도 주장하였다고는 볼 수 없다. 오히려 유가는 인간은 나면서 비슷한 성품을 지니고 나왔기 때문에 노력하기에 따라서 신분에 관계없이 성인의 반열에까지 오를 수 있는 존재로 보았던 것이다.

천한 신분으로 귀하게 되고 어리석은 사람으로 슬기로운 사람이 되고 가난한 사람으로 부자가 되려면 가능하겠는가? 그렇다. 오직 배우면 된다. 그 배움이란 행하면 선비라 하고 힘쓰고 애써 배우면 군자

---

412) 앞의 책
413) 신기현, 한국의 전통사상과 평등인식, 「한국정치학회보」 29집 2호, 한국정치학회, 1995, 414면.

가 되고, 통달해 버리면 성인이 된다.414)

그리고 한 국가를 다스리는 왕이 왕도정치를 이루려면 먼저 능력이 있는 자를 발탁하는 것이라고 했다.

> 정치하는 법을 물으니 답을 하였다. 우수하고 유능한 사람은 순번을 기다리지 말고 발탁하여 임용하며, 열등하고 무능한 사람은 기다릴 것 없이 임용하지도 않고 파면하며, 대악한 자는 주륙하고 일반 백성은 법을 적용하기 전에 감화시킨다…… 비록 왕공·사대부의 자손이라도 예의에 합하지 아니하면 서민에 편입하고 비록 서민의 자손이라도 학문을 쌓고 품행을 단정히 하여 예의에 합하면 경상사대부에 올린다.415)

유가는 당시의 신분제도를 인정하면서 그러한 제도가 탄력적으로 운용이 되어야 한다고 보았다. 즉 계급 간의 이동은 그 사람의 능력과 도덕성에 따라서 결정되어야 하며, 한번 획득한 신분이라 할지라도 능력과 상관없이 계속되어서는 안 된다고 보고 있다. 또한 각 개인의 능력에 관계없이 국가의 통치권 내에 모두 수용하여 비록 중병에 앓고 있는 자라고 할지라도 빠짐없이 국가의 관리하에서 모두가 생존힐 수 있어야 한다고 하고 있다.416)

---

414) 「순자」, 유효. 맹자도 사람은 모두 요나 순이 될 수 있다고 하여(「맹자」, 고자 하) 교육을 통하여 인성을 개발 할 수 있다고 보았다.

415) 「순자」, 왕제

416) 순자는 노동력을 갖지 못하는 불구자, 폐질자들도 관에서 수용하여 각자 가능한 일을 시키며 의식주를 해결해 주어서 국가의 통치 내에 모두 들어오게 해야 한다고 하고 있다(앞의 책).

제2절 조선 초기의 신분제도

1. 조선의 신분계층의 성립

　조선의 신분계층은 크게 네 가지로 구별하고 있다. 양반, 중인, 양
인, 천인이 바로 그것이다. 이러한 신분의 구별은 고려시대에도 어느
정도 자리를 잡고 있는 것으로 보인다. 고려 충숙왕 때의 기록을 보면

　　충숙왕 12년 10월 하교하기를 '첫째로 개성부의 5부 및 지방 주현
　　에서 백성을 양반으로, 천인을 양인으로 만들어서 호구를 위조한 자
　　는 법률에 의하여 그 죄를 처벌할 것이다. 둘째 권문세가에서 농장을
　　차지하고 인민들을 모아 숨겨두고 국가의 부역을 바치지 아니한 자는
　　해당지방의 관원들이 그 백성들을 조사하고 되돌려 공물을 바치는 호
　　에 충당시킬 것이다.' 하였다.[417]

　하여 고려시대에도 양반계급과 양인·천인 등 세 개의 계층으로
신분이 형성되었던 것으로 보인다. 조선에도 이와 같은 고려의 신분
계층을 바탕으로 하여 신분이 형성되었다.

---

417)「고려사」권79 식화2 호구.

2. 조선 초기 신분제도의 특징

1) 양반사회의 구축

(1) 양반계급의 세습화

양반이라 함은 문반과 무반을 총칭하는 말이다. 그러나 이 명칭은 문반과 무반의 현직 관료만을 칭하지는 않고 있다. 가부장적인 가족제도에 있어서 한번 국가의 관료를 하면 그러한 가문에서는 과거와 문음을 통하여 계속하여 관료의 직을 맡을 수 있었다. 이러한 이유로 양반이라는 명칭은 문·무반뿐만 아니라 문무반의 벼슬을 할 수 있는 자와 그 가족을 총칭하는 말이 되었던 것이다.[418]

조선시대의 관료등용은 일반적으로 과거를 통하여 이루어지는데「경제육전」 원전에 의하면 문과에 당선된 자로서 을과 1인은 바로 육품을, 제2인·제3인은 정·종칠품을, 병과는 모두 정·종팔품을, 진사는 모두 정·종구품을 제수하고, 무과시험에서 무경칠서[419]와 마보무예에 통한 자는 1등을 삼고, 이가병서[420]와 마보무예에 통한 자는 2등을 삼으며, 단지 마보무예에만 통한 자는 3등을 삼아서, 1등은 비로 종칠품을 2등은 종팔품을 3등은 종구품을 제수한다고 하고 있

---

418) 이성무, 조선전기의 신분제도,「동아문화」13집, 서울대 인문대 동화문화연구소, 1976, 173-174면.

419) 쥬국의 병법에 관한 일곱 가지 책. 곧 육도(六韜)·손자(孫子)·오자(吳子)·사마 법(司馬法)·황석공 삼략(黃石公三略)·위료자(尉繚子)·이위공 문내(李衛公問對)의 총칭(http://sillok.history.go.kr/).

420) 위의 무경칠서 중 2개의 서적을 말한다.

다.421) 「경국대전」에 의하면 문과에서 갑과 1등으로 합격한 사람은 종육품을 주고 나머지는 정칠품을 주며 을과는 정팔품, 병과는 정구품을 주도록 하고 있다.422)

그러나 고급관료에게는 문음이라는 제도가 있어서 그 자제들이 과거를 통하지 않고도 관직에 오를 수 있도록 법제적으로 문을 열어주고 있다. 이러한 문음제도를 통하여 심지어는 관직에 오를 만한 학식이나 능력이 없는 자도 관료로 임명이 되어 그 폐해가 있어서 다음과 같은 간쟁이 있었다.

우대언 한상덕이 아뢰기를 "육전에 '문음으로 벼슬을 하는 사람들도 나이 18살이 된 다음에 어떤 경서나 한 가지를 가지고 시험 쳐서 기본 뜻을 통해야만 후보자로 추천한다.'고 실려 있으니 그 법이 대단히 좋으나 지금 행하지 않고 있으니 원컨대 행하게 하소서." 하니 임금이 "이 법은 행할 만하다." 하였다.423)

이러한 음직을 받을 수 있는 자들은 삼품 이상의 고급관료의 자손에 해당하는 자들이었다.

이조에서 계하기를 "육전에, 무릇 문음출신은 홍무 25년 7월(태조 즉위) 이후부터 할아버지나 아버지가 실직을 받았을 경우 그가 죽었거나 벼슬을 떠났거나를 따지지 않고 정1품이나 종1품 벼슬을 한 사람의 맏아들에게는 정칠품이나 종칠품의 벼슬을 주고 정이품이나 종

---

421) 세종실록 권64, 세종 16년 5월 21일(정유).
422) 「경국대전」, 이전, 제과.
423) 태종실록 권30, 태종 15년 8월 11일(갑술).

이품 벼슬을 한 사람의 맏아들에게는 정팔품이나 종팔품이 벼슬을 주며 정삼품이나 종삼품 벼슬을 한 사람의 맏아들에게는 정구품이나 종구품 벼슬을 주며 만일 맏아들이 사고가 있을 경우에는 맏손자에게 1등급을 낮추어 주고 둘째아들에게도 마찬가지로 하였는데 중앙관과 지방관을 구별하지 않았습니다. 이제부터는 중앙관 실직 삼품 이상이었거나 혹은 외직 삼품 이상의 수령이었던 자의 자손을 취재하여 음직을 받게 하도록 청합니다." 하다.424)

이와 같이 「경제육전」에는 음직을 삼품 이상의 품직을 가지거나 가졌던 모든 자의 자손에 대하여 차등적으로 벼슬을 주고 있으며 그 수혜자는 장남을 원칙으로 하지만 장남이 유고시에는 맏손자와 둘째 아들에게 음직을 주고 있다. 세종 15년에 이르러는 수정을 하여 공신이나 2품 이상의 아들, 손자, 사위, 아우, 조카로서 나이 20세 이상이 되면 기록해 놓고 등용하도록 하고 있다.425)

이러한 문음은 성종에 와서 그 체제를 갖추고 있는 것으로 보인다.

이조에서 진언 중에 행할 만한 조록을 의논하여 아뢰기를…… '전에는 문음의 자제가 나이 20세가 지나면 한 경서를 시험하여 바야흐로 임명하게 하였는데 근래에는 이 법이 지켜지지 않아서 배움이 없는 자들이 많이 임관이 되어서 업무를 수행하지 못합니다. 「속육전」 문음조에는 공신이나 이품 이상의 관리들의 아들·손자·사위·조카, 실직을 지낸 삼품 중앙관리나 삼품 지방고을원의 아들과 손자들, 대간이나 이조와 병조의 벼슬을 지낸 사람들의 아들 가운데서 나이 20

---

424) 세종실록 권29, 세종 7년 7월 15일(임오).
425) 세종실록 권61, 세종 15년 윤 8월 25일(을해).

세 이상이 되는 사람에 대해서는 할아버지, 아버지, 친삼촌, 형제나 높고 낮은 관리들을 시켜 추천하게 하여 부계와 모계의 할아버지와 아버지의 벼슬이름까지 함께 적어 이조에 제출하면 이조에서는 예문관에 공문을 띄워 예문관에서는 한 가지 경서를 시험 치러서 합격한 사람에게는 증명서를 발급하고 이조에 회보한다. 공신이나 이품 이상 관리의 아들 손자. 사위, 아우, 조카는 사온서의 직장동정(直長同正)426)으로 임명하고, 중앙과 지방의 실직을 지닌 삼품 이상 관리의 아들이나 손자 및 대간이나 이조와 병조의 벼슬을 지낸 사람의 아들들은 사온서의 부직장동정으로 임명하고 재능에 따라 등용한다. 만일 할아버지나 아버지가 죄를 짓고 파면당했다가 고쳐 임명되지 못하였을 경우에는 음직을 주지 않는다고 하였으니 금후로는 육전에 의하여 시행하게 하소서.427)

음직을 받은 자는 만약 과거를 보아서 급제한 경우에는 「경제육전」에는 받을 직에서 한 품계를 더 올려주게 되어 있으며,428) 「경국대전」에는 갑과에서 1등을 한 경우에는 4품계를 올리고 나머지는 3품계를 올려주며, 을과합격자는 2품계, 병과합격자는 1품계를 올려주도록 하고 있다. 그리고 이 경우에 재임하고 있는 품계에서 올리더라도 과거급제로 받는 품계와 같거나 낮은 경우에는 한 품계를 높여 받게 된다.

이렇게 고급관료의 자제는 비록 능력이 못하다 할지라도 관직을 받을 수 있으며, 능력이 있어서 과거에 급제하는 경우에는 한순간에 당상관까지도 오를 수 있게 된다. 더구나 공신과 이품 이상의 관료

---

426) 사온서는 종5품아문으로 궁중에 술과 단술을 공급하는 사무를 관장하는 곳으로 直長은 종7품의 벼슬이다.
427) 성종실록 권4, 성종 원년 3월 4일(계미).
428) 세종실록 권106, 세종 26년 11월 2일(정축).

에게는 자손에 대한 음직으로 끝나는 것이 아니라 사위, 동생, 조카까지도 음직을 받을 수 있기 때문에 그 가문은 거의 영속적으로 관리에 임용되게 되어 양반의 세습이 이루어지게 되는 것이다.

더구나 이품 이상의 관리에게는 3대 조상에게 품계를 추증하게 하고,[429] 육품 이상의 관리로 공로가 있는 경우 그의 아버지에게 아들의 관직에 해당하는 벼슬을 추징하게 하여서[430] 양반으로서의 가문을 더욱 공고히 하여 주고 있다.[431]

(2) 양반의 증가억제

신진사대부는 조선의 관료층을 차지하고 나서 고려시대에 비대한 지배계층을 정리하고자 하였다. 그 첫 대상이 되었던 향리·서리·기술관 등의 하급관료들이었고 다른 하나는 양반의 서얼에 대한 관료승급에 대한 억제라 할 수 있다.

①하급관료의 중앙진출제한

고려말기에 향리는 신진사대부를 배출시킨 토대였으며 지방관이 파견되지 않은 속현의 실질적인 지배를 행사하던 계층이었다. 이들

---

429) 「속육전」의 이전 주승소에 의하면 2품 이상은 삼대를 추증하는데, 아버지는 같은 품계로 하고 조부와 증조부는 각각 한 품계씩 낮추어 추증하도록 하고 그 부인들도 같은 방법으로 추증하게 하였다(단종실록 권7, 단종 원년 8월 23일(정미)).
430) 단종실록 권11, 단종 2년 5월 27일(정축).
431) 이러한 추증은 경국대전에는 종친과 2품 이상의 실직을 가진 분무관리들에 대하여 그의 3내 조상들에게 추증히도록 하고 있다(「경국대전」 이전 추증).

에게는 당시 문무과를 응시할 자격이 있을 뿐 아니라 향역의 대가로
외역전을 받기도 하였다.

그러나 조선의 개국과 동시에 향리의 중앙진출은 억제되었다.

> 도평의사사의 배극렴과 조준 등이 22조목을 상언하였다…… 여러
> 주의 향리 가운데 과거에 오르거나 공을 세운 사람 이외에, 본조의
> 통정[432] 이하의 향리와 고려왕조의 봉익[433] 이하의 향리는 모두 본역
> 으로 돌아가게 할 것이다…… 임금이 모두 그대로 따랐다.[434]

이 22개의 조목은 「원육전」에 수록된 듯하다. 그 내용은 세종실록
에 자세히 소개되는데 다음과 같다.

> 제술과에 급제한 사람과 진사·생원 출신자와 특별한 군공을 세워
> 그 업적이 뚜렷하여 공패를 받은 사람, 잡과 출신으로 이미 관직을
> 지내고 도목(都目)에서 거관(去官)한 자, 한 집안의 세 장정 중 하나
> 로 뽑아 올려져 관찰사의 향역면제를 받은 자 등은 그 문안을 상고하
> 여 전례대로 향역을 면제하게 하고, 그 밖의 아무 사유도 없이 향역
> 을 피하는 자와 관직을 부당하게 받은 자와 그 자손은 본조의 통정대
> 부 이하와 전왕조의 봉익대부 이하는 강제로 본래의 향역에 돌려보내
> 어 주군을 충실하게 한다.[435]

고려시대에 과거를 통하여 정계에 진출한 신진사대부들과 잡과출

---

432) 정삼품 당상관의 품계.
433) 종이품하의 품계.
434) 태조실록 권2, 태조 원년 9월 24일(임인).
435) 세종실록 권47, 세종 12년 1월 5일(병오).

신으로 이미 관직을 지낸 후에 자리에서 물러난 사람 이외의 모든 향리는 향역에서 벗어나지 못하도록 하고 있으며, 당하관의 관직에 있는 향리를 귀향시켜서 향역에 충실하도록 하고 있다. 예외로 큰 공을 세운 경우에 한하여 향역을 면제받을 수 있었으며[436] 일반적으로는 향리의 한 집안에 향역을 물려받을 아들이 셋이 있는 경우에 한 명의 아들에게만 과거응시기회를 주었던 것이다. 결국 고려시대에는 관료의 공급처의 역할을 했던 향리들은 조선에 와서는 정계에 진출하는 데 많은 제한이 있었다.

생원시의 방을 붙였다. 세 관청에서 상언하기를, "선비를 뽑는 것은 장차 쓰자는 것입니다. 전삼덕은 외방아전[外吏]의 자식인데, 그 관에 고하지 않고 곧장 와서 과거를 보았으니, 원컨대 그 이름을 삭제하소서." 하니, 임금이 말하였다. "이 사람은 행동이 비록 법에 어긋났으나, 재주는 취할 만하다. 이제 방에 응하는 것을 허락하였으니, 취한 뒤에 죄를 의논하라."[437]

생원시는 관료의 임용과는 직접적으로 관계가 없는 소과에 불과하지만 향리의 자식이라는 신분으로 말미암아 합격을 하였더라도 관에 허락을 받지 아니하고 시험을 보았다는 이유로 합격자의 이름에서 삭제하려고 하는 것을 알 수 있다. 조신의 제도기 제자리를 찾아감에 따라 이와 같이 향리의 과거의 응시는 점점 그 제한이 심해져서 잡과를 응시하는 데 있어서도 제한을 가하고 있다.

---

436) 세종실록 권5, 세종 원년 8월 10일(임오).
437) 태종실록 권1, 태종 원년 3월 20일(기묘).

예조에서 계하기를, "근년 이래로 지방 아전들이 비록 장정 세 사람 가운데에 한 아들인 경우가 아니라도 잡과시험에 응함을 허락하였사오니, 실로 법을 만든 본의에 어긋나는 것입니다. 지금부터는 지방 아전으로서 장정 세 사람 가운데 한 아들인 자는, 관찰사의 증빙 서류를 조사하여 잡과의 시험에 응하도록 허락하소서." 하니, 그대로 따랐다.[438]

향리의 중앙진출을 억제하기 위하여 잡과인 경우에까지도 그 집안에 아들인 장정이 셋이 있는 경우에 한 아들에 한하여 관찰사의 증빙서류를 첨부하여 시험에 응시하도록 하고 있는 것이다.

그리고 향리로서 신분을 숨기고 과거에 급제한 자들에게는 차후에 그 합격을 인정하지 않는 등 향리의 중앙진출을 억제하고 있다.[439]

②한품서용(限品敍用)

이 제도는 관료층 내부의 적서관계에 적용되는 제도로 서얼은 일정한 품계 이상을 오르지 못하도록 제한하는 규정이다.

이 규정은 일반적으로 고려 이래로 모계가 천민이면 그 자식도 천민이 되는 종모법[440]의 예외규정이다. 그러므로 관료계층의 서자를 억압하고자 하는 것이 아니라 그 반대로 그들에게 관료로서의 길을 열어주기 위하여 만들어진 것이다.

---

438) 세종실록 권7, 세종 2년 3월 23일(신묘).
439) 권지성균학유 이형기는 본디 정산현의 아전으로, 그 가문의 계통을 숨기고 사족이라 가칭하고 과거에 등과하여서 사헌부에서 탄핵하였다. 이에 세종은 이형기의 홍패를 빼앗고 그 외의 죄에 대하여는 논하지 말게 하였다(세종실록 권11, 세종 3년 1월 16일(기묘)).
440) 「고려사」 권85 지39 형법2 노비.

그러나 이 규정은 결과적으로 서자들의 관직을 제한함으로써 중인 계층으로 남게 하여 양반의 양적 증가를 막는 역할을 하였던 것이다.

적서를 차별하여 관직을 제수하는 것은 태종에게서 먼저 발견할 수 있다.

> 육조에서 시행할 만한 진언사건을 의논하여 아뢰었으니 무릇 33조 항이었다…… 1. 우부대언 등 6인이 진언한 것입니다. "종친과 각 품계 의 서얼 자손은 현관직사(훌륭한 벼슬자리)에 임명하지 말아서, 적첩 을 분별하소서." 하였는데, 의논하여 결론을 얻기를, 진언한 대로 실 행할 것이라 하였습니다.[441]

이렇게 첩에게서 난 자식은 잡다한 벼슬자리를 주어서 처의 자식과 귀천을 분별하고자 하는 것은 세종에 와서도 다시 확인이 되다.[442]

이와 같은 한품서용은 「경국대전」에서 다음과 같이 제한하였다.

> 이품 이상의 문무관리의 양인출신의 첩의 몸에서 난 자손은 정삼품 까지로 제한하고 천인출신의 첩에서 난 자손은 정오품까지로 제한.
>
> 육품 이상의 관리로서 양인출신의 첩의 몸에서 난 자손은 정사품에 제한하고 천인출신의 첩에서 난 자손은 정육품으로 제한.
>
> 칠품 이하 벼슬이 없는 사람까지는 양인출신의 첩의 몸에서 난 자 손은 정오품까지로 제한하고 천인출신의 첩의 몸에서 난 자손과 천인 으로서 양인이 된 사람은 정칠품까지로 제한하며
>
> 양인출신의 첩의 몸에서 난 자식이 다시 천인출신의 첩에게서 본

---

441) 대종실록 권29, 대종 15년 6월 25일(경인).
442) 세종실록 권47, 세종 12년 2월 17일(무자).

자손은 정팔품까지로 제한.[443]

그러나 거듭 조항을 두어서 이품 이상 관리의 첩자손을 재능에 따라 사역원·관상감·전의감·내수사·혜민서·도화서 및 산학·율학 부문의 관직에 등용하도록 규정함으로써, 이들에게는 국가의 권력과는 관련이 없는 관직을 수여함을 알 수 있다.

2) 천민의 양인화

(1) 노비제도

주인과 노비의 관계는 유교경전에서 보이지 않고 있다. 다만 천민의 존재와 그 처우에 대하여 간접적으로나마 「순자」에서 찾아볼 수 있다. 순자는 노동력을 갖지 못하는 오질자(五疾者)들도 관에서 수용하여 각자 가능한 일을 시키며 의식주를 해결해 주어서 국가의 통치 내에 모두 들어오게 해야 한다고 하고 있다.[444] 여기서 오질의 범위에는 벙어리, 귀머거리, 절뚝발이, 앉은뱅이, 팔다리 잘린 자, 난쟁이 등을 말한다.

노비제도는 중국과 우리나라에는 오래전부터 있어 왔다. 우리나라의 경우는 낙랑조선에 법금팔조(法禁八條)에서 '남의 물건을 훔친 자는 그 집 노비로 만든다.'[445]라는 규정이 있으며, 부여에도 살인자

---

443) 「경국대전」, 이전, 한품서용.
444) 「순자」, 왕제.
445) 「한서」, 지리지, 연조.

를 사형에 처하고 그 가족은 피해자의 집의 노비로 삼게 하였다.446) 이렇게 형벌을 통하여 노비가 된 외에도 전쟁을 통하여 포로로 잡혀서 노비로 전락하는 경우가 있었으며, 부채를 갚지 못하여 노비의 신분으로 전락하는 경우가 있었다.447)

성종 원년 6월 정광 최승로가 글을 올려 말하기를 '본조의 양민과 천민에 관한 법은 유래가 오랩니다. 태조께서 국가를 창건한 초기에 여러 신하들 중전부터 노비를 소유하였던 자를 제외하고 본래 노비가 없었던 자는 전쟁에 나가서 포로를 얻었거나 혹은 돈을 주고 사서 종으로 삼았습니다. 태조께서는 일찍이 포로를 석방하여 양민으로 만들려고 하였으나 공신들의 뜻에 맞지 않을까 염려하여 그들이 하는 대로 내버려 두었다.448)

고려가 건국되면서 후삼국 사이의 전쟁으로 인하여 포로가 급증하였으며 이 포로들은 노비로 편입되었다. 고려 태조는 이러한 전쟁노비들을 석방하여 양민으로 만들고자 하는 의도를 가졌으나 공신들의 반대가 거세어 성사를 시키지 못한 듯하다. 노비계층은 권신들이 자신의 사전을 경작하기 위한 노동력을 공급받고, 官에서도 필요경비를 조달하기 위한 노동력으로 필요하였던 것이다. 이러한 사회적 요구 때문에 본래의 유기사상에는 천민에 대한 언급이 없었음에도 불구하고 노비제도는 역사 이래로 계속되었으며, 유교입국을 내세운 조선에 와서도 실제적 필요성에 의하여 계속되어 왔다. 조선의 유학

---

446) 「후한서」 동이선. 「삼국지」 위서 동이 부여전.
447) 구병삭, 「한국고대법사」, 고려대학출판부, 1993. 86 90면.
448) 「고려사」 권85 지39 형법2 노비.

자들은 이러한 노비제도에 대하여 「고려사」에 다음과 같이 유교적 정당성을 서술하고 있다.

> 대체로 우리나라의 노비제도는 백성을 교화함에 큰 도움으로 되었는바 안팎을 엄하게 하고 귀천을 구별하는 예의의 실천이 다 여기로부터 시작되는 것이다. 고려의 노비관리제도에서 취할 만한 것이 많으므로 형법지(刑法志)에 함께 첨부한다.449)

노비제도의 정당성을 주장하는 데 형벌제도와 연관하여 설명하고 있다. 노예제도는 형벌이 집행되고 있음을 현실에서 보여주어 백성들이 스스로 범죄를 저지르지 않게 하는 효과가 있으며, 한 집안 내에서 노비와 상전의 관계를 통하여 귀천을 구별함으로써 유교의 기본인 예의의 실천을 가능하게 한다는 것이다. 그러나 비록 형벌집행이나 전쟁에 의하여 노비계층이 형성되었다고는 하지만, 그러한 대가에 의한 책임이 그 대에서 끝나지 않고 자손에게까지 계속하여 미치게 하는 것은 지배계층의 이익만을 위하여 천민계층의 노동력을 착취하는 한 형태로서 어떠한 이유로도 정당화될 수는 없다고 본다.

(2) 신양역천(身良役賤)

고려의 통일 후 노비의 공급은 전쟁에 의하여 발생하는 일은 거의 없었으며 단지 형벌에 의한 노비의 공급이나 세습에 의한 공급만이 가능하였다. 이러한 이유로 노비의 세습은 고려 이후로 중요한

---

449) 앞의 책.

신분제도로서 자리를 잡게 되었다.[450]

노비의 세습은 노비의 자식이 모와 부 어느 쪽을 따르는가가 문제가 되었다. 물론 둘이 모두 노비로서 한 주인에 속해 있다면 그러한 문제가 일어나지는 않지만 서로 신분이 다르거나, 둘 다 노비로서 주인이 다른 경우라든가, 한쪽이 공노비이고 다른 한쪽은 사노비일 때 문제가 발생하였던 것이다. 그래서 그러한 문제를 해결하기 위하여 먼저 남자 종은 양인의 딸과 혼인을 금하며,[451] 노비의 자식은 어머니가 속해 있는 관청이나 상전에 속한 것으로 하여 그 소속을 분명히 하였다.[452]

그리고 고려 후기에 와서는 부부 중에 하나가 천인이면 그 자손들도 모두 천인이 되도록 하는 제도가 정착되었다. 이와 같은 '하나가 천인이면 (자손은) 곧 천인이 된다<일천즉천(一賤則賤)>'의 원칙이 통용되어 고려 후기의 농장주들은 노비를 증식하는 방법으로 양인과 천인의 혼인을 공연히 조장하여 양인의 수를 줄이고 천인의 수를 늘이는 상황을 더욱 부채질하였다고 보고 있다.[453]

충렬왕 26년 10월에 원나라 활리길사(闊里吉思)가 본조의 노비제도를 개혁하려고 하므로 왕이 원나라에 다음과 같은 글을 보냈다. "옛날의 우리 시조께서 후손들에게 훈계하시기를 '모든 천인들은 그 유가 다른 것이니 아예 이들을 양인으로 바꾸지 말라. 만일 양인이 된

---

450) 이성무, 조선 초기 노비의 종모법과 종부법, 「역사학보」 115집, 역사학회, 1987. 9. 45-46면.
451) 「고려사」 권85 지39 형법2 노비.
452) 앞의 책.
453) 이성무, 앞의 논문, 44면.

다면 후일에는 반드시 벼슬길에 올라 점차 요직을 바라게 되고 나라를 어지럽게 하려고 할 것이니 만일 이 훈계를 어긴다면 나라가 위태로울 것이다.'라고 하였다. 이로 말미암아 우리나라 법에는 8대 호적이 천인의 부류와 관계가 없어야만 비로소 벼슬을 할 수 있다. 천인의 유에 속한 자는 그의 부모 중에서 어느 한 편이 천인이면 곧 천인으로 되고 설사 주인이 양인으로 바꿔주었다 하더라도 그가 낳은 자손은 도로 천인이 되며 본 주인이 후계자가 없이 죽었을 경우에는 그 주인의 동족에 속하게 하였다.454)

원의 지배하에 있는 고려 말에 정동행성평장사인 활리길사가 원의 노비제도인 '부모 중 한쪽이 양인이면 그 소생은 양인으로 삼는 법'을 고려에도 적용하고자 하였다. 그러나 충렬왕은 노비를 양인으로 전환해 주지 않는 것은 태조의 십훈요(十訓要)에서 거명된 것으로 이를 어기면 종국에 가서는 나라의 기틀이 흔들린다는 이유를 들어 원의 왕실에 글을 올려서 당시의 습속대로 '한쪽이 천인이면 그 자손들은 모두 천인이 되는 법'을 관철시켰다.

고려 말기의 양인의 축소로 인한 국가재정의 약화를 벗어나기 위하여 공양왕 4년에 인물추변도감(人物推辨都監)을 설치하여 양민과 천민의 혼인은 법령으로 금지하여 벌하지만 그 사이에 난 자녀는 양민이 되게 하는 등 일대의 변화를 추구한다. 그러나 권문세가 및 불교계의 호응을 얻지 못하여 그 효과는 미진하였으며, 이러한 양인을 증가시키기 위한 노력은 조선개국과 더불어 더욱 박차를 가하게 되었다.

---

454)「고려사」, 앞의 글.

먼저 태조는 즉위년에 교지를 내려 노비송사에 대한 처결에 대한 원칙을 천명하여 우선 노비에 대한 송사분쟁을 그치게 하고자 하였다. 여기서 일부의 노비를 양인이 되게 하였다.

> 교지를 내렸다…… 홍무 25년 12월 27일로부터 이전에 무릇 노비로서 양민이라 소를 제기한 사람은 사역한 지가 이미 오래되었으면 그대로 천인이 되게 하고, 일찍이 사역하지 않은 사람을 노비라 일컬어 강제로 천인을 삼은 사람은 양인이 되게 하고…….455)

먼저 양인임을 주장하는 노비 중에서 노비로 사역된 지 얼마 되지 아니한 자들을 모두 양인이 되게 하였다. 그리고 노비에 관한 송사를 문제를 해결하기 위하여 공·사노비를 구분하여 도감을 따로 두어 문제를 나누어 편정하게 히였다.456) 그리고 태조 6년에 아서는 변정도감(辨定都監)이 그간에 내린 판결을 가지고 사의(事宜) 19조를 올렸는데 이는 전통적인 노비제도에 반하는 것이었다.

> 1. 비록 비첩의 소생이라도 골육이니 노비와 같이 사역하게 함은 편하지 않습니다. 재주(財主)가 현재 생존하여 있다면 자기 비첩의 소생을 영구히 놓아 양민으로 만들도록 항식(恒式)을 삼을 것.457)

이는 양인인 남편이 현존하고 있는 경우 그의 소생이 노비의 역을 받고 있다면 인간의 정리상 편할 수가 없기 때문에 비첩의 소생

---

455) 태조실록 권2, 태조 원년 12월 27일(계유).
456) 태조실록 권8, 태조 4년 11월 28일(무지).
457) 태조실록 권12, 태조 6년 7월 25일(갑술).

을 종전의 종모법(從母法)에 따라 노비의 역을 받게 하지 말고 양인으로 하도록 하는 것을 영원한 법으로 삼자는 것이다. 이것은 종부법(從父法)의 길을 열어주는 것으로서 그 의의가 크다고 하겠다.

그리고 더불어 태조는 양인의 수를 증가하기 위한 방책으로 양천이 불분명한 자들의 신분을 양인으로 전환시키고자 하였다.

양천에 대한 일은 천민호적에 명백한 자는 천민으로 하고 양인에도 천민에도 문서호적이 분명하지 않은 자는 신분은 양인으로 하고 사역을 하게 하는 것은 천만의 역으로 하게 하여 관사의 명령으로 정하여 붙이라.458)

이러한 천민을 양인화하는 제도가 나타나고 있는 가운데 태종에 와서는 조와 부의 비첩의 소생도 양인화하게 하였다. 비첩의 소생의 양인화는 양천이 불분명한 자와 마찬가지로 사재감의 수군으로 복무하게 하여 신분상 양인이되 천민이 하는 역할을 맡겼던 것이다.459) 이 신양천역(身良賤役)은 비록 양인의 신분이기는 하지만 그 역할의 천민의 역할인 것이다. 그러므로 실제적으로는 완전한 양인으로 바뀐 것은 아니었으나 그래도 양인에 가까운 신분이었던 것이다. 태종 때의 기록에 의하면 이렇게 수군의 보충병력으로 역을 맡아서 1000일을 복무하면 양인으로 완전한 신분전환이 되었다.460)

---

458) 태조실록 권12, 태조 6년 7월 25일(갑술).
459) 태종실록 권10, 태종 5년 9월 6일(무술).
460) 양인으로 전화되어 사수감 또는 사재감의 수군으로 편입된 자들은 태종 15년 3월에 설치된 보충군에 편입되었다(태종실록 권29, 태종 15년 3월 8일(병오)).

그러나 이러한 제도도 처음에 시행할 때에는 비첩의 소생 중에 딸은 신양역천에 제외를 하였던 것으로 보인다. 태종 14년에 이르러 비로소 비첩의 딸도 사재감 수군에 소속하게 하여 양인의 신분을 갖게 하였다.461) 이와 같이 아버지가 양인이면 그의 신분을 따라 비록 비첩의 소생이라 할지라도 양인에 속하게 하는 종부법은 유교적 사상에 힘입은 바 크다고 하겠다.

> 의정부에서 의논하여 계문하였다. "중국은 예의가 나온 나라인데, 혼인의 예는 바로 음으로써 양을 따르므로 여자가 남자집에 시집가서 아들과 손자를 낳아 본가에서 자라니 사람들이 본종(本宗)의 중함을 알기 때문에 아비가 양인인 경우에는 모두 양인입니다. 우리 동방의 제도와 문물은 모두 중국을 본받으면서 오로지 혼인의 예는 아직도 옛 풍속을 따라서 양으로써 음을 따르므로 남자가 여자의 집에 시집가서 아들과 손자를 낳아 외가에서 자라니, 사람들이 본종의 중함을 알지 못하기 때문에 어미가 천민인 경우에는 모두 천민입니다. 조부의 골육을 가지고 비첩의 소산이라 칭하여 모두 사역(使役)하기에 이르니 그 경중을 알지 못함이 심합니다.462)

우리나라의 혼인의 풍습은 신부의 집에서 혼례를 올리고 일정한 기간 동안 그 집에서 생활하다가 남편집으로 돌아오는 것이었다. 이러한 풍습을 양이 음을 따른다고 한 것이다. 이러한 이유로 자식들은 모친을 따라 신분이 정해진다는 것이다. 그러나 중국의 풍습은 신부를 신랑집에서 맞이하는 것이다. 이를 음이 양을 따른다고 하는

---

461) 태종실록 권27, 태종 14년 1월 4일(기묘).
462) 앞의 책.

것인데, 이러한 사고를 바탕으로 한 중국의 유교적 혼인제도는 부친의 신분을 따라서 자식의 신분도 결정된다는 것이다. 이러한 중국의 유교적 신분질서에 따라 비첩의 소생을 아버지의 신분에 따라 신분을 결정하는 법이 시행되었다.

그러나 우선 관료들 중심으로 행하여지고 있다.

> 임금(태종)이 명하였다. "이품 이상의 자기 비첩의 아들은 영구히 양인으로 삼고 오품까지 서용(敍用)할 수 있게 하며, 금후로는 공사천첩(公私賤妾)을 자기 비자(婢子)로서 속신(贖身)하도록 허락하고 그 소생의 아들은 위 조항의 예에 의하고, 정축년 이후에 양인인지 천인인지 문제가 분명하지 않아 수군에 충당된 여손 외에 자기 비첩소생을 사재감에 붙인 자의 여손은 길이 수군에 충당하라.[463]

먼저 이품 이상의 고관의 비첩의 소생을 양인화하여 오품의 관리까지 임용할 수 있게 하고, 비첩도 공사비를 불문하고 자기의 소유의 비를 대신 바쳐서 양인으로 전환할 수 있게 하였던 것이다.

그리고 그해 6월에 태종은 종부법에 따라 양인의 부의 소생은 모두 양인으로 만들라고 교지를 내렸다.

> 하늘이 백성을 낼 때에는 본래 천한 무리가 없었다. 전 왕조의 노비의 법은 양천이 서로 혼인하여 천인의 일이 중하기에 천을 우선하여 어미를 따랐기 때문에 천인의 수는 날로 증가하여 양민은 날로 줄어들었다. 영락 12년 6월 28일 이후에 공사비가 양인의 남편에게 시집가서 낳은 소생은 아울러 모두 종부법에 따라 양인을 만들고 전 왕

---

463) 태종실록 권27, 태종 14년 1월 4일(기묘).

조에 백성으로 판정하던 예에 의하여 호적에 속하게 시행하라.[464]

그러나 비록 양인의 신분을 주었지만 역은 천민의 역으로 사재감의 수군으로 충당하게 하고[465] 이들은 관직을 받더라도 문무반의 관직과는 상관없는 잡직의 관직을 수여하고 또한 혼인에 있어서도 양반집안과는 혼인을 못하게 하고 서로 그 동류들과 혼인하게 하였다.

> 임금이 하교하였다…… "천첩의 소생은 품계를 한정하여 벼슬을 주되 조정의 반열에 섞이지 못하게 별도로 잡직을 제수하는 일을 의논하여 아뢴 대로 시행하라."[466]

고관의 비첩의 소생은 앞에서 보았듯이 비록 잡직이기는 하지만 관직도 받아서 중인층을 이루었고, 그 외의 관료의 비첩의 소생이나 양인 남편의 천인처의 소생은 또한 양인이 되어서 수군에 충당되었지만 남자종과 양인 딸의 혼인한 경우는 달리 처우를 하였다. 우선 그 둘 사이는 혼인이 고려 때부터 금지하였는데 조선에 와서도 혼인금지는 계속되었다. 그들의 소생은 한때에는 사수감에 소속하게 하여 신양역천을 하게 하였으나,[467] 태종 5년에는 공사의 남자노비가 양인의 여자와 혼인하는 경우에는 강제로 이혼시키며 그 소생과 함께 공노비로 하게 하는 제도가 만들어져서 그 이듬해부터 시행하도록 하였다.[468]

---

464) 태종실록 권28, 태종 14년 6월 27일(무진).
465) 태종실록 권28, 태종 14년 7월 12일(계미).
466) 태종실록 권29, 태종 15년 4월 20일(정해).
467) 태종실록 권2, 태종 원년 7월 27일(갑인).
468) 태종실록 권10, 태종 5년 9월 22일(갑인).

이와 같이 노비의 양인화에 대한 두 가지의 정책은 당시의 조선 초기의 정세와 무관하지 않은 것으로 보인다. 고려 말의 양인의 축소로 말미암아 조세와 부역의 대상이 줄어들어 국가의 경제가 큰 어려움에 처했던 것을 거울삼아 가능한 한 많은 노비를 양인으로 만들고자 하였다. 그래서 관습적인 종모법을 따르지 않고 유교적 색체가 짙은 종부법을 적용하여 많은 노비를 신양역천이라는 수단으로 양인으로 많이 전환시켰다. 또한 문무관리의 비첩의 자손들을 가능한 한 최대한 양인화하고 심지어 고급관료들의 첩의 자식의 경우 음직까지 주도록 하여 신분을 상승시키고 있다. 이것은 양반 우위의 사회의 한 단면을 보여주는 것이라 할 수 있을 것이다.

그러나 무한정 노비를 양인화할 수는 없었던 것이다. 노비는 양반 계급의 생산수단뿐 아니라 국가기관의 비용을 조달하는 수단이기도 하였다. 그러므로 남자종과 양인의 여자가 혼인하였을 때에는 그 소생을 공노비로 귀속시켜서 일정하게 공노비의 수를 유지하고자 하였던 것이다.

결국 이와 같은 노비에 대한 이중정책은 국가가 노비의 필요성을 일면 인정하고 있다는 것을 밝히고 있는 것이 된다. 이러한 국가의 노비정책은 국가의 경제정책과 맞물리면서 국가의 사회경제가 어느 정도 안정된 세조에 가서는 양인의 비첩의 소생을 양인화하는 데 제약을 가하고 있음을 볼 수 있다.

추쇄제조(推刷提調)가 아뢰기를, "일찍이 내린 교지에, '선덕 7년 7월 1일 이후에 공사의 여노비가 양인의 남편에게 시집가는 것을 일체 금지하고, 범하는 자는 형률에 의거하여 논죄한다. 법을 범하고서 낳은 남녀는 아비를 따라 양민이 될 수가 없으며, 각기 그 관청이나 주인에게 돌려주도록 하되, 그 1품 이하의 동반·서반의 유품(流品)과 문과·무과출신의 생원·성중관(成衆官)[469]·음관의 자손으로서 공사의 여노비를 첩으로 삼든지, 평민으로 나이가 40세에 이르러 자식이 없는 사람이 공사의 여노비에게 장가서 낳은 자녀는 이 제한에 포함하지 않는다.' 하였는데, 이 법은 오로지 평민으로서 나이가 늙은 사람이 다시 자식을 낳을 도리가 없게 된 경우에 제사를 주관하는 일을 소중하게 여겨 설치한 것입니다.

근일에 추쇄(推刷)[470]할 때에 '양인의 남편에게 시집가서 낳은 자는 양인으로 한다.'는 입안 내에 평민이 공노비에게 시집가서 낳은 자녀는 비록 10명에 이르더라도 모두 양인으로 하도록 하였습니다. 대저 비록 국가에 공로가 있는 사람의 자손일지라도 저자(嫡子)와 다른 아들들은 모두가 등급에 따른 자릴이 있는데, 평민으로서 천한 사람에게 장가들어 낳은 자는 유독 등급에 따른 차별이 없이 한결같이 모두 양인으로 하니, 매우 의미가 없습니다. 간사한 무리들이 이를 인연하여 속이는 꾀를 쓰고 교묘히 꾸며서 관청에 호소하면, 관리는 분별하여 바로잡는 데 어둡게 되어서 공노비가 날로 줄어드니 진실로 염려할 만한 일입니다. 청컨대 지금부터는 평민이 나이가 40세에 이르러 자식이 없어서 공노비에게 장가들어 낳은 자는 조상의 제사를 지내는 장자를 제외하고 다른 아들들과 딸은 한결같이 모두 천민이 되게 하소서." 하니, 그대로 따랐다.[471]

---

469) 궁궐의 숙위나 임금의 시종을 맡아보던 벼슬아치.
470) 도망한 노비나 부역, 병역 따위를 기피한 사람을 붙잡아 본래의 주인이나 본래의 고장으로 돌려보내던 일.
471) 세조실록 권17, 세조 5년 8월 29일(무인).

종부법이 세조대에 와서는 그 본래의 의미가 많이 퇴색되었다. 종전에 양인과 양반계층에 공히 적용된 종부법은 양반계층에 대하여서는 그 원칙이 계속 적용되었지만 일반양인에게는 제한적으로 적용이 되었다. 즉 일반양인에게는 후사가 없는 자가 나이 40이 넘어서 공사비를 첩으로 얻어 자식을 난 경우에 한하여 제한적으로 종부법에 따르도록 하고 있는 것이다. 그러나 여기에서 그친 것이 아니라 공노비와 혼인하였을 때는 가계를 승계할 장자만 제외하고는 모두 종천시키도록 하고 있는 것이다. 이와 같이 장자 이외의 아들과 딸을 구분하여 처우하는 이유는 유교적인 가족제도가 종법제중심[472]의 구성으로 되어 있음에 근거를 두고 있다는 것이다. 그러나 당시의 시대가 비록 유교제도가 우리의 사회 전반에 반영되고 있다고 하지만, 가장 근본적인 가족제도에도 그대로 반영되고 있다고는 할 수 없다.

우리나라의 습속에 있어서 혼례는 처갓집에서 이루어지고 일정한 기간 동안 생활도 처가중심에서 이루어지는 등 처가 위주의 생활형

472) 종법은 대종과 소종으로 구분되는데 대종은 동일혈족의 시조를 정점으로 자기의 세대까지 내려오는 근간이 되는 계보를 말하는 것으로 오늘날 우리가 말하는 종가의 계보를 가리킨다. 그리고 소종은 고조를 같이하는 혈족으로 자신을 중심으로 직계의 사대와 직계존속의 사대를 말한다. 소종은 혈연관계의 근친중심으로 구성하고 있는 것으로서 소종을 있는 승계자의 위치는 그 가(家)의 중심을 이룬다고 할 수 있다.
소종을 도표화하면 다음과 같다.

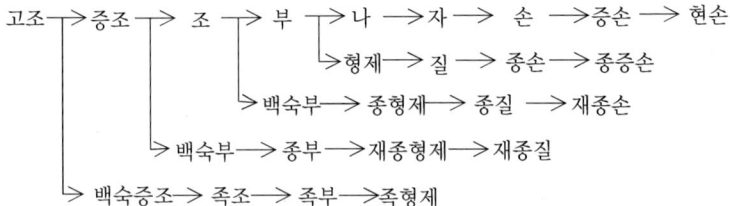

식을 가지고 있었다.[473] 그리고 재산상속에 있어서도 부모가 각기 상속받은 친가와 외가의 재산을 구분하여 상속하였다.[474]

조선 전기의 상속은 자녀균분제로 이것은 우리의 친족 가족제도 및 혼례가 부계와 모계를 동등한 위치에 두고 있는 데서 기인한다. 남자가 부인의 가에서 혼례를 하는 풍속에서 부모 또는 조부모가 자녀 또는 친손과 외손을 동일하게 대하였던 것은 자연스러운 것이라 할 수 있을 것이다. 이러한 관념에서 족보의 기재나 분묘의 위치도 남녀 불문하고 출생이나 사망순으로 기재 및 배열되었던 것이다. 그리고 봉제사도 남녀 구분 없이 윤번으로 행하여졌던 것이다. 조선에서 세종대에 오례의의 편찬 등을 통하여 유교적 종법제를 도입하고자 하였으나 17세기 후반에 가서야 남녀차별상속과 적장자단독봉사가 겨우 수용되는 단계가 되었던 것이다.

이러한 사회구조 속에서 노비의 적자와 중자의 차별은 단지 구실에 불과할 뿐이며 단지 공노비의 부족을 보충하기 위하여 종부법을 제한적으로 적용하였다는 것이 중요한 이유라고 할 수 있을 것이다.

3. 소결

앞에서 태종이 밝히고 있는 바와 마찬가지로 태초부터 천민이라는

---

473) 태종도 사저시절에는 장인의 집에서 오랫동안 기거를 하였으며 그의 자식들도 양위죽위 전까지는 처가에서 자랐다. 이러한 사실로도 그 사회의 혼인의 풍습을 알 수 있을 것이다.

474) 자세한 내용은 '이수건, 조선전기의 사회변동과 상속제도, 「역사학보」 129, 역사학회 1991.'를 참조.

계층은 없었다. 그러나 역사의 진행과 더불어 전쟁과 형벌의 집행, 채무관계 등을 통하여 사회의 최하위에 존재하는 계층이 자연스럽게 형성되어 왔던 사실은 부정할 수 없을 것이다. 그리고 이러한 天民은 국가경제에서 중요한 역할을 해 왔던 것이다. 그러므로 태종도 이러한 현실로 인하여 노비제도를 적극적으로 부정하지는 못하였고, 유교입국을 내세우고 유교의 대동사회를 건설하고자 하였던 유신들도 노예의 존재를 실질적 필요성 때문에 오히려 유교적으로 정당화하고자 하고 있다.475)

천민의 양인화 작업의 핵심은 바로 양인의 축소로 말미암아 국가의 경제가 어려웠던 것을 바로 세우기 위함이었다. 고려 말의 체제에 의해서는 승려와 왕족의 소유로 있는 노비를 양인화하기가 어려워서 새로운 왕조의 탄생을 보았던 것이다. 그러므로 조선에 있어서 가장 시급한 문제가 바로 천민의 양인화였다. 그래서 먼저 노비가 된 양인을 양인화하는 노비변정사업을 고려 말 이후 계속 진행하였고, 유민인 재인(才人)476)과 화척(禾尺)477) 등에도 백정(白丁)이라는

---

475) 물론 노비제도를 없애자고 하는 논의도 있었다. 태종이 노비송사의 폐단을 들어 사노비를 혁파하는 문제를 거론하였으나, 우리나라에서 예전부터 내려오는 것이라 그 불가함을 들어 영의정 유정현이 반대하였다(태종실록 권33, 태종 17년 6월 27일(신해)).

476) 재주를 뛰어노는 사람들로 법제상 양인이었으나 사회적으로 천민으로 인식되어 그러한 대우를 받았다.

477) 도살업을 주로 하여 육고기 및 피륙, 유기 등을 판매하였다. 법제상 양인이었으나 하는 일 때문에 천인 시 되었다. 따라서 화척들은 따로 무리를 지어 살았으며 고려 말에는 왜구를 가장하여 약탈을 하는 등 유랑생활을 하는 집단도 생기게 되었다. 이에 조선에서는 이들을 정착시키려는 여러 가지 정책들이 행해졌다.

이름을 주어서 양인으로 정착하여 살게 하였다.

세종실록의 기록에 의하면 이들도 모두 양인이지만 하는 일 때문에 천인 시 되었으며 백성들이 혼인하기를 꺼려하기에 고려시대의 양인의 칭호인 백정(白丁)으로 고쳐서 평민과 서로 혼인하고 섞여서 살게 하며 밭을 나누어 주어서 농사를 본업으로 하게 하였다. 만일 옛 업을 가지고서 농업에 종사하지 않고 유랑하는 자는 법률에 의하여 죄를 논하게 하도록 하고 있다.[478] 그리고 사원의 정리를 통하여 승려를 환속시키고, 양천불명확자나 양반과 양인의 여노비처첩의 소생을 일정한 역을 부과한 뒤 양인으로 전환시켜서 양인의 수를 가능한 한 늘이려고 하였다.

그러나 여노비처첩의 소생을 양인화하기 위한 종부법은 양반계급의 이익에 따라 좌우되었던 것으로 보인다. 즉 공사의 노비 수를 조절하는 기능과 양반의 비첩의 자손을 양인화하는 수단으로 사용하였다는 것이다. 양반계급은 유교적인 사상을 기반으로 하여 노비의 양인화에 종부법을 적용한다고 하였지만, 그 종부법은 모든 신분과 모든 시기에 일반적으로 행하여지지 않았다. 시대에 따라서 탄력적으로 이용되었다. 즉 적정한 수의 노비확보를 위하여 양인의 여노비처첩의 소생에 한해서는 양인화하는 데 제한을 가했던 것이다. 그러나 양반들의 비첩의 자손을 양인화하는 데에는 아무런 예외가 없었던 것이다.

또한 남자종과 양인의 여자가 혼인을 하지 못하게 형률로 금하였으며, 혼인한 경우에는 그 소생과 같이 공사노비로 삼게 하였다. 이

---

478) 세종실록 권22, 세종 5년 10월 8일(을묘).

러한 것은 비록 노비의 양인화 정책 속에서도 나름대로 노비의 수급을 지속할 수 있는 제도가 존재하고 있었다는 것이다.[479] 결국 노비를 양인화하는 데에는 양반계층의 이해관계 속에서 신분과 상황에 따라 차별적으로 이루어졌다는 것이다.

그리고 비첩의 자손이라고는 하지만 남편이 관료인 자손을 천인의 신분으로 두어 천역을 하게 하는 것은 남편이 양인의 경우와 동일한 취급이기 때문에 당시에는 신분질서상 맞지 않는 것으로 파악하였다. 그래서 그들에게 음직을 주도록 하여 양인보다는 귀함을 드러나게 하였다. 그러나 한편 문무반의 진출을 막고 잡직을 제수하고 혼인을 동류끼리 하게 함으로써 기존 양반들의 기득권을 보호하고자 하였다.

그러나 간과해서는 안 될 것은 노비도 최소한 국가의 제도권에 들어와 있다는 사실이다. 비록 노비는 상속의 대상으로 가산이 어려울 때 이외에는 함부로 매매할 수 없었으며 호적을 가지고 있었다는 것이다.[480] 그러므로 비록 사노비라 하더라도 그 주인은 노비에 대

---

479) 위에서 언급한 태종 때의 조치에 의하면 이 경우에도 남자노비의 주인이 그 사정을 알지 못했을 때에는 노비를 국가의 공노로 삼지는 않게 하고 있다. 이러한 것은 양반계급의 이익을 보호하면서 노비를 수급하고 있음을 보여주고 있는 단면이라 할 수 있을 것이다. 단종에 이르러서는 이러한 경우도 종부법을 따라 남편이 사노비인 경우에는 그 소생은 그 남편의 주인에 속하게 하고 있다(단종실록 권11, 단종 2년 5월 8일(무오)).

480) 세종 원년에 의정부에서 10월을 기한으로 노비의 적을 만들기로 청하였다(세종실록 권2, 세종 원년 11월 15일(신유)). 시기로 보아 의정부에서는 조선 초기부터 계속되어 오던 노비변정의 마무리 단계에서 천적을 만들고자 한 것으로 보인다.

하여 생명을 박탈할 수 있는 권한은 없으며,[481] 또한 상식 이상의 개인적으로 처벌했을 경우에 국가에서 인지하였을 때에는 국가의 형벌권을 발동하여 그 주인을 벌하기도 하였던 것이다.[482]

또한 관노비의 경우에는 농사를 지을 토지를 가질 수 있었으며,[483] 천역의 특성상 자신의 가족을 돌볼 수 없는 경우에는 봉족(奉足)을 두어서 가족의 생활을 해결할 수 있도록 하고 있다.[484] 그리고 상징적이기는 하지만 늙은 시아버지를 봉양하는 여자사노비에게 왕이 옷과 양식을 하사하는 행위[485] 등은 노비라고 하여 일반 가축과 같은 처우를 한 것은 아니었던 것이라 판단할 수 있다.

그리고 흉년이 들면 노비들에게 자신의 역(役)에 대신하는 공물을 내게 하는 것을 면제해 주도록 관찰사가 왕에게 청하는 행위[486] 등은 노비들도 세노권 속에서 국가는 그들의 생존을 유지할 수 있도록 나름대로의 조치를 취하고 있음을 나타내고 있다고 하겠다.

---

481) 세종실록 권34, 세종 8년 12월 8일(정묘).
482) 세종실록 권37, 세종 9년 8월 27일(임오).
483) 전농시에 속해 있는 노비들 중에 토지가 있는 노비는 쌀로 공물을 받고 또한 토지가 없는 자는 포목으로 공물을 받는 예에 의하여 각 아문의 노비들도 토지를 3결 이상 가진 자들은 쌀로 공을 바치게 하고 있다(세종실록 권11, 세종 3년 2월 5일(무술). 이러한 내용으로 보아 노비들도 어떤 식으로든 토지에 대한 경작권이 있어서 천역을 맡지 않고 봉족이 되었을 때에는 자신의 역에 대신하는 공물을 쌀로 냈다.
484) 세종실록 권9, 세종 2년 8월 12일(무신). 이 기사에 의하면 각 역(驛)에 근무하는 정역(正役)은 한 명이고 두 명은 봉족으로 되어 있어서 필요한 노비의 세 배가 각 역에 속해 있는 것이 정수라고 하고 있다. 이러한 예에 의하여 신설된 검수참(劍水站)에도 노비를 마련하도록 하고 있다.
485) 태종실록 권34, 태종 17년 10월 16일(무술).
486) 세종실록 권6, 세종 원년 12월 26일(병신). 권11, 세종 3년 2월 7일(경자).

이러한 사실로 보아 노비는 良人에 비하여 단지 천한 일 내지는 고된 일을 하는 계층으로, 그러한 직무 때문에 사회의 천시는 받았지만 그들도 나름대로의 생활을 영위할 수 있고, 가족을 이루고 살 수 있는 최소한의 환경은 만들어 주었다고 할 수 있을 것이다.

실록의 기사에 의하면 호조의 청에 의하여 노비 중에 질환자의 공물을 감면해 주고, 형조의 청에 의하여 관사의 노비로 60이 넘은 자는 부역을 면제해 주고, 관청의 노비에게도 일정한 급료를 국가에서 지급하였으며, 여자공노비가 출산하였을 때는 100일의 휴가를 주도록 법제화하기도 하였다. 그 밖에 관노비의 경제적 생활안정을 위하여 돌봐주거나 관노에 처해진 자의 가족생활을 허락하는 등 노비에게도 인정(仁政)이 행하여지는 것을 확인할 수 있는 기사가 많다.[487]

487) 세종실록 권12, 세종 3년 5월 20일(신사). 세종실록 권37, 세종 9년 7월 27일(계축). 세종실록 권16, 세종 4년 7월 2일(정사). 세종실록 권32, 세종 8년 4월 17일(경진). 세종실록 권28, 세종 7년 6월 18일(병진). 권35, 세종 9년 1월 11일(경자). 권37, 세종 9년 7월 13일(기해).

5장

조선 초기의 형벌관

제1절 유교의 형벌관

1. 유가의 형벌관

법보다는 도덕을 우위에 놓는 유가의 입장은 형벌관에 있어서 응보보다는 교화를 중시하며 이것은 다시 덕치, 예치로 연결된다. 덕치란 지도자의 도덕적 감화력에 의해 백성을 교화시켜 범죄나 분쟁이 없는 사회를 만들려는 통치방법이며, 예치는 예를 교육함으로써 예에 맞는 행동을 할 수 있게 백성을 교화하며 예의 최소한으로써 법의 모습을 보고자 하는 것이라 할 수 있다.

1) 형벌의 목적으로서 교화주의

유가의 형벌관은 아래 공자의 말에 잘 나타나고 있다.

> 백성을 법으로써 인도하고 형으로써 다스리면, 그들은 법망을 뚫고 형을 피함을 수치로 여기지 아니한다. 그러나 덕으로써 인도하고 예로써 다스리면 수치심을 갖게 되고 질서도 바로잡히게 된다.[488]

---

488) 「논어」, 위정.

무엇이 옳고 그른지 가르치지도 않고 죄를 지었다고 해서 곧바로 사형에 처하는 것은 백성을 학살하는 일이다.489)

공자는 백성을 다스리는 데 국가권력에 의한 강제나 형벌의 위협을 통해서 다스리면 백성은 탈법을 저지르고 위법한 행위를 하더라도 거기에 대한 죄책감을 느끼지 않을 뿐만 아니라 발각되지 않는 것을 자랑스럽게 여길 것이다. 그래서 국가가 먼저 모범을 보이고 무엇이 옳고 그른 것이고 어떻게 처신해야 할 것인가를 보여주고 가르친다면 바르지 못한 일을 행할 때에는 부끄러운 마음이 생겨나게 되어 질서는 자연스럽게 잡힌다는 것이다.

국가가 형벌권을 발동하기 위해서는 그 행위가 나쁜 행위이고 그것이 형법에 규정되어 있다는 사실만 가지고는 충분하지 않다. 유교 국가에서는 그 이외에도 그러한 사실에 대하여 국민에게 충분히 인식시켜야 함을 요구하고 있다. 단지 그러한 법이 법전에 있다는 것이 아니라, 무엇이 옳은 행위이고 무엇이 그른 행위인지를 국민에게 충분히 인식시킬 것을 요구하고 있다. 그런 후에야 비로소 위반한 행위에 대하여 처벌할 수 있다는 것이며, 그 반대의 행위에 대해서는 마치 영문도 모르는 동물을 일정한 방향으로 내모는 것과 같은 것이다. 후자의 경우 비록 국가가 법의 규정에 합치되게 시행하였다고 할지라도 정당성은 결여된 것으로 사형을 집행했다면 올바른 형벌집행이 아니라 학살과 다름없는 행위라는 것이다.

잘 다스리는 것은 잘 가리켜서 백성의 마음을 얻는 것만 못하나.

489) 앞의 책, 요왈.

잘 다스려지면 백성들은 두려움을 갖고 대하게 하지만, 잘 가리키면 백성들이 애정을 갖게 된다. 따라서 좋은 통치는 백성들을 통하여 국가의 부(富)를 얻게 되지만, 좋은 교화는 백성들의 마음을 얻는다.[490]

유교정치가 추구하고자 하는 사회질서는 이와 같이 국가의 강제력으로 질서가 바로잡히는 그러한 것이 아니라, 모든 구성원들이 자발적으로 참여하는 그러한 질서인 것이다. 그러므로 국가권력에 의한 강제는 차선책이며 먼저 국민들을 교육시켜서 스스로 사회규범에 맞게 행동하도록 한 뒤에 투입되어야 하는 것이다.

일에 임하여 사람과 접촉할 때, 마땅함을 가지고 변화에 응하고, 관용과 부드러움을 가지고 많은 것을 수용하고, 먼저 공손하고 정중하여야 하는 것이 다스림의 시작이다. 그런 다음에는 적절한 합의점[중화(中和)]을 살펴서 결정을 내리고 그 결정을 보완하는 것이 다스림의 중간과정이며, 그런 후에 장려와 억제, 형벌과 상을 내리는 것이 다스림의 마지막 단계인 것이다. 그러므로 시작하여 1년은 다스림의 시작을 거행하고 3년째에 마지막 단계를 시행한다.
마지막 단계를 다스림의 시작의 단계에서 실시하면 나라의 영이 제대로 시행이 되지 않고 윗자리에 있는 사람과 아래에 있는 사람이 서로 원망하고 미워할 것이니, (나라의)혼란은 여기서 생기는 것이다. 「서경」에 말하기를 '옳은 형벌과 옳은 사형집행도 서둘러 하지 말라. 너는 다만 아직 일을 순서대로 하지 못했다고 하라' 하였으니 이것은 먼저 가르치고 나서 하라는 말이다.[491]

---

490) 「맹자」 진심 상.
491) 「순자」 치사.

그러나 유교의 형벌관이 도덕적 교화를 중시한다고 해서 범죄에 대응하는 데 형벌이 필요 없다는 형벌배제주의는 아니다. 유가도 형벌의 필요성은 익히 알고 있다. 다만 범죄와 형벌이 서로 적정하게 부합될 것을 주장한다.

> 형벌이 적정하지 않으면 백성들은 손발조차 마음대로 둘 곳이 없게 된다.[492]

또한 중형주의에 입각한 공포정치를 비판하고 있다. 그 일례가 공자와 그의 제자인 계강자 간의 대화이다. 공자는 정치하는 법을 묻는 계강자에게 '어찌 사형만을 일삼는 공포정치를 하려 하는가'라고 하여 엄벌주의를 비판하고 있다.[493]

그러한 예는 유교의 군왕의 전형인 순임금에게서도 잘 나타나고 있다. 순은 즉위하고 나서 법을 제정하여 상과 벌을 정하였는데 기본적으로 상은 후하게 하고 벌은 가볍게 하였다.

> 법을 제정하여 일정한 형벌을 정하였는데 다섯 가지 형벌을 유배형으로 대신하여 너그럽게 하였다. 채찍으로 관청에서 시행하는 형벌로 삼고, 종아리 치는 것으로 교화의 벌로 삼았으며, 벌금으로 신체(절단)형을 대신하게노 하었나. 실수와 재난으로 지은 죄는 용서하였고 끝까지 지은 죄를 뉘우치지 않은 때는 사형시키되 '삼가고 삼가야 하라. 오직 형벌을 내릴 때에는 불쌍하게 여길 일이다.' 하였다.[494]

---

492) 「논어」, 자로.
493) 「논어」, 안연.
494) 「상서」, 우서 순전.

당시의 형벌은 사형과 신체형으로 이루어져 있었다. 그러나 이와 같은 형벌은 한 번의 범죄만으로도 생명을 앗아가거나 영원한 불구자나 낙인을 가지고 살아가게 만든다. 그러므로 그와 같은 폐해를 줄이고자 정하여진 형에 의하여 처벌되기보다는 가벼운 제재인 유배형으로 대신하였다는 것이다. 그리고 관료들이 직무를 태만히 한 경우에는 채찍을 쓰고 백성들이 잘못을 하는 경우에 교화형으로서 종아리를 쳐서 자신의 잘못을 깨우치게 하거나 벌금으로 형벌을 대신하는 속죄금을 내게 하였다는 것이다. 그리고 자기의 직무를 완수하고자 하였으나 천재지변 등의 사정으로 인하여 그 일을 이루지 못했을 경우에는 그 죄를 사면하여 주었다.

그러나 이렇게 죄를 가볍게 주는 것은 반성하거나 교화가 전제조건이 될 때야 가능한 것이었다. 반면에 죄를 짓고도 반성하는 기미가 없는 경우에는 엄중히 처벌하였다. 이러한 처벌의 모습은 그 당시 행위중심의 형벌이 아니라 행위자중심의 형벌이 행하여졌음을 시사하고 있다. 즉 범죄행위에 대한 대가[응보]로 형벌이 주어지는 것이 아니라, 행위자를 교화할 목적으로 형벌이 주어졌다는 것이다. 서양의 형벌사에 있어서 행위자 중심의 형벌집행은 20세기 들어서야 겨우 주장자가 나왔으면 20세기 중반 내지 후반에 와서 일반화된 이론으로 받아들여지고 있는 것과 비교하면 놀라운 일이 아닐 수 없다.

그리고 형벌을 주는 데 있어서도 행위자 당대에만 그 효과가 미치도록 하여 그 폐해가 계속되지 않도록 하였으며, 반대로 상은 대대로 내려오게 하여 선을 권장하였던 것이다.

"임금의 덕에 허물이 없으시어 아랫사람을 대할 때 대범하시고, 백성을 너그럽게 다스렸으며. 벌을 주시되 자손에게 미치지 않으시고 상을 주시면 후손에게까지 뻗치시며, 실수로 저지른 죄는 커도 너그럽게 받아들이시고, 고의로 저지른 죄는 작아도 벌을 주셨습니다. 죄가 의심스러우면 가볍게 벌을 주시고, 공은 의심스러워도 상은 후하게 내리셨으며, 죄 없는 사람을 죽이기보다는 차라리 법도를 지키는 태도를 굽히셨습니다. 삶을 아끼시는 덕이 백성들 마음속까지 스며드니 이로 말미암아 관리들을 거슬리지 않게 된 것입니다."495)

순임금은 이와 같이 잘못한 자를 처벌하는 경우에 인간을 그 바탕에 두고 시행하였던 것이다. 그리고 그의 형벌관은 형벌로써 단순히 잘못을 벌하는 것이 아니라 속죄하는 데 목적을 두고 있으며 나아가 사회에서 범죄를 없애는 데 그 목적을 두고 있는 것이었다.

이와 같은 순의 상벌의 유용은 결국에 백성을 모두 교화시켜서 범죄자가 없는 사회로 만들었던 것으로 기록이 되고 있다.

"이 나라의 신하들과 백성들 사이에 그 누구도 나의 바른 정치를 문란하게 하는 이가 없는 것은 그대가 관리가 되어 다섯 가지 형벌을 밝히고 다섯 가지 가르침을 보필하여 나의 다스림을 도와 잘 처리했기 때문이오. 형벌로 다스리되 형벌이 없어지도록 하였으며 백성을 도와 바른 길로 이끈 것은 그대의 공이니 더욱 힘써 주오."496)

순의 시대에는 제도와 관제의 정비를 통하여 이상사회로 만들었던 것이다. 이와 같은 순시대의 상벌관은 전국시대의 순자에 이르러서

---

495) 「상서」, 대우모.
496) 앞의 책.

도 그대로 계승되어 나타난다.

상을 주되 기준에 넘치게 하지 말며, 벌을 주되 기준에 지나치지 말게 해야 한다. 상이 지나치면 소인도 상을 받게 되고 벌이 지나치면 군자도 해를 입는다. 만일 불행한 실수를 범한다면 상을 지나치게 줄지언정 벌을 지나치게 하지 말아야 한다. 형벌로 선인을 해치는 것보다는 상으로 악인을 이롭게 하는 편이 오히려 낫기 때문이다.[497]

그러나 유가는 법의 시행과 형의 적용에 있어 너그러움만을 주장하지 않는다. 공자는 너그러움과 사나움을 적절히 조화시킬 것을 말한다.

마치 활시위를 오랫동안 당기기만 하고 늦추지 않으면 활줄이 끊어지듯이 백성을 동원시키거나 무거운 형벌로 오랫동안 핍박한다면 백성의 힘은 피폐해진다. 또 활시위를 오랫동안 풀어놓기만 하고 당기지 않으면 활의 몸체가 망가지듯이 백성을 덕과 은혜로 감싸기만 하면 백성은 방정해지고 기강이 해이해진다.[498]

맹자도 마찬가지로 '지도자의 착함만으로는 정치가 되지 않고 법만으로도 나라가 절로 움직이지 않는다.'고 하여 군왕의 무조건적인 인정(仁政)과 법치는 나라를 혼란에 빠지게 한다고 경고하여, 법 시행에 있어서 너그러움과 냉혹함을 적절히 절충하여야 한다고 하였다.[499]

---

497) 「순자」 치사.
498) 「예기」, 잡기.
499) 「맹자」 이루 상.

2) 법의 근거로서의 예·의

유교는 법이 근원을 예에서 찾고 있다. 이것은 유교의 형벌관이 교화주의의 바탕 위에 세워져 있는 것과 근거를 같이하는 것이다.

예와 악(樂)이 흥하지 않으면 형벌이 맞게 시행되지 못한다.[500]

성인이 인간의 본성을 변화시켜 작위(作爲)하게 하고, 작위를 하게 하여 예의가 생겨나고, 예의가 생겨나서 법도가 만들어졌다.[501]
형벌은 예가 사회의 기본질서로서 자리를 잡고 있는 곳에서 비로소 알맞게 시행될 수 있다는 것이다.

예란(인간의 본성을) 기르는 것이다. 군자가 이미 그 기르는 법을 알고 다시 분별을 지었다. 분별이란 무엇인가? 귀천에 등분이 있으며 어른과 아이에 차별이 있으며 빈부와 경중이 다 거기에 알맞은 제도가 있는 것이다.[502]

예는 단지 성인이 제정하였기 때문에 예가 된 것은 아니다. 예는 단순한 형식이 아니라 실질인 것이다. 인간관계를 면밀히 관찰하여 각자에게 최적의 대우와 의무를 부과하고자 하는 것이다. 그러므로 예는 인간의 본성을 조절하는 것이지 억제하는 것이 아니다. 그래서 예를 기른다는 표현을 쓰는 것이다. 인간의 본성인 생래적인 욕망을

---

500) 「논어」 사로.
501) 「순자」 성악.
502) 「순자」 예론.

조절하기 위해서 유가에서는 누구에게나 동일하게 분배되는 것을 부정한다. 신분의 귀천, 연령의 장유, 경제의 빈부 등에 따라 구별하여 분배의 양을 정하고 있다. 물론 이러한 분배의 이면에는 배당받는 자의 사회적 책임을 항상 요구하고 있다. 즉 권리는 항상 의무를 수반하고 있는 것이다. 그래서 분배의 양의 차이는 사회적 공헌도에 따라 정해지도록 하고 있다.

분배는 단지 경제적인 물자에 한하는 것이 아니라, 사회 전반적인 질서의 내용을 이루는 것이다. 이것이 바로 예의 내용인 것이다. 그러므로 예가 기본질서로서의 역할을 하기 위해서는 먼저 국가에 의한 예교육이 선행되어야 한다는 것은 자명한 사실이다. 유교의 분별적인 국가에서는 직분에 따라 접촉하는 사람에 따라, 각자가 지켜야 할 특수한 예가 존재한다. 이러한 이유로 유교의 사회구조 속에서는 형벌 또한 차별적으로 적용이 되는 것이다.

결국 유교국가에 있어서 형벌은 단순히 금지규정을 어겼다고 하여 가해지는 제재가 아니라, 국가의 근본질서인 예를 해치는 그러한 행위에 대하여 가해지는 국가강제인 것이다. 따라서 유교국가에서의 형법은 예의 최소한이라 할 수 있다.

이러한 이유로 유교국가의 형벌규정은 적용을 위하여 해석하는 데 있어서 예에 포섭되지 않을 수 없었다.

노나라 사람이 임금을 좇아 전쟁터에 세 번이나 싸우러 나갔지만 세 차례나 도망을 친 일이 있었다. 공자가 그 까닭을 물으니 '나에게는 늙은 아버지가 계신데 만약 내가 죽으면 봉양할 사람이 없습니다.'고 대답하였다. 이 말을 듣고 공자는 그를 효자라고 천거하고 높은 벼슬자리에 앉게 하였다. 이것으로 생각한다면 무릇 아버지에 대하여 효성스런 자식은 임금에 대하여는 불충이 되고 만다⋯⋯ 공자가 효자를 포상하여 벼슬을 얻게 한 뒤로는 노나라의 백성은 전쟁터에서 쉽게 항복하고 도망하게 되었으니, 위아래의 이해는 이와 같이 서로 다를 수 있는 것이다. 이러함에도 임금이 일반 민중들의 개인적인 덕행을 존중하면서 나라의 이익을 실현시키고자 한들 얼마나 이룰 수 있을 것인가?[503]

위의 인용문은 유가와 법가가 법을 적용하는 데 있어서 기본적인 관점을 어디에 두는지 잘 알 수 있는 예이다. 공자가 노나라에서 법을 집행하는 사구의 직에 있을 때의 일이었다. 전쟁터에서 세 번이나 탈영한 군사에게 그 이유를 물으니, 그 군사의 변명이 자기 이외에는 늙으신 아버지를 봉양할 가족이 없기 때문에 전쟁터에서 죽을 수 없어서 도망을 쳤다는 것이었다. 공자는 이 말을 듣고는 그를 벌하지 않고 오히려 효자라고 하여 그의 덕을 높이 사서 관료에 등용하였던 것이다. 한비자의 관점에서는 이러한 행위는 오히려 국가에 해악을 끼치는 행위이기 때문에 법을 엄격히 적용하여 형벌에 처해야 한다는 것이다.

그러나 유가의 기본적인 질서는 앞에서 보았듯이 가족윤리에서 출발을 한다. 이러한 가족윤리가 확장되어 사회윤리를 이루고, 나아가 국가윤리가 형성되는 것이다. 이것이 바로 예의 구조이기도 하다. 그리고 유교형법의 목적은 일차적으로 이러한 윤리를 보호하는 데 있으므로 법은 항상 예에 의하여 정당화되고, 예에 반할 때에는 법은

---

503) 「한비자」 오두.

그 효력을 상실하게 되는 것이다. 이러한 유교적 질서관에 비하여 법가는 인간을 절대적 평등한 존재로 보며, 법은 국가권력에 의한 산물이기 때문에 법에 위배된 행위는 신분과 이유를 불문하고 정해진 형벌대로 처벌되어야 하는 것이다.

> 섭공이 공자에게 말하기를 '우리 동네에 매우 정직한 자가 있습니다. 자기 아버지가 양을 훔쳤는데 아들이 증인으로 나섰습니다.' 공자 말씀하기를 '우리 마을의 정직한 사람은 이것과 다릅니다. 부모는 자식을 숨겨주고, 자식은 부모를 덮어줍니다. 올바른 정직함이란 여기에 있는 것입니다.504)

결국 유가에 있어서 법은 인간이 가지고 있는 가족 내의 정리(情理)를 먼저 보호해 주는 데 그 목적이 있는 것이라 할 수 있다. 유교법은 가족의 질서와 윤리를 적극 보호하고 있기 때문에 한 가족과 가까운 친척 간에는 형법상의 특례규정이 많다. 한 예로 「당률소의」에 범인은닉에 대한 특례가 있는데 범죄자의 가족은 범죄자를 숨기거나 정보를 제공하더라도 — 범죄자가 국가를 모반하려는 죄를 범한 경우를 제외한 경우에는 — 일반적인 범인은닉의 죄를 적용시키지 않으며 따라서 죄를 묻지 않았다. 그리고 이 경우 먼 친척에게는 범인을 은닉한 것이 발각되면 처벌하는 데 3등급을 감경하고 있다. 이러한 규정을 보면 국가에 대한 도전이 아닌 한, 가족 간의 정리를 보호하는 데 이바지하고 있다고 할 수 있을 것이다.

그러므로 인간의 정리를 바탕으로 만들어진 예는 법의 타당근거이

---

504) 「논어」 자로.

기도 한 것이다. 그러나 아무리 인간의 정리를 바탕으로 하여 제정하였다고 하나 예도 결함이 없을 수 없다.

　　순우곤이 말하기를 '남자와 여자가 주고받는 것을 직접으로 하지 않는 것이 예입니까?' 맹자가 말씀하기를 '예가 아닙니다.' 순우곤이 '또 말하기를 형수가 물에 빠지면 손으로 끌어 잡아당기겠습니까?' 맹자가 말하기를 '형수가 물에 빠졌는데 끌어 잡아당기지 않으면 이것은 승냥이나 이리와 다름없는 짐승입니다. 남자와 여자가 주고받기를 직접 하지 않는 것은 예이요, 형수가 물에 빠졌는데 손으로 끌어 잡아당기는 것은 권(權)입니다.'505)

　유교에 있어서 남녀의 유별은 7세부터 시작된다. 전통사회에서 남녀는 그 사회적 역할이 다르다고 보았기 때문에 그러한 역할을 키워주기 위한 교육이 시작되는 시기인 것이다. 주로 남자에게는 사회윤리를 여자에게는 가족 간의 윤리를 가르친다. 그리고 남녀 간에는 그 이후로 엄격히 구분되어 생활하게 되는 것이다. 그러므로 동생이 형수의 손을 잡는 것은 예로서 허락될 수 없는 행위이며, 심지어 십악(十惡) 중에 내란(內亂)의 죄—친인척 간의 성적 문란행위를 처벌하는 죄—를 적용할 수도 있는 행위인 것이다. 그러나 예는 위급한 상황의 일에는 대처하기 어려울 수밖에 없다. 왜냐하면 예란 일반적이고 일상적인 관계에 대해서 규정하고 있기 때문이다.
　그러므로 위급한 상황에 예를 지킨다는 것은 그것은 사회통념상 동문보다도 못한 행위일 수도 있는 것이다. 이때 예에 어긋나지만

---

505) 「맹자」 이루 상.

인간으로서 정도에 맞는 행위를 맹자는 '권'이라는 단어로 표현하고 있다. '권'은 그 어원이 저울에서 나온 말이다. 예도 그 상황이나 사정에 따라 조정될 수밖에 없다는 것이다. 그리고 그 조정은 인간의 정도를 향하고 있어야 하는 것이다. 결국 예는 인간이 해야 할 바른 길, 마땅히 해야 할 바에 의하여 위기상황에서는 수정될 수밖에 없다. 사실 예는 공자에게 있어서도 영구불변적인 것으로 표현되지 않고 있다.[506) 그 시대상황과 조건에 따라 변해야 하는 것으로 보고 있다. 이러한 시대상황, 조건, 정도, 마땅함을 포섭할 수 있는 것은 바로 의(義)일 것이다.

2. 「당률소의」에 나타난 「유교」의 형벌관

「당률소의」는 그 뿌리를 요순에 두고 유교적 형률을 만들고자 하여 탄생한 법으로 춘추전국시대 이후의 중국의 형률을 집대성한 것이다. 이 법은 중국의 형법전의 모태가 되었으며 한국, 일본 베트남 등 동양의 제국들의 형법에도 영향을 끼쳤다.

당률은 일찍이 고려시대에 고려율의 모태가 되었으며 조선시대에도 커다란 영향을 끼쳤다. 「경국대전」의 형률 용률조에서 「대명률」

---

506) 공자는 '예에 의하면 면류관은 삼으로 짜야 하는데, 당시 실로 짜고 있는 것에 대하여 검소하고 소박해서 좋다.' 하면서 당시의 세태를 따르겠다고 하고 있다(「논어」, 자한). 이러한 공자의 생각에 의하면 예는 그 시대의 사람들이 수용할 수 있는 보편타당한 질서 내용으로 채워져야 하는 것이다.

을 형법으로 의용한다고 밝히고 있다. 「대명률」은 「당률소의」의 구성요건을 간략히 하고 법정형을 완화하는 정도의 차이가 있을 뿐, 전체적인 내용과 그 정신은 「당률소의」와 대동소이하다. 그래서 「대명률」을 수용한 조선에서도 「당률소의」는 여전히 고려에 이어 우리나라의 법생활을 지배하였다고 할 수 있다.

이러한 이유로 「당률소의」에 나타나고 있는 유교의 형벌관을 먼저 살펴보고자 한다.

1) 당률의 체제

「당률소의」는 장손무기(長孫無忌)가 당 고종에게 바친 진율소표(進律疏表)와 그 해석문 그리고 명례소서(名例疏序)와 그 해석분으로 이루어져 있다. 그 뒤에는 각 편의 서두에 그 편명의 변천에 대하여 설명을 하고 있으며, 이어서 12편 502개조의 조문이 편과 조항별로 배열되어 있으며, 또 각 조항은 여러 개의 사안별로 나누어서 따로 기재하고 나누어진 사안별로 해설문을 첨부하는 형식으로 되어 있다. 또 법조문에는 종종 작은 글자로 된 주(注)가 부기되어 있는데 부기된 작은 글자와는 별도로 주해를 기재하고 그것에도 각각 해설문을 첨가하였다. 따라서 주(注)도 조문과 동등한 권위를 가지고 있다고 볼 수 있다.[507]

이러한 소의(疏議)는 당률을 해석하기 위한 것으로서 장손무기가 진표(進表)에서 밝혔듯이 전 시대의 조문을 주석한 경험을 광범위하

---

507) 「당률소의」 해제.

게 채용하였다. 한대 이후에는 이른바 유법합일(儒法合一)이 정치의 기본방향이었기 때문에 조문에 대한 해석과 적용도 이념적으로는 유교질서를 토대로 하는 것이었다. 그러므로 주석은 유교경전에 제시되어 있는 예 질서와 그 속에 내포되어 있는 정신을 바탕으로 하여 편찬되었다.

이 편찬의 목적을 진표를 통하여 정리하면 다음과 같다.

법에 밝은 사람은 매년 천거하지만 각자 법조문에 대한 이해가 달랐기 때문에 기준이 될 만한 해석이 필요하였으며, 또한 각급 사법기관이 형법을 집행하는 데 있어서 법조문에 대한 이해가 일치하지 않아 형평을 잃는 사례가 많아서 법의 해석에 표준이 될 수 있는 일정한 권위 있는 해석이 요청되었다. 소의는 이러한 필요에 응할 목적으로 제정되었다.

「당률소의」에는 조문해석과 주(注)에 대한 해석과 더불어 그 각각에 대하여 구체적인 사안의 죄명과 형량에 대한 문의와 그에 대한 답이 부기되어 있는데, 이는 해석을 명확하게 하기 위하여 첨가한 것으로 보인다.

이와 같은 조문해석과 주에 대한 해석 및 문답은 비록 법조문을 해석한 것이지만 그것은 황제의 제가를 얻은 것이기에 법률과 같은 효력을 가지고 있다. 즉 「구당서(舊唐書)」 형법지에서 "소송사건을 판결하는 데 모두 조문해석을 분석하고 그것을 인용하였다."고 한 바와 같이 법의 집행에 준거로서 가능하였다.

2) 당률에 있어서 주요한 유가법 규정

유교적 규정이라 할 때에 어떠한 분별점을 기준으로 할 것인가에 대하여 여러 구분점이 있을 것이다. 사실 동양에서의 법률의 정비는 법가를 중심으로 이루어졌기 때문에 그러한 법률에서 유교적 규정을 추출한다는 것은 어렵기도 하거니와 무모한 것일 수도 있다.

따라서 법가와 구분되는 유가적 규정이라는 것을 구분하는 기준에 대한 논의만 하더라도 많은 장을 할애해야 할 것이다.

그래서 여기서는 학문적 깊이를 조금 낮추고 일반적인 의미에서 유교적이라 볼 수 있는 몇몇 규정들을 살펴보는 것으로 한계를 지으려 한다.

(1) 십악(十惡)

① 십악의 내용

십악은 사면이 허용되지 않는 10가지의 범죄로서 모반(謀反), 모대역(謀大逆), 모반(謀叛), 악역(惡逆), 부도(不道), 대불경(大不敬), 불효(不孝), 불목(不睦), 불의(不義), 내란(內亂)을 가리킨다. 「당률소의」에서는 "오형(五刑) 가운데 십악을 범하는 것이 가장 나쁘다. 왜냐하면 사회의 명분(名分)과 예교(禮敎)를 훼손하고 자신의 직분을 상실케 하는 행위이기 때문이다. 그래서 특별히 명례편(名例篇)의 앞에 두어 분명하게 경계하였다."[508]라고 하였다.

---

508) 「당률소의」, 권1, 명례, 6조.

모반(謀反) - 사직을 위태롭게 하거나 망하게 하려고 모의한 죄이다.

왕은 최고의 지위에 있으면서 천명을 받들어 천지가 만물을 덮고 싣는 것과 마찬가지로 모든 백성의 부모의 지위에서 역할을 한다. 그러므로 자식과 신하가 된 자들은 충효를 다하여야 하는데 사악한 마음을 품고 역심을 일으키려 하고 하늘의 질서를 어길 것을 꾀하여 사람의 도리를 어겼으므로 모반이라고 한다.

모대역 - 종묘 산릉 및 궁궐을 훼손하려고 도모하는 것을 말한다.

대역은 황제의 인신에 대한 공격이 아니라, 황제의 권위를 상징하는 중요한 영조물인 종묘, 산릉, 궁궐을 파괴하여 황제의 권위에 중대한 모욕을 가한 행위를 의미한다.

모반(謀叛) - 나라를 배반하고 적국을 따르려고 도모하는 것을 말한다.

여기에는 인민이 자기 나라를 배반하고 적국으로 투항하려고 일을 도모하거나, 영토를 적국에 넘겨주면서 항복하려 하거나, 관할지를 넘겨주면서 적국으로 달아나려고 한 행위를 말한다.

악역 - 조부모 부모를 구타 및 살인을 도모하거나, 삼촌·숙모·고모·형제자매·외조부모·남편·남편의 조부모 및 부모를 살해하는 것을 말한다. 부모의 은혜는 하늘처럼 끝이 없으며 인간으로서 대를 잇고 제사를 받드는 일은 중요한 일이다. 그런데 부모를 해친다면 그것은 인간이 아닌 것이다. 또한 상복을 입어야 하는 가까운 친척을 살해하는 것도 극단적인 악한 행위이자 자연의 순리에 반하는 행위이므로 사람의 도리를 져버린 행위라 하여 악역이라고 한다.

부도-한 집안에서 죽을죄를 짓지 않은 세 사람을 동시에 살해하거나, 사람을 살해하여 사지를 절단하거나, 독을 제조하거나 독충을 길러 사람을 해치거나, 사악한 풍속으로 나무나 짚으로 인형을 만들어 주술로 상대방을 병들게 하거나 고통스럽게 죽게 하고자 한 행위를 말한다. 잔인한 살인을 태연히 저질렀다고 하여 부도라고 한다.

대불경-큰 제사에서 신에게 바치는 물건을 훔치거나 왕이 입거나 쓰는 물건을 훔친 경우나, 왕의 인장을 훔치거나 위조한 경우, 왕의 약을 잘못 조제하였나, 복용방법을 잘못 기재한 경우, 왕의 음식을 정해진 대로 만들지 아니한 경우, 왕의 순행에 사용되는 선박을 부실 건조하였거나, 왕을 비방하는 태도가 매우 위해스럽거나, 왕의 명령을 받든 신하에게 무례하게 대한 경우가 이에 해당된다. 범한 바가 원래 크고 엄숙함과 공경함이 없어서 그 책임을 물어 처벌하기에 대불경이라고 한다.

불효-부모를 잘 섬김이 孝이기에 이를 어기고 있다면 이 죄를 범한 것이라고 한다. 구체적으로는 조부모 부모를 고발하거나 저주하고 욕하거나, 조부모 부모가 살아 있음에도 호적을 따로 하고 재산을 달리하거나 혹은 공양을 거르거나, 부모의 상중에 결혼을 하거나 음악을 연주하거나 상복을 벗고 길복을 입거나, 조부모 부모의 상이 생겼는 데도 숨겨서 곡도 하지 않고 상복도 입지 않았거나, 조부모 부모가 죽었다고 사칭한 행위를 말한다.

불목 - 친족 간에 서로 거슬려서 九族이 서로 화합하고 친목하지 못한 것을 말한다. 시마(석 달 동안 입는 상복) 이상의 친족을 살해하려고 도모하였거나 팔아넘겼거나, 남편과 대공친 이상의 존장과 소공친존속을 구타하거나 고발한 행위를 말한다.

시마복을 입는 친족의 범위는 종증조(從曾祖)・삼종형제(三從兄弟)・중증손(衆曾孫)・중현손(衆玄孫) 등 8촌에 해당하는 친족이다. 대공존친은 남편의 조부모와 남편의 백숙부모를 말하며 대공장친은 남편의 사촌형과 사촌누나를 말한다. 그러므로 이 죄에 해당하는 대공친 이상의 존장 이상이란 백부모 고모 형 누나 등이며 소공존속이란 종조부모, 고모할머니, 종조백숙부모, 외조부모, 외숙, 이모 등을 말한다.

불의 - 소속된 부주(府主), 주(州)의 장관, 현령, 소속관청의 오품 이상의 관리나 가르침을 받고 있는 공립학교 스승을 살해하였거나, 남편의 상을 듣고도 숨기고 곡하며 상복 입는 것을 하지 않았거나, 음악을 연주하거나, 상복을 벗어 길복을 입거나 개가한 행위를 말한다. 이는 혈족과 관련된 것은 아니지만 도의를 저버리고 인(仁)에 어긋난 행동이므로 불의라고 한다.

내란 - 소공 이상의 친족을 간음하거나 아버지 및 할아버지의 첩과 간음하였거나 그와 더불어 화간한 행위를 말한다. 이는 집안에서 서로 음탕한 짓을 하였다면 예의 대원칙을 문란하게 한 행위이므로 내란이라고 한다.

② 유교질서와 십악

유가의 사회질서는 정명과 예로 표현될 수 있다. 즉 공자는 당시의 혼란의 원인은 名의 혼란에 의하여 야기되었다고 판단하였다. 그러므로 사회질서를 바로잡기 위해서는 이름을 바로 세우는 것[정명(正名)]이 가장 중요한 일이라고 주장하였다. 이러한 정명의 내용이 정형화되어 나타난 것이 바로 예인 것이다. 이러한 유가적 요청에 의하면 유교법에 있어서 특히 형률에 있어서 가장 중요한 범죄로서 엄하게 다스려야 할 범죄는 바로 '이름을 어지럽히고 예에 어긋나는' 범죄라는 것은 당연한 것이다. 당률에서 이러한 내용이 가장 잘 반영되어 나타난 것이 바로 십악이라 할 수 있겠다.

이러한 십악을 분류해 보면 먼저 군왕이나 국가에 대한 죄로 모반(謀反), 모대역, 모반(謀叛), 내불경이다. 모대역과 대불경의 죄는 군왕을 상징하는 물건이라든지 군왕의 음식물 등에 대한 훼손 탈취 등의 죄로 당시 군왕의 권위가 절대적인 위치를 점하고 있음을 알 수 있다.

십악에서 가족 내의 유교질서에 대한 규정은 악역, 물목, 불효, 불의, 내란의 죄이다. 이러한 죄는 대가족 내에서 평화를 유지하고 차등적 질서를 세우기 위하여 국가가 형벌권을 투입하고 있음을 말해 주고 있는 것이다. 그리고 사회질서를 바로 세우기 위한 것으로 불의를 두어 상관이나 스승에 대한 죄를 벌하고 있다.

이러한 십악에는 먼저 가족 내의 범죄행위에 대한 죄를 상세히 규정하고 있음을 알 수 있을 것이다. 가족 내에서는 존속이나 존장 이외에도 가까운 일가친척에 대하여 살인, 인신매매, 구타, 고발 등의 행위에 대하여 엄하게 처벌하고 있음을 알 수 있다. 특히 범죄자를 고발하는 행위는 국가의 범죄행위의 인지를 도와주는 것이기 때문에 범죄에 대한 국가형벌권의 발동을 손쉽게 해 줄 수는 있다.

그러나 이러한 행위를 가족과 친족 내에서 허용한다면 가족과 친족 내에 불신의 벽이 생기게 되어 결국에는 가족의 평화와 질서는 붕괴할 수도 있다. 가족질서를 사회 내지 국가질서의 근본으로 삼는 유교사회에서는 가족질서와 평화의 붕괴는 곧 국가의 평화와 질서마저도 담보할 수 없는 상태에 빠질 수 있다는 결론에 귀결되는 것이다. 이러한 이유로 유교의 법질서에 있어서 가족 내의 평화와 질서를 깨는 행위를 십악의 규정을 두어 처벌하고 있다.

비록 국가의 범죄적발에 도움이 되는 고발이라도 가족 내의 화목을 위해서 금하고 십악으로 중하게 처벌하는 이유도 바로 이러한 유가적 질서관의 발로인 것이다. 결국 가족 내의 범죄에 대하여 자세하게 규정하고 있는 것도 국가의 형벌권이 안방까지 들어가서 적용된다는 의미보다는 가족 내의 평화와 질서를 보호하기 위하여 국가가 공권력까지도 동원한다는 측면이 강하게 나타나는 것으로 볼 수 있을 것이다.

십악의 규정들은 대개 위계질서를 어긴 자에 대한 처벌로 이루어져 있다. 이것은 유교에서 말하는 '존존(尊尊)' '현현(賢賢)'의 질서가 형벌에 투영된 것이라고 해석할 수 있다. 이는 신분상 존귀한 정도와 현자로서의 수준에 따라 형벌에서 달리 보호해 준다는 의미이다. 물론 유가에서 존존과 현현은 각자의 능력과 도덕성을 바탕으로 하여 구별되는 것이기 때문에 윗사람을 침범하는 것은 집안에서 존속이나 존장에 대한 범죄처럼 유가의 기본질서를 뒤흔드는 그러한 범죄가 될 것이다.

한 나라에서 가장 존귀한 자는 바로 군왕이다. 군왕에게 있어서 모든 백성은 신하의 위치에 있는 것이다. 따라서 군왕은 백성이 가장 공경하여야 할 존재인 것이다. 그러므로 군왕에 대하여 해를 끼치거나 그의 위신에 저해하는 행위를 엄하게 다스리고 있다. 십악에서는 가장 존귀한 자의 존귀함을 지키기 위해서 사직을 위태롭게 하거나 적국과 내통한 것은 물론 왕가나 왕을 상징하는 종묘나 왕릉, 왕의 의복, 왕의 식량, 왕의 명령전달자 등에 대한 범죄행위를 엄하게 처벌하고 있다.

또한 십악에 불의에 대한 규정을 두어 한 지역사회나 관직사회 내에서 상급자를 범하거나 스승을 범한 죄도 존귀한 자를 높인다는 동일한 논리하에서 엄하게 처벌하고 있다.

그리고 예외적으로 사회적으로 문란을 일으킬 만한 살인행위를 십악의 범위에 두고 있다. 주로 잔혹한 살인행위나 독충, 염매 등에 의한 살인행위를 처벌하고 있는데 염매 등은 당시의 일반적인 사람들이 병에 들고 고통을 받으면서 죽는다고 믿고 있었기 때문에 잔혹한 살인행위의 범주에 두었다.

따라서 당률에 규정된 유교적 규범은 군왕에 대한 절대적인 권위를 인정하고 사회 내의 위계질서를 바로잡고, 대가족 내에서의 질서와 평화를 지키기 위한 규범이라는 것을 알 수 있다. 이러한 십악은 당률에 비로소 규정된 것으로 유교적인 사상을 담고 있지만, 다른 한편 그 시대의 체제 — 신분제도 — 를 유지하려는 의도가 있다고 할 수 있다.

(2) 신분에 따르는 형벌집행

① 팔의(八議)와 감형

유교국가에서의 형사법은 범죄자의 신분에 따라 형벌을 달리 집행하는 것을 원칙으로 삼고 있다. 전통사회는 태생적인 신분의 차이가 존재하였고 또한 관료의 지위나 국가에 공을 세운 정도에 따라 대우를 해 주었다. 따라서 이러한 자들이 범죄를 저지른 경우는 법에 정한 바에 따라 일정한 형량을 감면해 주고 있다. 이렇게 형벌집행에 있어서 특별 적용되는 신분의 범위를 팔의라고 하였다.

팔의에 해당하는 자가 죽을 죄를 지은 경우에는 바로 법에 의하여 처단하지 않고 먼저 왕에게 주청하고 그 범죄행위를 논의한 후 형량을 정하여서 재가를 받았다. 이 경우에는 반드시 황제의 결정에 따르도록 하여 관청에서 자체적으로 처결하지 못하게 하였다. 이와 같이 범죄행위에 대하여 논의를 거쳐야 되는 신분은 황족이거나 황제를 오랫동안 모셨거나 국가적 인재이거나 공훈이 있는 사람 등이다.

특별히 감면하는 이유는 황제와 가까운 친족을 중히 여기고 오랫동안 관료로서 국가에 행한 노력을 인정하고, 고위공직자와 국가에 공이 있는 자를 숭상하기 위함이라 하고 있다.[509] 그 대상을 8가지로 구분하고 있다.

㉠ 의친(議親)은 황제의 내외친족으로 황제의 고조부의 형제, 증조부의 종부형제, 조부의 재종형제, 부의 삼종형제, 자신의 사종형제,

---

509) 「당률소의」, 권1, 명례, 7조, 팔의.

그리고 태황태후 황태후의 시마 이상 친족510)과 황후의 소공 이상의 친족511)을 말한다.

ⓛ 의고(議故)는 황제를 오랫동안 가까이 모셨거나 황제로부터 특별한 대우를 받은 자이다.

ⓒ 의현(議賢)은 현인군자로서 그 언행이 법칙으로 삼을 만한 자이다.

ⓔ 의능(議能)은 군대를 잘 이끌고 왕을 유능하게 보좌하여 모든 사람의 모범이 될 만한 자이다.

ⓜ 의공(議功)은 적장을 베고 적기를 빼앗으며, 원정하여 적의 예봉을 꺾었거나, 무리를 이끌고 귀화하였거나, 국가의 위급을 안정시켰거나, 국가를 간난으로부터 바로잡아 구하여 그 공이 태상(太常)에 기록된 자이다.

ⓗ 의귀(議貴)는 관장하는 업무가 있는 현직이 있는 직사관(職事官)인 경우는 삼품 이상, 맡은 업무가 없는 산관(散官)인 경우는 이품 이상, 작위를 받은 자는 일품 이상[국공(國公)]의 자이다.

ⓢ 의근(議勤)은 고위관료로서 공직 기간 중 부지런히 일한 자이거나, 극히 먼 지역에 사신으로 나아가 고초를 겪은 자이다.

ⓞ 의빈(議賓)은 전 왕조의 왕족 또는 귀족 등으로 선대의 제사를 받들도록 봉한 자를 말한다.

이에 해당하는 자가 사죄를 범한 경우에는 사형에 처하여야 할

---

510) 시마의 친족에는 증조의 형제, 조의 종부형제, 부의 재송형제, 자신의 심종형제가 있다.
511) 소공의 친족은 조의 형제, 부의 종부형제, 자신의 재종형제를 말한다.

죄목과 해당되는 팔의를 기록하여 그 죄에 대하여 논의할 것을 주청하고, 영(令)의 규정에 의하여 도당(都堂)에 모여 죄를 논의하고, 형이 결정되면 상주하여 재가를 받는다. 유배형 이하로서 범행이 경미한 경우에는 담당관사에서 상례에 따라 일등급을 감하여 판결한다. 그러나 십악을 범한 경우에는 감면되지 아니한다.

② 관직에 따른 감형과 속면(贖免)
㉠ 청장(請章)

황태자비의 대공 이상의 친척이거나 팔의에 해당하는 자의 기년복 이상의 친족 및 손자와 관품이 오품 이상인 자가 사죄를 범한 경우에는 별도로 주청하여 형을 감면받는다. 십악을 범하였거나 모반, 대역죄에 연좌되었거나, 살인, 관할구역 안에서 간음·절도·약탈·뇌물죄의 기수에 이른 경우에는 주청할 수 없다. 단지 관할구역 내에서 범죄행위가 미수에 그친 경우에는 주청할 수 있어 감면이 된다.[512]

㉡ 감장(減章)

칠품 이상의 관원과 관품과 작위로 청장을 적용받을 수 있는 자격이 있는 자의 조부모·부모·형제자매·처·자·손이 유형 이하를 범하였으면 각각 일등급을 감하는 법례에 따른다. 청장으로 감형될 수 없는 범죄를 저지른 자는 이 감장에 의해서도 감형될 수 없다.

---

512) 「당률소의」 권2, 명례, 9조, 청장.

ⓒ 속장(贖章)

감장에 의한 감형이 가능한 자와 구품 이상의 관원과 칠품 이상의 관원의 처를 포함한 직계존·비속은 유형 이하의 죄를 범한 경우에는 규정된 양의 동을 내면 형을 면제하여 주고 있다.

③ 감형의 법리

당률에서는 감형의 특혜를 주는 근거로 「예기」에 '형은 대부에게는 적용되지 않는다.'513)는 것을 들고 있다. 이러한 「예기」의 내용을 근거로 하여 대부 이상의 자가 범죄를 범하였을 때, 일정한 범죄를 제외하고, 그 형량을 결정하는 데 있어서 법조문의 규정대로 하지 않고 따로 결정한다는 것이다. 그래서 범죄자의 존귀의 차등에 따라 왕의 재가를 얻어 형벌을 집행하거나, 경한 범죄일 때는 일률적으로 형을 감하거나 속죄금으로 대신하였던 것이다. 그리고 지위에 따라서 그들의 존·비속과 형제자매·친척에게까지도 확대하여 형벌을 감하거나 속죄금으로 대신할 수 있도록 규정하고 있다.

이와 같은 감형은 개인과 가족의 관계를 중시하는 유교사회이기 때문에 가능하였던 것으로 보인다. 범죄는 일신존속적인 행위이며 또한 공훈도 그 대에 영광과 상이 주어져야 하는 것이다. 그러나 귀족의 신분에 있거나, 공훈을 세우거나, 관직에 있다는 이유로 그들의 친척까지도 형을 감경하여 주도록 규정하고 있다. 신분사회에서 기득권층의 특수한 이익을 보호하기 위하여 누구에게나 공평하게 적용되어야 할 형벌조항이 십악이라는 중대한 범죄를 제외하고는 감경하

---

513) 「예기」, 곡례 상.

여 처벌하도록 하고 있다. 이러한 사실은 당시의 사회가 유교논리를 빌려서 신분사회를 철저히 보호·유지하고자 하였던 사회임을 보여주고 있는 것이라 할 것이다.

사실 위의 「예기」의 인용문은 많은 의미로 해석되고 있다.[514] 이 인용문의 앞의 문장은 '예의 적용은 아래로 서인에 이르지 않는다.'[515]고 하여 예의 적용범위와 형의 적용범위를 대구로 기술하고 있다. 그 의미는 교육의 기회가 주어진 관료나 귀족들은 교육을 통하여 습득한 예를 실천할 의무가 있으며, 따라서 예에 의거하여 그들의 행동거지의 잘잘못을 판단한다는 것이다. 그리고 생산에 종사하느라고 정상적인 교육을 받을 기회가 거의 없는 평민들에게는 예 중에서 질서유지를 위하여 필수적인 형에 규정된 행위만을 금하게 한다는 것이다. 이것은 귀족이나 관료들은 교육을 통하여 자율적 존재로 되었음을 상정함으로써 준법의식뿐만 아니라 공존의 도덕까지도 갖추기를 요구한 것이다. 이러한 논리에 의하면 귀족이나 관료들이 형벌을 어긴 행위는 충분한 교육을 받지 못하였기에 도덕적으로 불완전한 백성들보다 더 엄하게 처벌을 받아야 한다.

그러나 신분사회 속에서 특권층의 아전인수 격인 해석으로 말미암아 오히려 관료나 귀족은 형벌규정보다 감경하는 등의 특혜를 받았던 것이다. 이와 같이 왜곡된 경전의 해석이 당률에 규정된 이래 동양 각국의 형벌에 영향을 끼쳤다. 하지만 그 특혜는 법의 정신을 흔들 정도는 아니라는 데 주의를 기울여야 할 것이다. 즉 감형의 정도

---

514) 인용문에 대한 해석에 대해서는 <이재룡, 조선−예의 사상에서 법의 통치까지, 예문서원, 1995, 77−78면>을 참조.

515) 「예기」, 곡례 상.

는 1등급이라는 데 있다. 1등급의 정도는 전통형벌에서 감형의 폭이 그리 큰 것은 아니다. 장형과 태형에서는 10대를 감해 준 것이며, 도형의 경우 6개월 정도를 감해 주는 것이 1등급이다. 그리고 유배형의 경우는 장형을 부과하는데 그러한 장형을 감해 주는 정도가 1등급을 감하는 정도이다. 이것은 오늘날 재판에 있어서 과거의 공적을 생각하여 실형을 선고해야 됨에도 불구하고 집행유예를 선고하는 것과는 그 폭의 정도가 매우 작다.

④ 동거자의 범인은익

동거자 또는 대공 이상의 친족 및 외조부모·외손 또는 손자며느리·남편의 형제 및 형제의 아내 등이 범죄를 저지른 경우 이를 숨겨준 경우와 노비가 주인을 위하여 숨겨준 것은 범인은닉죄를 묻지 않고 모두 처벌하지 않고 있다. 만일 그 사건처리에 대하여 누설하였거나 사건과 관련된 소식을 몰래 전하였더라도 처벌하지 않는다. 여기서 동거라고 하는 것은 재산을 공유하고 같이 거주하는 것을 말하며 호적을 같이할 필요도 없으며 상복을 입을 관계가 아니어도 동거의 범위에 들어간다.[516]

십악 중에서 국가의 기반을 위협하는 모반(謀反) 대역(大逆) 모반(謀叛)의 죄를 제외하고는 범죄자를 은익하고, 사건처리에 대한 정보를 알려주어 숨거나 피할 수 있도록 한 행위에 대하여 범죄자와 은익자의 관계가 동거자이거나 대공 이상의 관계가 있을 때는 그 죄를 묻지 않으며 소공이나 시마의 친족 사이에는 3등급 감하여 처벌하도

---

516) 앞의 책.

록 하고 있다.517)

이와 같은 규정은 재산을 같이하여 동거자들 사이나 대공과 같이 혈연적으로 가까운 사이에는 정리상 범죄자를 숨겨줄 수밖에 없다. 이러한 인간의 정리를 유교의 형법에서는 보호를 해 주고 있는 것이다. 그리고 혈연적으로 대공보다 조금 먼 소공과 시마의 친족에는 3 등급을 감경하여 처벌하고 있다. 가족과 혈연을 중시하는 유교국가에서 이러한 법규정은 자연스러운 인간의 삶을 보호하기 위해 만들어진 것이라 할 수 있다.

⑤ 늙은이나 어린이, 불구자에 대한 조치

㉠ 나이 70세 이상 79세 이하인 자나 15세 이하 11세 이상인 자 및 폐질인 자518)에 대하여 유형 이하의 죄는 속금을 징수한다.519) 그러나 특정한 유형의 경우에는, 즉 가역류,520) 반역연좌류,521) 회사유류(會赦猶流)522)의 죄를 범한 자는 이 조문을 적용시키지 않으나

---

517) 「당률소의」 명례 46조, 동거상위은.
518) 당률에서는 불구자를 셋으로 구분하고 있는데 폐질자는 중간 정도의 불구자로 정신박약자, 난쟁이, 발목이나 허리가 잘려 나간 사람, 수족 가운데 한쪽을 사용할 수 없는 자 등을 가리킨다.
519) 「당률소의」 권4 제30조 명례30, 노소급질유범.
520) 유형 삼천리에 3년간 유배되는 형벌이다. 이 형벌은 수나라 때에 사형이었던 죄 가운데 비교적 가벼운 범죄를 당의 무덕(618-626)년간에 발꿈치를 자르는 단지형으로 형벌을 고쳤으며 정관 6년(632)에 가역유형으로 바꾸었다.
521) 모반(謀反)과 대역에 연좌되어 받은 유형이다.
522) 사면령이 내리더라도 계속 유형에 처해지는 유형을 말한다. 당률에 의하면 독약을 제조하거나 독충을 기른 자는 사면령이 내려도 유형 삼천리에 처하고(권18, 적도율 15, 262조, 조축고독), 소공존속이나 종부,

유배지에서의 노역은 면제하고 있다.

ⓛ 나이가 80세 이상인 자와 10세 이하 8세 이상인 자 및 독질[523]인 자로서 모반(謀反), 모대역, 살인을 범해서 사형에 처해야 할 자는 상주하며, 절도와 상해의 죄를 범한 경우는 속금을 징수한다. 그리고 그 밖의 죄는 논죄하지 않는다.[524] 여자인 경우는 60세 이상이거나 폐질자가 이에 해당한다.[525]

ⓒ 나이가 90세 이상이거나 7세 이하인 자는 사죄를 지었더라도 형을 집행하지 않는다. 만약 다른 사람이 교사하였다면 그 교사한 자를 처벌한다. 만약 물건을 훔친 것이 있어서 배상해야 한다면, 장물을 받은 자가 배상한다. 피교사자가 피해자와 친족관계가 있더라도 교사자는 친족에 대한 죄를 적용하지 않고 일반죄로 처벌한다.

ⓔ 행위 시에 법에서 정한 늙은이와 질환자는 아니었으나 사건이 발각된 당시에 해당 나이이거나 질환자의 경우는 위에 해당하는 발각시를 기준으로 논죄한다. 그리고 판결 시 노질자가 된 경우에는 고의로 질환자가 되지 않는 이상 역시 노질자로 논죄한다. 또한 형 집행 중에 노질자가 되어도 노질자로 논죄한다. 범죄 시 소년이 발각 시 장년이 되었으면 범죄 시를 기준으로 논죄한다.[526]

이러한 노인과 아이에 대한 규정은 「예기」의 다음과 같은 기록에

형 손위누이를 살해한 경우에는 사면령이 내려도 유형 이천리에 처하도록 하고 있다(권39, 단옥률 21, 문지은사고범).

523) 독질은 불구의 정도가 가장 심한 것으로 악질(문둥병), 정신분열증, 수족 가운데 두 가지 이상 사용할 수 없는 자, 두 눈을 실명한 경우를 말한다.

524) 「당률소의」 권4, 명례 30조 노소급질유범.

525) 「당률소의」 권2, 명례, 18조, 제명.

526) 「당률소의」 권4, 명례, 31소, 범시미노질.

서 근거하고 있다. '구십 세를 모(耄)라 하고 칠십 세를 도(悼)라 한다. 도와 모는 비록 죄가 있을지라도 형을 가하지 않는다.'[527]

이것은 어른을 받들고 어린이를 사랑한다는 유가의 사고에서 비롯된 것이다. 이러한 사상을 바탕으로 「주례」에서도 삼사법(三赦法)을 만들어 어린이·노인·질환자를 사면하도록 하고 있으며[528] 이러한 예를 본받아 당률에서도 15세 이하의 자와 70세 이상의 자 그리고 질환자를 차등적으로 구분하여 속금을 적용시키거나 사면을 하도록 하고 있다. 그리고 노인이나 질환자의 경우 판결 시를 기준으로 하여 나이와 질환의 정도를 고려하는 것은 국가의 형벌권은 범죄자의 수형능력의 정도에 따라 형벌을 처해야 한다는 유교적 형벌관의 소산인 것이다. 따라서 형을 받고 있는 도중에 70, 80, 90세가 되는 경우에도 해당 나이에 준하는 속금이나 사면을 하며 마찬가지로 형 집행 중에 질환을 얻게 되어도 해당 질환에 준하는 규정의 적용을 받는다. 반대로 소년 시 저지른 범죄가 성년 시 발각된 경우에 행위 시의 법적용을 하고 있다. 이것은 실질적으로 범죄중심이 아니라 범죄자중심의 행형이 이루어지고 있음을 보여주고 있는 한 예라 할 수 있을 것이다.

---

527) 「예기」곡예.

528) 「주례」에서는 삼사법을 만들어 유약자(幼弱者), 노모자(老耄者), 당우자(戇愚者) 등 세 종류의 사람들을 赦免하도록 하였다. 이들에 대한 나이기준은 시대에 따라 조금씩 다르기는 했지만 유약자는 7세에서 10세 이하를 말하고 노모자는 70-90세 이상을 말한다. 그리고 당우자는 선천적으로 백치이거나 정신병자를 말한다.

⑥ 면소거관(免所居官)

> 부서의 명칭이나 관리명에 부·조·증조의 이름자와 일치하는 글자
> 가 있는 데도 불구하고 영예를 탐하여 관직에 나아갔거나, 조부모·부
> 모가 늙고 병들었는데도 모시지 않고 방치하여 관직에 나아갔거나, 부
> 모의 복상 중에 자식을 임신하거나 첩을 얻었거나 복상 중에 형제들이
> 호적을 따로 하여 재산을 나누거나 관직을 구했거나, 감독 관리하는 잡
> 호529)·관호530)·부곡의 처 및 비를 간음한 자는 면소거관한다.531)

위의 규정은 관료로서 효에 반하는 행위를 하였거나 비도덕적인
행위를 하였을 때에 직위를 해제하는 규정이다. 처음의 내용은 부·
조·증조의 삼대의 이름 한 글자와도 동일한 부서나 직위에 올라서
는 안 된다는 것이다. 유교적 전통사회에서는 후손들이 조상의 이름
을 거명하는 데 예를 다하며 조심스럽다. 그런데 삼대의 이름자와
같은 글자가 자신의 부서나 관직에 있으면, 남이나 자신이 즐겨 부
르게 될 테이고 결국 조상의 이름을 범하는 꼴이 된다는 것이다. 사
대 이상을 가지 아니하는 이유는 관직에 나갈 자의 나이가 成年에
해당하는 나이라서 사대조까지는 생존해 있을 확률이 거의 없기 때
문에 그러한 것으로 보인다.

또한 부모나 조부모가 다른 부양가족 없이 80세가 넘거나 독질에
걸려 부양을 필요로 하는 데 불구하고 부모나 조부모를 방치하여 관
직에 부임하거나, 임명받은 후에 부양을 받아야 할 부모나 조부모의

---

529) 가 국가기관에 업무처리를 위하여 예속된 호.
530) 관아에 배속되어 있는 호.
531) 「당률소의」, 권3, 명례, 20조 면소거관.

나이가 80세가 넘거나 독질에 걸렸는 데도 불구하고 사임하기를 청하지 않으면 이 규정을 위반한 셈이 된다. 그러나 그 재능과 업적이 뛰어나 국가에 꼭 필요한 경우에는 관직을 갖고 있으면서 모시게 하여 이 규정에는 구애됨이 없게 하고 있다.

그리고 부모의 상복을 입는 기간 중에[532] 임신을 하거나 첩을 들이는 경우에도[533] 거관되며, 상복을 입는 기간 중에 형제가 분가하거나 부모의 재산을 나누더라도 이 규정을 적용한다. 그리고 상중에 관직에 나가도 이러한 규정을 적용한다. 이 규정은 부모의 복상 기간은 인간으로서 모든 행위를 근신하고 부모를 떠나보낸 슬픔에 잠겨야 할 때이다. 그럼에도 불구하고 개인적인 쾌락을 취하거나, 자신의 이익과 영달만을 위해 행동하는 것에 대하여 국가권력이 제재를 가하고자 하는 것이다.

그리고 자신의 감독관리하는 지역 내에서 잡호·관호·부곡의 양인처나 노비를 간음한 경우에도 강간이나 화간을 불문하고 직위를 해제한다.[534]

이와 같은 행위들은 당시 유교사회에서 사회적으로 비난을 받을 행위이기 때문에 거관을 하도록 하고 있다. 그러나 이와 같은 범죄를 저질러 직위가 해제되었다고 하더라도 1년 후에는 이전의 관품에서 1등급을 내려 등용하도록 하고 있다.

---

532) 부모의 상은 25개월이고 그 후 2개월은 담제(禪制)에 해당하므로 총 27개월을 말한다.
533) 상중에 처를 얻는 경우에는 십악의 불효에 해당하며 관작을 모두 박탈당한다.
534) 「당률소의」 권3 명례 21조.

⑦ 처무칠출(妻無七出)[535]

이 규정은 동양의 형률 중에서 가장 유교적이고 가부장적이며 남
녀차별적인 규정으로 알려져 있다. 그 규정의 내용은 다음과 같다.

처에게 칠출 및 의절의 상황이 없는데 내보내는 자는 도형 1년 반
에 처한다. 비록 칠출을 범했다 하더라도 세 가지 내보낼 수 없는 조
건이 있는 경우에 내보내는 자는 장형 일백 대에 처한다.[536] 이와 같
은 행위를 한 뒤 나중에 도로 합한 경우에도 같은 형량으로 처벌한
다. 만약 악질(문둥병)이나 간음죄를 범한 경우에는 이 율을 적용하지
않는다.

칠출은 처를 쫓아낼 수 있는 일곱 가지의 사항으로 아들이 없거
나, 음란한 짓을 하거나, 시아버지 시어머니를 섬기지 않거나, 여러
말을 하거나, 물건을 훔치거나, 시기 질투하거나, 문둥병을 앓거나
하는 경우를 말한다.[537] 그러나 삼불거에 해당하는 경우에는 칠출에
해당하더라도 내보내서는 안 된다. 삼불거는 시부모의 상을 치렀거
나, 시집올 때 빈천하였으나 부귀하게 된 경우, 그리고 받아줄 곳이
마땅하지 않은 경우를 말한다.

의절은 남편이 처의 조부모 부모를 구타하거나 처의 외조부모 백
숙부모 고 형제자매를 살해하거나, 남편과 아내 각각의 조부모, 부
모, 외조부모, 백숙부모, 고모, 형제자매 등등 두 가 사이에 한 편이
가해자가 되고 한 편이 피해자가 되는 살인사건이 발생하거나, 처가

535)「당률소의」권14, 호혼, 189조, 처무칠출이출지.
536) 앞의 조문, 삼불거.
537) 앞의 조문, 칠출자.

남편의 조부모 부모를 구타 또는 욕하거나 남편의 외조부모 백숙부
모 고모 형제자매를 살상하거나 남편의 시마 이상의 친족과 처모가
간음하였을 때를 말한다.[538]

의절을 범한 경우에는 관에서 이혼판결을 내리는데 이를 따르지
않은 경우도 1년에 처한다.[539] 그러나 칠출의 경우는 그러한 규정이
없다. 결국 의절을 범한 경우에는 양가가 더 이상 화합할 수 없기
때문에 반드시 관에서 이혼시키며 이에 따르지 않는 경우에는 도형
에 처하지만, 칠출의 사유가 있는 경우에 남편이 아내를 내쫓지 않
더라도 남편에게는 아무런 죄가 없다. 그리고 무자인 경우「당률소
의」의 문답에 의하면 내보낼 수 있는 기준은 처의 나이 50세에 이
르도록 아들이 없어야 하며 49세에 내쫓은 경우에는 이 규정에 의
하여 처벌하도록 하고 있다.[540]

칠출은 남편이 아내를 내쫓을 수 있는 정당성의 근거를 확보해
주는 것이 아니라, 오히려 삼불거와 같이 아무런 이유 없이 아내를
내쫓는 것을 막기 위한 안전장치로서의 역할을 하고 있는 것으로 보
인다.

⑧ 범죄자의 부모봉양

십악 아닌 사죄를 범하였으나, 조부모 부모가 노질이어서 마땅히
부양하여야 하는데 집안에 기친의 성정[541]이 없는 경우에는 황제의

---

538) 앞의 조문, 의절.
539) 앞의 책 190조,
540) 앞의 책, 189조.

재가를 청한다.542)

이 조항은 나이가 80세 이상이거나 중한 질환을 앓고 있는 부모 또는 조부모를 모실 성년의 남자가 범죄자 이외에는 집안에 없을 때, 그 죄의 집행을 미루고 직계존친을 부양하게 하는 것이다. 물론 부양 중에 조부모 및 부모가 사망하거나 기친 중에 성인에 달한 자가 생기면 다시 상주하게 하여 죄를 논하게 하고 있다.

위의 규정은 십악이 아닌 사죄를 범한 자의 형벌집행을 가족 내의 특수한 사정이 있을 경우에 왕의 재가를 얻어서 형의 집행을 미루는 특별규정이다. 유가의 근본적인 사상인 친친의 사상을 잘 보호하고 있는 대표적인 법률이라 할 수 있을 것이다.

그리고 유배형의 죄를 범한 사에 대해서도 법률에 의하여 비록 십악이나 중한 유배형543)에 해당하는 죄에 해당하더라도 임시로 머물러 부모 및 조부모를 부양하도록 하고 있다. 만약 집안에 성인이 된 자가 생겼거나, 부모 및 조부모가 사망한 지 1년이 지난 자는 유배형을 집행한다.

유교국가의 형벌권은 가정 내의 평화를 옹호하기 위하여 엄하게 간섭하고 있다. 그래서 부모에 대한 부양도 십악의 불효죄를 통하여 의무 지우고 있는 것이다. 집안에 늙거나 병든 사람이 있을 경우 국가는 직계비속에게 부양의 의무를 과하고 있는 것이다. 그러나 당률

---

541) 범죄자의 형제자매 자기의 자녀, 형제의 자녀, 백숙부, 고모가 기친이다. 여기서는 기친 중에서 21－59세 사이의 성인남자를 의미한다.
542) 「당률소의」권3 명례 26조.
543) 중한 유형이란 가역류, 반역연좌류, 자손범과실류, 불효류 등이 해당된다.

은 단지 그러한 의무를 형벌에 정하는 정도에 그치지 않고 있다. 직계비속이 사형에 해당하는 죄를 지은 경우에도 기친 중에서 범죄자의 직계존속을 부양할 성인이 없는 한 유교국가의 체제수호를 위하여 용인할 수 없는 마지막 보루인 십악의 죄가 아닌 경우에 한하여 형의 집행을 유보하고 있다.

이는 유교국가의 형벌이 단순히 법 그 자체의 보호에 목적을 두고 있는 것이 아니라, 유교가 추구하고자 하는 가치에 중점을 두고 있는 모습을 잘 보여주고 있다고 할 수 있다. 직계존속에 대한 부양의 의무, 즉 효는 유가의 법이 보호하고 있는 중요 가치 중의 하나이다. 그러나 중죄로 인하여 부양의 의무를 가진 유일한 성년자가 죽을죄를 지었을 때, 보호해야 할 이익이 서로 충돌하게 된다. 이때 보호이익을 서로 비교하는 것은 현대 형법에 의해서도 아주 중요한 의미를 지닌다고 할 것이다. 이것은 법이 어떠한 목적을 가지고 제정이 되고, 어떠한 이념을 가지고 해석이 되어야 하는 것과도 아주 밀접한 관련을 맺고 있는 것이다.

당률이 유교의 법이라는 것이 여실히 드러나고 있는 것도 바로 이러한 법조항 때문일 것이다. 비록 법가의 법의 모습을 가지고 있지만 그 해석에 있어서는 유가의 근본이념을 바탕으로 해석하고 적용하는 것이다. 그러므로 유교국가의 근본가치를 2차적으로 보호하는 형벌의 집행보다는 유교국가의 근본이 되는 가족 내의 부양의 의무에 더 높은 가치를 두어서 가족 내의 평화를 보호하고 있는 것이다.

국가비용의 면에서도 범죄자를 처형하여 범죄자의 존친을 국가에서 부양하는 것보다는 범죄자의 형 집행을 뒤로 미뤄서 범죄자로 하여금 직계존속을 부양하게 하는 것이 경제적으로 이익이 많을 것이다. 도죄에 해당하는 범죄를 지었으나 범죄자 이외에 가족 중에서 일할 성년이 없는 경우에는 그 가족의 생계를 위하여 도형 일 년을 장 120대로 대신하여 생업에 종사할 수 있도록 하는 규정도 찾아볼 수 있다. 이와 같은 조항을 통하여 유교형법이 얼마나 가족의 생존 확보에 배려를 하고 있는지를 엿볼 수 있을 것이다.

제2절 조선 초기의 형벌관

1. 조선의 형법

1) 명률의 의용

태조는 즉위하고 나서 고려의 법제의 장단점과 변천과정을 상세히 조사하도록 하였다.[544] 그리고 그달 28일에 형률의 운용에 대하여 교서를 내렸다.

> 고려의 말기에 형률이 일정한 제도가 없어서 형조, 순군부, 가구소[545]가 각자의 주장을 고집하여 형벌이 적정하지 못했으니, 지금부터는 형조는 형법 청송 심문을 관장하고, 순군은 순찰, 포도, 질서유지를 관장할 것이며, 그 형조에서 판결한 것은 비록 태형죄를 범했더라도 반드시 직첩을 취하고 관직을 파면시켜 피해가 자손에 미치게 하니, 선왕이 법을 만든 뜻이 아니다. 지금부터는 서울과 지방의 형을 판결하는 관원은 무릇 공사의 범죄를 반드시 대명률에 추탈하는 것이 명문화되어야 직첩을 회수하게 하고, 재산을 관청에 몰수하는 것에 해당되

---

544) 태조실록 권1, 태조 원년 7월 18일.
545) 순검군에게 체포된 법규위반자를 잡아가두고 죄를 묻는 일종의 구치소와 같은 곳.

어야만 가산을 몰수하게 할 것이며, 그 부과해서 환직하는 것과 속죄금을 내고 해임하는 것 등의 일은 일체 율문에 의거하여 죄를 판정하고 그전의 폐단을 따르지 말 것이며, 가구소는 폐지할 것이다.546)

고려는 원나라 침입 이후에는 형률을 고려율 대신에 원율인 지정조격을 사용하고 있었다. 그러나 원의 세력을 물리친 이후에 다시 고려율로 회귀하지는 못하였으며 공양왕 때에 정몽주가 지정조격과 명률을 기본으로 하여 신정률을 만들었으나 조선이 개국됨에 따라 시행을 보지 못하였다.

조선의 개국과 더불어 형률로 대명률을 사용하게 한 것은 당시의 관료의 중심을 이룬 사대부들이 고려 때부터 친명정책을 주장하였던 자들이었기 때문에 명에 대한 사대의 의미가 큰 것으로 보인다.547)

그러나 대명률은 한자로 되어 있어서 그 해석에 문제가 많았으며, 또한 일반 백성들이 내용을 알기가 어려웠다. 그래서 태조는 누구나 어려움 없이 알 수 있도록 하기 위하여 대명률을 이두로 해석을 하게 하였다. 태조 4년 2월에 그 결실을 맺어서 서적원에서 「대명률직해」 수백 권이 간행되어 반포하기에 이르렀다.548)

그러나 명률을 전적으로 수용하기까지에는 많은 시간이 걸린 것으로 보인다.

---

546) 태조실록 권1, 태조 원년 7월 28일.
547) 당시 태조의 교서는 정도전에 의하여 작성되었다. 정도전은 앞에서도 보았듯이 고려 말에는 친명책의 제일선에 서 있던 자였으며 유교입국의 입안자였다. 그에 의해서 나온 교서이기에 명률을 조선의 형률로 사용하고자 한 것은 당연한 일로 보인다.
548) 「대명률직해」 발문.

태종대에도 원율을 계속 적용하고 있었기 때문에 원율을 금지하고 명률의 널리 보급하기 위하여 다시 대명률을 번역하도록 하고 있다.[549] 그리고 세종조에도 원율인 지정조격을 인쇄하도록 하고 있는 것으로 보아서[550] 법률을 적용하는 데 원율도 계속 영향을 끼쳤을 것이라 보인다.

그러나 어찌하였건 대명률은 「경국대전」의 형전 용률조에 '용대명률(用大明律)'이라 하여 조선의 기본적인 형률임을 천명하고 있는 것이다.

대명률은 중국의 법이기 때문에 우리의 실정과 맞지 않은 부분이 있을 수밖에 없다. 우선 관제가 조선과 명이 다르며, 명은 당시 형벌에 대신하는 속죄금을 동전으로 내게 하였지만 조선은 당시 경제 구조상 화폐통화가 일상화되지 못하였기에 곤란하였다. 그리고 유배형에서도 중국은 대륙이기에 3000리 형이 가능하였지만 조선은 한반도에 위치하고 있기에 그러한 형을 실질적으로 집행하는 것이 불가능하였던 것이다.

그래서 명률의 번역은 단순히 우리의 말로 바꾸는 작업을 넘어서 우리의 실정에 알맞은 법으로의 개정이 불가피하였다. 그리하여 관직명이 조선의 관명으로 바뀌고 속전은 화폐 대신 베를 내게 하였다. 유형은 2000리에서 3000리까지 세 단계로 되어 있으나 지역 여건상 불가능하기 때문에 범죄인의 거주지를 중심으로 하여 유형의 등급에 따라 정하였다. 예를 든다면 서울 경기도에서 3000리는 평안 함경 전라 경상의 해변가이고 2500리는 그 지역의 내륙 또는 강원

549) 태종실록 권22, 태종 11년 12월 2일(무자).
550) 세종실록 권22, 세종 5년 10월 3일(경술).

도 해안, 2000리는 그 지역에서 서울과 가까운 지역 또는 강원도 중앙 지역으로 정하였다.[551]

2) 명률의 편제

명률은 당률을 이어받은 법률이기는 하지만 그 편제를 달리하였다. 먼저 총칙편인 명례를 앞에 두기는 하였지만 각칙에 있어서는 국가조직형태에 따라 구분하여 기술하고 있다. 즉 육전의 체제에 따라 이률·호률·예률·병률·형률·공률 등으로 나누어 기술하였다.

그래서 먼저 이율에는 관리의 범죄와 공식문서 등에 대한 범죄를 기술하고 있다. 그리고 호율에는 호적과 부역·토지·결혼·창고·전매·이자·시장 등에 관한 규정을 두고 있다.

예율에는 제사 의례와 상례 등에 관하여 규정하고 있다.

병률에는 궁궐의 수비·군대·성문과 나루터·목축·우편과 역마 등에 대한 범죄에 대하여 규정하고 있다.

형률에는 모반과 절도, 살인과 상해, 다툼, 모욕, 소송, 뇌물, 사기, 간음, 방화, 범인체포, 행형 등에 관한 범죄를 규정하고 있다.

그리고 마지막으로 공률에는 국가의 공공물, 도로와 제방 등에 관한 범죄를 규정하고 있다.

---

551) 대명률직해에서는 속전을 동전에서 오승포로 환산을 하여 내게 하였으며 그 비율은 동전 1관에 오승포 5필이다. 조선초의 유형의 실세에 대해서는 '세종실록 권48, 세종 12년 5월 15일(갑인)'에서 찾아 볼 수 있다.

2. 「조선경국전」에 나타난 형벌관

1) 정도전의 유교적 형벌관

정도전은 그의 저서에서 헌전의 편을 두어 형법에 대한 견해를 피력하고 있다. 앞에서 유가의 형벌관에서 나타났듯이 정도전에게 있어서 형벌은 단지 정치를 보좌하는 것이지 그 본류는 아니라고 하고 있다.

> 성인이 형을 만든 것은 형에만 의지하여 다스리려는 것이 아니라, 오직 형으로서 다스림을 보좌할 뿐이다. 즉 형벌로써 형벌을 그치게 하고, 형벌을 사용하여 형벌이 없어지기를 기하는 것이다. 만약 우리에게 다스림이 이루어지게 된다면 형벌은 방치되어 쓰이지 않게 될 것이다.[552]

즉 형이라는 것은 나라를 다스리는 데 있어서 군왕의 가르침대로 따르지 아니하는 자를 벌하기 위한 방편이지 군왕의 가르침을 관철하기 위한 수단은 아닌 것이다. 그러기 때문에 일탈행위를 하는 자에 대하여 바로 형벌이 투입돼서는 안 된다. 형벌을 부과함으로써 다시는 죄를 범하는 일이 없을 것이라는 결과가 예견될 때 형벌을 가할 수 있다는 것이다. 즉 개선 가능성이 예견되는 경우에 비로소 형벌을 줘야 한다는 것이다. 그리고 형벌은 유교에서 추구하는 사회를 이루기 위한 수단으로서 대동사회에서는 결국 없어져야 하는 방

---

552) 정도전, 「삼봉집」 권14, 조선경국전 하, 헌전총서.

편에 불과한 것이다. 그러므로 형벌은 단순히 범죄행위에 대한 처벌에 불가한 것이 아니라 형벌을 없애는 것, 즉 범죄를 그 사회에서 불식시키는 데에 목적을 두어야 하는 것이다.

그러나 현 사회에서 범죄는 끊임없이 일어나기 때문에 형벌도 존재해야 한다. 따라서 항상 형벌은 그 자체에 목적이 있는 것이 아니라는 것을 위정자는 인식해야 한다.

> 천지는 만물에 대하여 봄에 생육시키고 가을에 살육시키며, 성인은 만인에 대하여 인(仁)으로써 사랑하고 형으로써 위엄을 보인다. 대개 살육하는 것은 그 근본을 회복시키기 위한 것이고 그 위엄을 보이는 것은 그 생존을 보전시키기 위한 것이다.[553]

형벌은 사람을 죽이기 위한 것이 아니라 사람을 살리기 위한 것이다. 가을에 모든 나무들이 잎을 떨어뜨리는 것은 봄에 다시 태어나기 위한 준비듯이 인간에게 형벌은 인간의 생존을 위하여 행하여져야 하는 것이다. 그러므로 범죄가 의심스러우면 관대한 처벌을 행하고 죄를 용서하여 새 사람이 될 수 있는 기회를 많이 주어야 한다고 하고 있다. 이렇게 인간을 위한 형벌이기 때문에 모든 사람은 형벌이 금하는 것이 무엇인지 알 수 있어야 한다. 그리고 그러한 형벌은 반드시 제정된 법률에 의하여 처해져야 하는 것이다.

> (태조는) 어리석은 백성이 法을 잘 모르고 금법을 어기는 일이 있을까 염려해서 주무관청에 명하여 대명률을 방언으로 번역하게 해서

---

553) 앞의 책.

대중으로 하여금 쉽게 깨우치게 하였고, 무릇 처단과 판결에 있어서는 모두 이 법률에 의거하였다.554)

2) 형률의 편제

그는 법전의 편제상 명례가 우선하는 이유로 우선 형벌을 바르게 정하고 그 운용에 있어서 대체적인 모습을 정하는 것을 먼저 해야 한다고 보았다.

> 일에는 반드시 이름을 바르게 해야 이루어지고 이름은 반드시 본보기가 있어야 정해진다. 그러므로 옛날 법률을 제정하는 사람은 반드시 명례를 우선으로 삼았다.555)

그러므로 명례에는 먼저 형벌의 종류가 나열된다. 다음에는 혈연에 따라 형벌의 적용에 경중이 있음을 밝히고 있다. 혈연관계는 오복으로 표현하였는데 이것은 가족과 친족 간에 원근에 따라서 상에 났을 때 복을 입는 기간의 경중을 둔 것이다. 기간이 길수록 혈연관계가 가까운 것이기 때문에 예가 엄격하고, 은혜가 중하기 마련이다. 이러한 정도에 따라 예를 거스른 경우에도 죄의 경중이 다르고, 인정(人情)에서 일어난 죄일 경우에는 관대하게 처리하는 것이다.

그리고 십악을 두어서 군신의 분수를 존중하고556) 친족을 친하게

---

554) 앞의 책.
555) 앞의 책, 헌전 명례.
556) 모반(謀反) 모대역 모반(謀叛) 대불경이 이에 해당한다고 하고 있다.

하고 은혜를 존중하며557) 사람의 생명을 존중하고558) 관리와 백성 간의 의리와 스승과 친구 간의 의리, 부부와 남녀의 구별을 존중하게 하는 것이다.559) 이러한 것은 인간이 살아나가는 데 있어서 가장 큰 윤리질서이기 때문에 법에 의하여 반드시 주륙해야 한다고 하고 있다. 다음에는 팔의를 두어서 은혜와 의리를 가지고 죄를 논하고 있다.

이 모든 명례의 규정이 은혜·의리·인정·법률로써 경중을 참작하여 그 중도를 택한 것이라 하고 있다.560) 이와 같은 정도전의 형벌에 대한 관점은 당률에서 보이는 유교적 형벌관을 그대로 수용한 것으로 보인다.

각칙에서는 먼저 직제편을 두고 있다. 당률에서는 위금편을 먼저 두고 직제는 그다음에 두었지만, 정도전은 명례의 편제를 따라 직제를 먼저 두고 있다. 당률은 왕의 권위를 강조하기 위하여 궁궐경호와 출입에 관한 규정을 먼저 둔 것으로 보이나, 명률에서는 육조의 편제에 따라 순서를 정하였기 때문에 이조와 관련된 직제를 먼저 두고 있다.

직제편은 관료들에 대한 형벌을 규정한 것으로 정도전은 이러한 규정이 제일 먼저 나온 이유로 먼저 관직에 있는 자들을 경계하지 않으면 관부를 해치고 백성들이 병들어 나라가 위태로워질 수 있기 때문이라고 하였다.561) 즉 관료들은 왕도정치를 구체화하고 현장에

557) 악역 불효 불목이 이에 해당한다.
558) 부도가 이에 해당한다
559) 불의와 내란이 이에 해당한다.
560) 정도전, 앞의 책, 명례.
561) 정도전, 앞의 책, 헌전 직제.

서 직접 실현해 나가야 할 자들로 직접 백성과 접하는 사람들이다. 비록 아무리 王의 올바르다고 할지라도 관료가 왕의 시책을 제대로 시행하지 않는다면 아무런 소용이 없는 것이다. 그러므로 먼저 관료를 바르게 하는 것이 정치의 시초라고 보는 것이다.

다음에 공식편을 두어서 국가의 모든 행정업무는 반드시 문자와 부절(符節)·인신(印信)으로 하게 하며 이를 위반하거나 위조한 경우에 국가형벌권을 발동하게 하고 있다.

다음으로는 호조와 관련된 호역편을 두고 있다.

백성은 국가의 근본으로 국가의 부역이나 생산, 조세 등을 맡고 있으므로 백성에 대한 관리는 그 나라의 흥망성쇠와 직결되는 것이다. 그러므로 호적을 철저히 관리하여 나라의 부역을 정하는 데 백성들이 어려움이 없도록 하고, 토지와 가택을 관리하여 백성들의 생업의 근본을 엄정하게 하며, 혼인에 음란함이 없도록 하고, 창고·조세·전곡·시장·점포 등 백성의 생활과 직결되는 것을 국법에 의하여 보호해야 하는 것이다.

예조와 관련된 것으로 제사와 의제편을 두고 있다.

종묘사직을 받드는 것은 국가의 가장 큰일이기에 불성실함을 경계하기 위하여 제사편을 두고 있으며, 등위를 밝히고 상하를 구별할 수 있게 하고 풍속을 바로 세우기 위하여 의제편을 두고 있다.

병조에 관한 것으로 궁위·군정·관진·목축·우편과 역참 등의 편을 두었다.

형조에 관련된 것으로는 먼저 도적편을 두고 있다.

정도전은 인간의 성품을 맹자를 쫓아서 선한 것임을 먼저 밝히고 있다. 그리고 도적이 발생하는 것은 그 사람이 성정이 아니라고 하고 있다.

> 사람의 성품은 다 착한 것이며, 부끄러워하는 마음은 사람마다 모두 가지고 있는 것이다. 도적이 되는 것이 어찌 인간의 본정이겠는가? 일정한 생업이 없는 사람은 따라서 일정한 마음을 가질 수 없는 것이다. 배고픔과 추위가 몸에 절실해지면 예의를 돌볼 겨를이 없이 대부분 부득이한 사정에 압박되어 도적이 되는 것일 뿐이다.[562]

인간은 자신의 생업이 있으면 일정한 수입이 있어서 선한 마음을 유지하면서 살아나갈 수 있다. 그러지 못한 경우에 배고픔과 추위는 인간의 본성조차도 앗아가 결국 도적이 된다는 것이다.

그러므로 국가는 도적을 범하기 전에 먼저 백성들이 생업에 안정되게 종사(從事)할 수 있도록 인정(仁政)을 펴야 하는 것이다.

> 그(백성)들을 부릴 때에는 농사짓는 시기를 빼앗지 않아야 하고, 그들에게 수취할 적에는 그들의 힘을 손상시키지 말아야 한다. 남자에게는 먹고 남은 곡식이 있고 여자에게는 입고 남은 베가 있어서 위로는 부모를 섬기기에 풍족하고 아래로는 처자를 기르기에 풍족하면, 백성들은 예의를 알게 될 것이고, 풍속은 염치를 숭상하게 될 것이므로 도적은 없애지 않아도 저절로 없어질 것이다.[563]

국가는 백성을 부역으로 부릴 때나 병역을 동원할 때도 번농기를 피하여 백성들이 농사를 짓는 데 지장이 없도록 하여야 하며, 조세는

---

562) 앞의 책, 헌진 도적.
563) 앞의 책.

백성들이 부모를 봉양하고 처자를 기를 수 있을 정도의 생활을 유지할 수 있도록 적절히 거두어야 하는 것이다. 그런 경우라면 인간의 성정은 순화될 수밖에 없으며 도적은 저절로 없어진다는 것이다.

그러나 궁핍범이 아니라, 자신의 분수에서 벗어난 이익과 욕심을 추구하고자 범죄를 범하는 경우가 있을 것이다. 도적편을 두는 것은 바로 이러한 간악한 도적을 경계하기 위하여 조항을 둔 것이라는 것이다.564)

다음에는 인명투구편을 두어서 사람끼리의 살상행위를 금하고 있다. 이 편의 목적은 살상행위를 처벌하는 데 있는 것이 아니라 살상행위를 없애는 데 있다고 밝히고 있다. 그리고 그 이유는 인간은 공존해야 한다는 데 근거를 두고 있다.565)

사람들이 사적인 자리나 공적인 자리에서 다투는 것은 그 이해득실을 따져볼 필요가 있기 때문에 매리소송편(罵詈訴訟篇)을 두었다. 매리는 사적인 자리에서 말로 다투는 것으로 아랫사람이 윗사람을 침해하는 행위 등을 금지하고 있다. 소송은 관부에서 다투는 것으로 소송절次에 위배한 자를 처벌하도록 하고 있다.

수장사위(受贓詐僞)편은 관리가 뇌물을 받게 되면 탐욕으로 인하여 본직에 어긋난 행동을 하게 되고, 속임수를 쓰게 되면 분란이 생기기 때문에 위정자가 이를 걱정하여 조항을 두고 있다.

그리고 군자의 도는 그 실마리가 부부에서 시작되고 왕자의 교화는 그 시초가 규문에서 출발하는 것이라 하여 범간(犯姦)편을 두어 성의 문란함을 엄벌에 처하였다. 비록 인간의 삶 속에서 아주 은밀

---

564) 앞의 책.
565) 앞의 책, 인명투구.

한 일이기는 하지만 방치하였을 경우에 인도(人道)가 문란하여 왕의 교화가 허사가 되기 때문에 중하게 다루고 있다고 밝히고 있다.

잡범편을 두어서 비록 경미한 범죄이기는 하지만 규정이 없으면 백성들이 소홀히 여길까 봐서 법으로 규정하여 경계하고 있다.

그리고 도망자의 처리와 행형에 대하여 포망(捕亡)단옥(斷獄)편을 두었다.

공조에 관련된 것으로 국가의 공공건물이나 도로 제방건설 등에 백성을 부역과 관련된 규정을 두고 있다. 관리들은 긴급사항이 아닌 경우 함부로 부역을 시키지 못하게 규정하고 있다. 부역을 시키는 시기와 부과 정도가 모두 법으로 정해져서 담당관료들은 이를 숙지하여 업무를 처리하여야 한다.

3) 육전체제에 있어서 형전의 위치

형전은 육전의 하나지만 나머지 다섯 법전들이 다 형전과 관련되어 있지 않은 것이 없다. 형은 앞에서도 보았듯이 정치를 보좌하는 법이다. 형은 모든 국가적 행사에 위엄을 높이고 의례를 엄숙히 하며 질서를 바로잡을 수 있도록 하는 것이다. 그러나 형벌이라는 국가강제는 어떠한 것보다도 강력한 수단이기 때문에 어떠한 제도보다도 우위에서 작용할 수 있다. 그러나 항상 유의해야 할 것은 앞에서 공자가 밝혔듯이 군왕은 먼저 자신이 모범을 보이며 예로써 규제를 해야 하며, 법과 형은 이러한 왕도정치를 보완하는 방편으로서 나중에 개입이 되어야 한다.

정도전은 「논어」의 위정편에 나오는 '백성을 법으로써 인도하고 형으로써 다스리면, 그들은 법망을 뚫고 형을 피함을 수치로 여기지 아니한다. 그러나 덕으로써 인도하고 예로써 다스리면 수치심을 갖게 되고 질서도 바로잡게 된다.'라는 구절을 인용하면서 이 공자의 말을 통하여 본말과 경중의 순서를 알 수 있다고 하였다. 이 의미는 곧 덕치가 먼저 행해지고 예치로서 행위를 규제한 다음에 법치가 덕치의 보완으로서 행하여지고 형벌이 예의 보완으로서 작용되어야 한다는 말로도 해석이 가능할 것으로 보인다.

3. 조선 초기의 형벌집행

1) 신분형법

(1) 신분에 따른 형벌집행

당률의 '팔의'에서 살펴보았듯이 유교의 형벌집행은 신분에 따라 달리하고 있다. 그러나 신분이 높다고 하여 그 범죄사실조차 부정되는 것은 아니다. 그 범죄는 인정하지만 범죄자의 특별한 신분에 의하여 명례에 정한 감면사유에 해당하는 경우에 한하여 형벌을 감면하며, 그 대신 관작을 회수하거나 속죄금을 받도록 하는 것이다. 여기서 말하는 특별한 신분이라는 것은 앞에서 밝혔다시피 전·현직 관료나 종친 등을 말한다.

이와 같이 신분에 따라 차등적으로 형을 집행한다는 것은 단지 형의 집행뿐만 아니라 형사절차에 있어서도 마찬가지였다.

사헌부에서 계하기를, "문무관과 삼품 이상의 음직이 있는 자손들이 십악·간음과 절도·불법살인, 옳지 못한 장물을 받아 개인적으로 사용한 것 이외의 태형과 장형은 금년 정월 16일의 수교에 의거하여 모두 의금부로 옮겨 보내어 시행할 것입니다. 그러나 그중에 전직 동반 참외(參外)566)와 임시직·임무 없는 직, 서반 참외와 음직이 있는 자손들의 범죄는 추고한 후에, 아뢰지 말고 즉시 의금부로 옮겨 보내어 죄과대로 처단할 것입니다. 그 본디 상인인 자는 전례에 의거하기를 청합니다. 태형죄는 바로 단죄하고, 장형죄는 형조에 옮겨 보내어 논결하고, 공상과 천민출신들은 비록 참상(參上)567)이라도 또한 전례에 의하여 태형죄와 장형죄로 바로 단죄할 것입니다."라고 하니, 그대로 따랐다.568)

임금이 좌우 신하들에게 이르기를, "경대부의 자손은 혹 죄를 범하더라도 의당 할아버지나 아버지의 음덕을 입지만, 공상인 출신에 있어서는 비록 혹 관직이 높더라도 다만 녹을 받는 관직에 제수되었을 뿐이니, 그 자손이 또 어찌 할아버지의 음덕으로 말미암아 죄를 면할 수 있는가. 이제부터 공상의 자손으로서 죄를 범한 자는 律文에 의하여 과단하라." 하였다.569)

일반인들의 태형과 장형의 범죄는 그 즉시 즉결하도록 하고 있으

---

566) 조회에 참여하지 않는 7품 이하의 하급관료를 말한다.
567) 종삼품에서 6품 이상의 관직.
568) 세종실록 권21, 세종 5년 7월 13일(신묘).
569) 세종실록 권46, 세종 11년 11월 17일(기미).

나, 전·현직 관료와 음직이 있는 자손에 한해서는 의금부에 옮겨서 심리 후에 시행하게 하고 현직 관료와 삼품 이상의 자손들은 왕에게 아뢰어서 왕의 처사에 따라서 형을 집행하게 하여 그 신분에 따라 형사절차도 달리하고 있음을 알 수 있다. 더구나 비록 현직 관료라고 할지라도 공인이나 상인출신들의 자손들에게는 특혜를 주지 않고 있다. 그 이유는 상공출신은 비록 높은 관직을 얻었다고 하더라도 그 재주에 따라 녹봉을 주는 관직이기 때문에 일반 양반들의 받은 관직과는 다르다는 것이다. 즉 양반들은 작위가 경대부의 신분이지만, 상인과 공인은 비록 관직은 얻었더라도 신분은 그대로 상공인이라는 것이다. 그러므로 아무리 높은 관직에 있다고 할지라도 작위가 없는 자이기 때문에 일반인의 범죄와 마찬가지로 처결하도록 하겠다는 것이다.

이와 같이 형벌을 차별적으로 집행하는 이유는 성종대의 논의를 통해서 극명하게 드러난다. 성종 21년에 전직 대관의 심리를 사헌부에서 하도록 하는 것에 대한 반대논의가 많았는데 그 논의 중에 사대부의 범죄처리에 대한 공통된 의견이 있음을 알 수 있다.

홍문관 부제학 이집 등이 상소하였는데 대략 이르기를 "옛날에 형벌이 대부에게까지 이르지 아니하였던 이유는 대부는 임금의 팔다리로서 서로 한 몸이기 때문입니다. 국가가 (선대의)조종조로부터 무릇 사대부에게 죄가 있어도 진실로 중한 범죄가 아니면 증거에 의하여 죄를 정한 것은 염치를 기르고자 한 때문이었습니다. 지금은 그러지 못하여 범한 것이 비록 작은 데도 걸핏하면 고문을 하니 국문을 받는 자가 죽을죄에 이르지 않았다면 누가 매질의 곤욕을 즐겨 받겠습니까? ……원하건대, 조종조의 고사를 따르시어 사대부는 죄가 있더라도 가벼이 고문을 사용하시지 마시고 대관이 죄가 있을 경우에는 다른 관아로 옮겨서 국문하신다면, 아래서 자중할 줄도 알고 선비들의 기풍도 진작될 것입니다.570)

사대부는 임금을 도와서 정치를 펴나가는 직책에 있는 자이다. 비록 임금의 능력이 아무리 탁월하다고 할지라도 모든 일을 일일이 알 수 없으며, 시정을 하는 데 있어서도 혼자의 힘으로는 국토에 골고루 미칠 수는 없다. 그러므로 사대부들은 왕의 눈과 귀가 되어서 현실을 올바로 파악할 수 있도록 해 주어야 하며, 팔과 다리가 되어서 왕이 펼치고자 하는 국정운영을 각 부서에서 시행할 수 있게 하여야 한다. 이러한 이유로 태조 때부터 사대부의 범죄행위는 가벼운 것이거나 과실에 의한 경우에는 증기 없이는 처벌하지 않도록 하였다는 것이다. 그리고 죄상을 밝히는 관아가 여럿 있으므로 관리의 소속관아 이외의 관아에서 국문하게 하여 사대부의 최소한의 염치를 세워주라는 청이다.

여기서 조선에서 왕과 관료의 관계가 어떻게 설정되고 있는지를 찾아볼 수 있다. 그 둘 사이는 국정운영이라는 공동의 임무를 수행하는 데 있어서 동반자라는 의식을 가지고 있었다고 보인다. 이러한 관점하에서는 신분에 의한 특별대우는 양반층에 해당되는 것이며, 전 관료에 해당되는 것은 아니다. 관료들 중에는 공인이나 상인 출신들도 비록 자신의 재주로 인하여 관직을 얻을 수도 있지만 관직은 내개 그 내에 그치기 때문이다. 그러므로 양반계층과 같이 국정운영

570) 성종실록 권240, 성종 21년 5월 16일(정묘).

의 동반자라는 그러한 관계는 아니라는 것이다.

이러한 신분에 따른 형법의 적용은 당률 이후로 중국의 법제의 영향을 받은 동양제국들이 가지고 있는 제도이다. 그러나 이러한 제도는 항상 관료계층에 유리하게 작용하였다고는 볼 수 없다. 성종 때의 상소에도 나타나듯이 형벌에 의한 법집행을 하지 않음으로써 왕의 자의가 투입될 가능성이 얼마든지 있기 때문이다. 즉 왕의 권력이 강할 때에는 관료들은 오히려 일반 백성들보다 더 험한 고초를 겪을 수밖에 없기 때문이다.

그러나 일반적으로 신분형은 범법한 관료들이나 양반계층의 명예를 어느 정도 지켜주면서 형벌을 가하고자 하는 방향으로 나타나고 있음을 볼 수 있다. 조선시대에 사형에 처할 관료들에게 사약을 내리는 것도 그간의 노고를 참작하여 명예롭게 죽을 수 있도록 고려하는 것이다. 성종 20년의 기사에 의하면 '예부터 대부에게는 형을 가하지 않고 사약을 내렸다.'고 하고 있다. 이것은 양반계층에게는 사형을 집행하는 데 있어서 교수형이나 참수형 등 법에 정해진 형벌에 의하여 처하지 않고 스스로 목숨을 끊을 수 있게 하여 나름대로의 명예를 보전하도록 하였다는 것이다.571)

이와 같은 형벌집행은 오늘날 누구나 인정하고 당연한 것으로 받아들이는 '법 앞의 평등'이라는 대원칙에 정면적으로 위배되는 법의 적용이기는 하였지만 그 당시의 법조문이 가지고 있는 성격상 이러한 특례조항이 없이는 형을 감경할 수가 없기 때문에 나름대로의 타당성을 지니고 있다고 할 수 있을 것이다.

---

571) 성종실록 권226, 성종 20년 3월 7일(을축)).

당시의 형법 규정상 일정한 범죄에 대하여 일정한 형벌이 주어지도록 되어 있기 때문에 일정한 범죄를 저지른 자는 모두 같은 형벌을 받도록 되어 있다. 즉 절도범의 경우 형벌은 절도한 물건을 금액으로 환산하여 금액 범위당 형벌이 정확히 정해져 있었다. 「대명률직해」에서 절도죄를 보면 동전으로 환산하여 1관(貫) 이하의 금액일 경우 장 60대이며, 1관에서 10관까지는 장 70대…… 40관 이상에서 50관까지는 도형1년…… 110관에서 120관까지는 유배형 3000리에 그친다. 이러한 규정원칙으로 인하여 감경에 대한 특별규정이 없는 법률에 정해진 처벌을 해야 했다. 그러므로 범죄자의 신분이나 피해자와 범죄자의 관계에 따라 가중 또는 감경의 사유를 정해 줘야만 가중 또는 감경이 가능했던 것이다.

그러나 오늘날 우리의 형벌조항은 한 범죄행위에 대하여 처벌범위가 몇 년 이상 또는 몇 년 이하의 징역 등으로 하한과 상한이 있다. 벌금의 경우는 6년 이하의 징역 또는 1000만 원 이하의 벌금이라는 법정형의 범위 내에서 선고하는데 판사는 그 범위 내에서 여러 가지 상황을 참작하여서 형량을 선고하게 된다. 여기서는 판사의 재량이 가능하기에 판사에 따라 형량이 다르다는 불만이 나오는 것이 현실이다.

이 두 가지의 양형 형식은 그 기원을 달리하기 때문에 좋고 나쁨고를 비교하는 것은 곤란하다는 생각이 든다.

(2) 존귀의 보호

유교의 질서사상은 존비와 귀천의 구별에서 나온다. 존귀한 것은 존귀한 대우를 하고 비천한 것도 거기에 맞게 처우를 하여 그 구분을 확실하게 함으로써 신분질서가 확립되는 것이다. 이러한 사고는 형벌에도 투입되어서 신분이 낮은 자가 신분이 높은 자를 고발하지 못하도록 하거나, 아랫사람이 윗사람에게 범죄행위를 한 경우에는 가중처벌하고 있다.

이러한 존귀를 보호하고자 하였던 사상은 고려 이래로 우리의 법에 나타나고 있었던 형벌사상이라고 할 수 있을 것이다. 존귀의 보호는 유향소(留鄕所)와 밀접한 관계를 가지고 진행되었다. 유향소는 여말선초에 지방수령의 정치를 돕고 백성의 풍속을 교화하기 위한 지방품관들의 자치적인 기구였다. 유향소는 태조의 향헌(鄕憲)의 제정과 더불어 백성의 유교적 교화와 더불어 신분질서의 확립에 기여를 한 것으로 보인다. 향헌의 제정은 조선향약의 배경으로서 그 가치를 인정하고 있는데 그 내용은 지방의 습속을 바로잡기 위하여 가족질서와 윤리 그리고 사회 내의 장유의 질서와 존귀의 질서를 위반한 자, 그 밖에 사회 내의 윤에 합당하지 않은 자들을 처벌하게 하고 있으며 그 벌로는 호적에서 제적하거나 향리에서 내쫓거나 신분을 박탈하거나, 기용하지 않도록 하고 있다. 이러한 태조의 향헌은 비록 태조의 고향인 함흥(咸興)에서 행하여진 것이지만 이러한 향헌의 존재로 보아 대부분의 지방에서도 백성을 교화하고 향리를 규찰하는 도덕적인 규약이 있어서 지방의 풍속을 바로잡았던 것으로 보인다.[572]

고려의 향리들은 조선에 와서도 지방에서의 기득권을 계속 유지하려고 하여 조선왕조의 중앙집권적 정책과 정면으로 배치되었다. 태

---

[572] 향헌의 내용은 <김명진, 『우리나라 향약에 관한 연구』, 건국대, 박사학위논문, 1978, 43-52면> 참조.

종에 와서 사헌부 대사헌 허응 등이 시무를 올려 수령을 헐뜯고 백성을 핍박한다는 이유를 들어서 유향소를 혁파하기를 청하였다. 태종은 이에 의정부의 논의를 거쳐서 유향소를 혁파하기에 이르렀다.573) 그러나 지방의 질서, 특히 존귀의 보호를 위한 필요성 때문에574) 새로운 제도를 모색하게 되었고 유향소가 다시 설치되었다.575) 그러나 이때 성립된 유향소는 수령고소금지法의 규제를 받았으며 경재소(京在所)의 설치를 통하여 철저하게 관의 관리하에 두었다. 이러한 官의 기구화된 유향소는 지방관과 결탁하여 민폐를 끼침으로써 세조 때 다시 폐지하였다. 그리고 성종대에 논란을 거듭한 끝에 다시 설치를 하게 되었다.576) 이러한 유향소에 대한 폐지와 설치의 반복은 전 백성에 대한 유교교화의 필요와 그에 따른 민폐 때문에 야기된 것이었다. 이러한 유향소는 조선 중기에 향약의 발전과 더불어 신분질서를 바탕으로 하는 지방습속을 교정하는 역할을 담당하였다.

이와 같은 백성의 유교적 교화와 더불어 국가법도 신분질서를 유지하려는 방향으로 나아갔다.

속형전(續刑典) 이르기를 '주문공이 효종에게 말하기를 "원컨대 폐하께옵서는 중외의 사정전옥관(司政典獄官)에 깊은 조칙을 내리시어

---

573) 태종실록 권11, 태종 6년 6월 9일(정묘).
574) 세종실록 권40, 세종 10년 6월 6일(정해).
575) 유향소절목(세종 10년 6월). 유홍렬, 「조선향약의 성립」, 『진단학보』 9집, 1938. 6, 88면 재인용.
576) 성종실록 권137, 성종 13년 1월 22일(신묘). 이때에 이르러 향촌의 풍속을 바로잡기 위하여 다시 유향소의 설립에 내하여 의논하게 하고 있다.

무릇 형사소송이 있사오면 반드시 먼저 그 존비·상하·장유의 친소를 분별한 연후에, 그 옳고 그른 사연을 듣게 하옵소서. 무릇 아랫사람이 웃어른을 범한 것이라든가 비속이 존속을 업신여겼다든가 하면 비록 옳다 하더라도 편들지 아니하고 그 옳지 아니하면 죄를 보통사람보다 더하여 처벌하게 하소서." 하였다.'577)

다툼이 있을 경우에는 먼저 그 두 사람의 관계를 먼저 분별한 후에 아랫사람이나 연소자가 윗사람이나 존장을 침해하였을 때에는 비록 그 원인에 있어서 윗사람이나 존장이 잘못이 있을 경우에는 옥의 관리는 중립을 지키며, 만일 아랫사람이 잘못한 일임이 밝혀지면 보통인의 범죄보다 가중하여 처벌하도록 하고 있는 것이다.

이러한 원칙에 따라서 속형전에는 국가의 존망이나 불법적인 살인과 관계되는 일이 아닌 경우에 향리들이 관리를 고발하거나, 품관 아전 백성들이 수령이나 감사를 고발하는 행위를 금하였다. 단지 자신의 억울한 사정을 고소한 것이라면 고소장을 받아서 다시 처결해주기는 하지만 만일 일이 이미 집행되어 추후로 다시 처결할 수 없거나, 보복을 하기 위하여 억울하다고 하면서 고소하였을 경우에는 마찬가지로 죄를 논하도록 하고 있다.578)

이러한 법의 적용은 비록 비천한 것은 존귀함을 침해하지 못한다는 유교적인 질서를 확고히 하는 것이기는 하지만, 이러한 법의 적용되기 위해서는 신분이 덕과 능력에 따라서 질서 지어져 있으며, 존귀한 신분에 있는 자는 비천한 자를 위한 인정(仁政)을 베풀어야

---

577) 세종실록 권84, 세종 21년 2월 21일(경오).
578) 세종실록 권115, 세종 29년 2월 21일(계축).

하며 비천한 자는 존귀한 자의 다스림 속에서 생업을 하는 데 아무런 문제가 없는 상태를 전제로 하는 것이다. 그러나 신분이 고착화되어 개인의 능력과 덕에 관계없이 질서 지어지고, 존귀한 위치에 있는 자가 오히려 비천한 자의 권리를 침해하며 자신의 잘못을 감추기 위하여 고소도 하지 못하게 한다면, 윗사람에 대한 고소금지제도는 백성의 재산을 가지고 탐오한 관리들이 살찌는 제도로 전락할 뿐이다.

여러 도의 관찰사에게 유시하기를, "부민이 고소하는 것을 금지하는 법이 시행한 지가 이미 오래되었으므로, 백성이 이를 습관처럼 지켜서 수령이 비록 탐오하여 정사를 어지럽히고 방자히 행동하여 기탄함이 없는 데도 감히 힐문하지 못하게 된다. 이 같은 말이 중앙과 지방에 시끄럽게 떠들썩하고, 나도 또한 여러 번 들었으므로 자나 깨나 두려워한다…… 감사는 한 지방을 전제할 수 있는 권한을 갖고 직책이 풍헌을 겸하였으니, 일체 법에 어긋난 것은 도리상 마땅히 풍문에 의해 탄핵해야 될 것인데, 근래에는 감사가 추핵하여 죄를 다스렸다는 일을 듣지 못하였으니, 이것은 다만 부서를 기일 안에 보고하는 것으로써 선무로 삼고, 악을 미워하고 선을 좋아하는 것은 직무외의 일로 삼는 것이다…… 만약 탐욕이 많아서 法에 어긋난 행동을 하여 백성을 해치는 사람은 마땅히 끝까지 다스려 공개처벌하여, 서민의 해독을 제거하고 염치의 절개를 숭상하여 한 도를 깨끗이 다스려서 나의 뜻에 맞게 하라." 하였다.[579]

사회 내에서 신분질서를 바로잡겠다는 국가의 의지는 결국 탐관오리를 낮게 만들고, 이러한 탐관오리의 적발의 임무를 감사에게 일임

---

579) 세종실록 권114, 세종 28년 11월 21일(을유).

하게 이르게 되었다. 그러나 이러한 시책은 미봉책에 불과하여 이듬 해에는 피해를 입어 원통한 자에게는 고소를 할 수 있는 권리를 부여하도록 일부 개정하기에 이르렀다.

의정부에서 아뢰기를 '……좋은 법의 좋은 뜻은 매몰되어 백성의 사정이 위로 통하지 못하여 교활한 관리만 날로 살찌게 되고 백성의 생계가 날로 피폐하게 되어 그 패해가 심합니다. 지금부터는 일체 개정하여 자기의 원통하고 억울한 일을 모두 고소하여 추핵하게 하고, 개정할 즈음에는 가벼운 일 외에 그 탐욕을 부려 백성에게 피해를 입힌 일이 발각되면, 신분이 낮은 사람의 고발로서 비록 태형과 장형은 가하지 않더라도 그 죄의 경중에 따라 즉시 파출시켜서 백성을 편하게 하소서.' 하니 그대로 따랐다.580)

그러나 개정의 내용을 통해서도 볼 수 있듯이 고발당한 관리의 범죄가 드러났을 때에 형벌에 의한 처벌이 아니라 행정적인 처우로서 해결을 하고 있다. 이러한 경한 처벌을 하는 이유는 비록 관리의 잘못이 있다고 할지라도 아랫사람이 윗사람을 고발하는 것이 당시의 신분사회의 질서를 유지하는 데 그렇게 바람직하지 못하였던 것으로 보인다.

윗사람을 침해하는 행위를 금하는 것은 그 신분이 비천할수록 엄하여서 노비가 주인을 고발한 경우에는 고소를 받아주지 말고 교형에 처하게 하며, 신역에서 놓여난 노비가 옛 주인을 고발한 경우에는 고발을 받아주지 않고 장형 100대와 도형 3년에 처하도록 하고 있다.581)

---

580) 주584)참조

이러한 존귀의 침해를 막고자 하는 법제정은 당시의 신분사회와 가족중심의 사회구조를 유지하려는 지배층의 의지가 반영된 것으로 「경국대전」에도 명률과는 따로 아래와 같은 조항을 두고 있다.

자손과 처첩 또는 노비로서 부모나 가장을 고발하는 것은 반역음모와 역적의 경우를 제외하고는 교형에 처한다. 종의 아내나 남편으로서 가장을 고발한 경우에는 장형 100대와 유형 3000리에 처한다……무릇 하관이 한 등급 위의 상관에게 욕설을 한 자는 매인본율(罵人本律)[582]에 일등을 가중하고 두 등급 위의 상관에게 욕을 한 자는 일등을 가중한다. 이렇게 점차 가중하여 장형100에 이르러 그친다.[583]

2) 휼형주의

천지의 공능은 생명을 탄생시키고 기르는 데 있다고 한다면 왕의 공능은 백성을 잘살 수 있도록 하는 데 있을 것이다. 그러므로 정도전이 말한 형벌은 생명을 죽이고자 하는 것이 아니라 생명을 살리고자 하는 것도 이와 일맥상통한 내용일 것이다. 결국 왕은 형벌을 통하여 범죄자를 처벌하는 것이 아니라 형벌을 통하여 범죄자를 더 이상 없도록 하여야 하는 것이다. 그러므로 당시의 질서윤리상 한 생명을 죽인 사는 그 대가로 생명을 빼앗기기는 히지만 그 생명도 소중한 것이므로 그 판단함에 있어서 심사숙고 하도록 하고 있다.

---

581) 세종실록 권79, 세종 19년 11월 4일(경인).
582) 「내빙률직해」 권21, 형률, 매리 메인.
583) 「경국대전」 형전 고존상.

순금사 겸판사 박은이 사형의 삼복법(三覆法)을 청하니 그대로 따랐다. 계문은 이러하였다. '신이 경제육전을 상고하니, 사죄에는 삼복을 한다고 하였으나, 이제 형조 순금사에서 일찍이 시행하지 않았습니다. 청컨대, 육전에 의하소서.' 임금이 말하였다. '그렇다. 이제부터 형관이 의당 거행하도록 하라.'584)

박은은 「경제육전」에 규정상 사형죄에 해당하는 죄인은 신중히 처리하기 위하여 세 차례나 거듭하여 죄상을 조사하도록 하는 조항이 있음을 들어서 그 시행을 촉구하였고 태종도 이에 응하고 있다.

세종에 와서도 사람을 죽인 죄는 사형죄에 해당하지만 범죄의 유형에 따라 숙고해야 할 것이 없는지를 논의하도록 지시를 하고 있음이 나타난다.

왕이 측근에 이르기를 '사람의 목숨이 지극히 중하니 사람을 죽인 사람은 죽여야 한다. 그러나 죄가 의심나는 것은 경한 죄를 따르고, 의심나는 죄는 이를 용서하는 것이 옳을 것이다. 지금 황막동과 내은금이 함께 덕중을 때려서 죽게 했는데, 이것만으로 논죄한다면 어느 사람이 더 많이 때려서 죽게 했는지 분변하기 심히 어렵겠다. 만약 그 상처를 입힌 사람을 분변하지 못함으로써 의심나는 죄라고 하여 이를 용서한다면 너무 경하게 되고, 만약 사람을 상해시킨 것으로써 중죄로 삼아 이들을 모두 죽인다면 너무 무겁게 될 것이니 두 가지 가운데서 이를 처리하기가 어렵겠다…… 이른바 사람을 죽였다고 하는 것은 계획적으로 사람을 죽인 것인가, 희롱하다 죽인 것도 아울러 말하는 것인가를 형조로 하여금 상고하여 아뢰게 하라.'585)

---

584) 태종실록 권26, 태종 13년 8월 3일(병자).

이와 같은 사형죄의 판단은 한 사람의 생명과 직결되는 것이기 때문에 사형죄를 논하는 창구를 일원화하여 형조에서 이를 관장하도록 하고 의정부에서 논의를 거쳐서 왕에게 보고하도록 하고 있다.[586]

조선의 형벌은 당률이 법률제정을 하는 데 있어서 진나라의 법제도인 법가의 형률을 빌려온 것과 마찬가지로 외면에서 볼 때에는 법가의 엄형주의의 색체를 띠고 있다. 그러나 유교국가에서 사형죄의 집행은 주로 십악의 죄와 살인죄 등에 대하여 행해지고[587] 그 이외의 사형죄에 대해서는 사면을 통하여 감면을 받도록 하고 있다. 그리고 비록 사면이 없을 경우라도 범죄자의 가정에 부양할 부모나 조부모가 계신데, 그들을 부양할 성인이 없는 경우에는 왕의 재가를 얻어 장일백과 속전으로 형을 대신하도록 하고 있다.[588] 이것은 당률에서 밝힌 바와 같이 법의 형식은 법가의 법을 빌렸으나 법의 해석과 적용은 유교의 인정(仁政)이 작용하는 것이다.

형옥의 관리에 있어서는 특히 유가적인 인정의 모습이 많이 나타나고 있음을 찾아볼 수 있다. 당시의 형옥은 지금의 구치소와 같이 미결수를 구금하고 있는 곳이었다. 이들에게는 신문의 수단으로 고문이 법으로 정해져 있어서 신체적·정신적으로 고통을 받고 있는 자들인 것이다. 물론 신문을 할 때는 일반적으로 고문이 행해지는

---

585) 세종실록 권54, 세종 13년 10월 30일(신유).
586) 세종실록 권75, 세종 18년 11월 28일(기미).
587) 「대명률직해」의 명례 상사소불원조에 의하면 십악을 범한 것과 사람을 죽인 것 등은 사면이 되지 않은 죄를 열거하고 있다.
588) 앞의 책, 범죄존류양친. 존류양친의 법에 의하여 사죄를 용서한 일례기 세종 31년에 기시기 보인다(세종실록 권125, 세종 31년 8월 16일(계해)).

데 신문하는 데 쓰이는 형장은 그 규격이 정해져 있으며 무릎 아래를 치게 하였다. 3일 이내에는 고문을 두 번 하지 못하게 하고 고문하고 나서 장형 등을 집행하기 위해서는 10일을 기다려서 형벌을 집행하게 하였으며 태형수는 나중에 형벌 집행 시 산입하여 감해 주도록 하고 있다.[589] 더불어 국가에서는 이들에 대하여도 그들의 받고 있는 고통을 덜어주려고 수감자에 대한 구휼을 행하였다.

이러한 구휼은 실록의 기사를 통해서 보면 특히 세종대에 두드러지게 나타난다. 세종은 여름에 죄인들의 명부를 보고 그 수가 너무 많은 것을 보고는 불쌍히 여겨 죄의 경중에 따라 보석석방하게 하였으며, 죄수 중 전염병을 앓는 죄수를 격리하여 죄보다 가벼운 형구를 사용하게 하였고, 여름에 죄수들이 더위로 목숨을 잃는 자가 생겨나는 것을 막기 위하여 '더위를 먹지 않게 하는 법'이 전에도 있었는지를 집현전으로 하여금 살펴보도록 하였다.[590]

그리하여 각 도의 감사들에게 옥의 관리에 대하여 유시하기에 이르렀다.

여러 도 감사에게 유시하기를, "옥은 죄 있는 사람을 가두는 것이다. 그러나 덮어 주고 보호하지 않으면 혹 횡액으로 병에 걸리어 일찍 죽는 사람이 있는 것이다. 그러므로 비호하는 조건이 「경제육전」에 실려 있고, 또 여러 번 전지를 내리어 절목이 세밀하나, 관리가 혹 유의하지 않아서 받들어 행하는 것이 철저하지 못하여, 죄수들로 하여금 질병에 걸리어 드디어 생명을 잃게 되니, 참으로 염려된다. 경은

---

589) 「경국대전」 형전 추단.
590) 세종실록 권112, 세종 28년 6월 2일(무술). 권116, 세종 29년 5월 10日 (경자). 권121, 세종 30년 7월 2일(병술).

나의 지극한 뜻을 본받아서 각 해에 반포하여 내린 조장을 받들어 행하는가 않는가를 엄하게 검사하고 핵실하여, 폐지하거나 해이하지 말게 하라. 그리고 마땅히 행할 조건을 또 뒤에 기록한다.

1. 매년 4월부터 8월까지는 새로 냉수를 길어다가 자주 옥 가운데에 바꾸어 놓을 것.
1. 5월에서 7월 10일까지는 한 차례 자원에 따라 몸을 씻게 할 것.
1. 매월 한 차례 자원에 따라 두발을 감게 할 것.
1. 10월부터 정월까지는 옥 안에 짚을 두텁게 깔 것.
1. 목욕할 때에는 관리와 옥졸이 친히 스스로 검찰하여 도망하는 것을 막을 것."

이라 하였다.[591]

위의 내용으로 보아 「경제육전」에 이미 옥을 관리하는 지침이 정해져 있는 것을 알 수 있다. 그러나 옥의 관리가 제대로 되지 않아서 세종대에 여러 번에 걸쳐 시행세칙을 하달하였으며, 이 시기에 이르러 처음으로 옥에 물을 공급하여 더위를 이기게 하였던 것이다.

이와 같은 세종이 죄수를 구휼하는 정신을 본받은 문종은 다음과 같이 옥을 관리하고 보호자가 없는 죄수에게는 옷과 식량을 공급하고, 고문이나 더위나 주위에 의하여 죄수가 숙는 경우에는 수령을 문책하며, 고문에 의하여 생기는 상처를 치료해 줄 의원을 각 옥에 전담 배치하게 하여 고문에 의하여 불구자가 되는 일이 없도록 하였다.

---

591) 세종실록 권121, 세종 30년 8년 25일(무인).

속형전 옥수구휼조에 이르기를 '옥이란 죄 있는 자를 징벌하기 위한 것이고 본래 사람을 죽게 하자는 것은 아니다.'라고 하였다. 옥을 맡은 관리들이 부주의해서 검열하지 않기 때문에 죄수들이 아주 더울 때와 추울 때가 되면 병에 걸리기도 하고, 얼고 굶주려서 제 목숨을 다 살지 못하고 죽게 되니, 실로 가엾은 일이다. 서울에는 형조 장금사의 관리들이, 지방에는 각 고을의 원들이 매달마다 무시로 검열하고 언제나 옥안을 깨끗하게 하며 옥안에 입을 것 먹을 것을 넣어줄 사람이 없는 경우에는 관청에서 옷과 식량을 줄 것이며 병을 앓는 죄수가 있으면 즉시 구호해 줄 것이다. 지시를 받드는 데 마음을 쓰지 않는 관리는 서울에서는 사헌부에서, 지방에서는 감사가 엄중히 다스리도록 할 것입니다…… 고문하는 일이 제도에 어긋나고 굶주림과 추위가 몸에 닥쳐왔는 데도 의원의 치료가 근실하지 못하여 죽게 한 것은 그 수령을 즉시 과죄하여 파출시키게 하고, 만약 애매한 관계로 선고를 결정짓지 못하고 1年에 2명 이상을 죽게 한 자는 인사고과할 때에 참고하여 시행하고, 의금부와 전옥서의 죄수로서 죽은 자가 있으면 취조하여 논죄하는 것을 항식으로 삼고 서울과 지방의 옥사를 맡은 관리도 또한 이전에 의거하여 수조로 삼아 아울러 논하고 거듭 밝혀서 거행하게 할 것입니다.

의원 1인은 오로지 수인의 치료를 위하여 상시 전옥서에 출근하여 만약 병든 죄수가 있으면 약을 주어 치료해야 합니다. 다만 신장의 상처는 전혀 치료를 하지 않으면 장창이 폐부에 깊숙이 들어가서 한평생 낫지 않아 마침내 불구에 이르게 되니 진실로 불쌍히 여길 만합니다. 원컨대 지금부터는 서울에서는 차비의원이, 지방에서는 의생이 매양 수인이 고문을 당한 후에는 탕약수를 사용하여 상처를 씻어버리고는 또 적당한 약을 써서 그 장창이 폐부에 들어가지 않도록 하소서.[592]

---

592) 문종실록 권12, 문종 2년 2월 27일(신묘).

이와 같이 죄수에 대한 구휼은 성종에 이르러서는 수시로 내관과 주서(注書)·사관을 옥에 보내어 옥의 관리상태를 살피게 하였다.

그리고 서울에서는 죄인의 죄명과 처음 구금한 날짜, 고문한 횟수와 죄를 결정한 건수에 대하여 각기 해당관청에서 10일마다 적어서 임금에게 보고하고, 지방은 매 계절의 마지막 달에 보고하게 하여 신문의 남용을 방지하였으며, 혹한기나 폭서기에는 강상죄·탐오죄·강도죄에 관계된 남자는 장60 이상, 여자는 장100 이상 미만의 범죄와 그 외의 장100 이하의 범죄에 대해서는 원하는 경우 속죄금을 받고 풀어주도록 하고 있다.[593]

4. 소결

유교사회는 철저한 신분사회를 바탕으로 하고 있다. 이러한 사회를 유지하기 위하여 상하의 위계질서를 엄격히 하고 있다. 유교국가의 형벌도 이와 같은 신분제도를 고수하기 위하여 신분이 낮거나 연소자가 신분이 높거나 연장자에게 해악을 끼쳤을 때에는 일반범죄보다 가중하여 처벌하고 있다. 이와 같은 범죄는 당시 유교사회의 근본질서를 해치는 행위로 보아 십악의 내용에 속하게 하여 엄하게 처벌하고 있다.

그러나 이와 같은 유교국가의 형벌에는 이러한 엄중한 형벌제도만 존재하는 것이 아니다. 인간적이고 가족을 보호하는 제도 또한 여러

---

593) 「경국대전」 형전 휼수.

곳에서 볼 수 있다. 미성년자나 노인 그리고 질환자에 대한 형벌의 감면은 애민정신의 발로라 아니할 수 없다. 미성년자의 경우는 현행 형법상으로도 책임능력이 없는 자이다.

유교국가에서는 일반 백성이 남자로서 국가에 역을 바칠 의무가 15세부터 60세까지 있다고 보았다. 즉 15세부터 60세까지는 경제활동을 할 수 있는 노동력이 있는 자로 보아서 그들에게는 부역의 의무가 부가되었던 것이다. 따라서 15세 미만의 나이와 60세 이상의 나이는 노동력이 부족한 자라고 보아서 부역의 의무를 지지 않으며, 또한 국가의 형벌권도 그만큼 감경하여 적용하도록 하고 있다. 특히 노인과 질환자의 경우 나이와 증상에 따라 형 집행 중에도 감면할 수 있도록 국가가 관용을 베푸는 것은 당시의 시대에서는 공존의 사회를 지향했던 유교국가에서나 가능했던 일일 것이다.

그리고 유교형법의 특징의 하나가 가족 내의 질서를 바로 세우기 위하여 형벌이 투입된다는 것이다. 사실 유교 윤리는 가족 간의 질서를 근본으로 하고 있다. 가족 내의 질서가 혼란하면 나아가 사회질서가 혼란하게 되고 결국 국가존립에 문제가 생긴다고 보았던 것이다. 그러므로 가족 내의 범죄 특히 아랫사람이 윗사람을 침해하는 행위는 아무리 정당하다고 하더라고 엄한 형벌로 다스렸던 것이다.

그러나 또한 형벌은 가족의 정리와 평화를 보호하기 위하여 관용을 베풀고 있음을 알 수 있다. 가족 간의 범인은닉이라든가 친족 간의 절도 등은 일반인 간의 범죄에 비하여 감면하여 형벌을 선고하도록 하고 있으며, 부모의 상이 생겼든지, 가족 내에 부모나 조부모를 부양할 노동력 있는 남자가 없을 때에는 형을 감면하거나 정지하여 자식으로서의 도리를 다하도록 하고 있다.

그리고 우리의 법제에서만 볼 수 있는 것이 <휼수>의 조항이 아닌가 한다. 비록 범죄를 저질러서 판결을 기다리는 피고인이라 할지라도 그들도 제도권에 속하는 백성으로 파악하고 있다. 그리고 옥은 그들을 심판하기 위한 구금기관이며 그 속에서 형을 집행하는 것은 아니라는 관점을 명확히 가지고 있는 것으로 보인다. 그러므로 비록 국법이 엄하여 고문을 통하여 신문을 받지만 그 고문의 방법과 횟수를 정하며, 피고인이 구금될 때부터 판결이 날 때까지 모든 일정을 기록하여 보고하도록 하여 고문의 남용을 억제하고자 하고 있다. 물론 신문 시 태형의 수는 나중에 형이 확정될 때에 산입하여 그만큼 형의 집행을 감해 주고 있다. 또한 구금된 피고인에게 필요한 양식과 의복을 제공하고, 옥을 전담하는 의원을 배치하여 신문할 때 장으로 생긴 상저를 지료하도록 하여 수삼자들의 선상을 유지하노록 국가에서 노력하였던 것이다.

이와 같은 형사제도들은 유교국가에서 신분질서의 존립과 인정(仁政)의 발로로 생긴 제도라 할 수 있을 것이다.

6장

결 론

근대 이후의 서양의 역사는 제정법의 역사라고 할 수 있다. 국가 권력을 분산하고 법에 의한 통치를 내세워서 실정법을 제정함으로써 국민들에게 미래에 대한 예측을 가능하게 한 것은 서양의 법제사에 있어서 획기적인 일이 아닐 수 없다. 그러나 법에 의한 통치는 또한 법에 의한 기본권의 침해를 가져왔다. 즉 법만을 가지고서는 인간의 안전을 더 이상 확보할 수 없다는 사실이 명백히 드러난 것이다. 법을 통하여 최고 권력자를 완전히 견제할 수 없다는 점이 확인되었다.

오늘날 지구상에 존재하는 대부분의 국가들은 민주주의를 주창하고 있다. 그러나 많은 국가에서 아직도 권력자의 일인독재 내지는 소수에 의한 전제정치가 행해지고 있는 것도 사실이다.

이것은 법률의 한계성을 여실히 드러나고 있는 것이다. 법률은 인간에 의해서 만들어지고 해석되고 적용된다. 그러므로 전제정치가 행하여지는 국가에서는 법률을 중심으로 하여 지배계층은 법률 위에 피지배계층은 법률 아래에 자리잡게 된다. 이러한 사회에서는 결국 법률은 통치수단에 불과할 뿐이며 지배계층의 이익을 보호하는 수단으로 전락하고 만다.

따라서 법률이 순기능을 하려면 법률의 상위에서 법률내용의 가부를 확인할 수 있는 그러한 규범이 존재해야 하며 또한 법을 적용하고 해석하는 데 근거로 삼을, 법률보다는 차원이 높은 가치가 존재해야 하는 것이다.

조선은 바로 여기에 유가의 예치와 덕치를 두고 있다.

유가의 예는 친소원근의 정도에 따라 그 적용을 달리하는 규범이다. 다시 말하여 가족 간의 질서에서 시작하여 사회, 국가에 이르는 질서인 것이다. 한 가족 안에서는 각자의 위치에 따라 서로 다른 권리와 의무가 생겨난다. 이러한 권리와 의무는 사회질서로 전환해서는 어른과 아이, 그리고 친구 간의 권리와 의무로 나타나게 되는데, 이 경우 가정 내에서보다는 규범력의 정도가 약해지고 있다. 그리고 국가와 개인 간의 관계도 서로 쌍방적으로 권리와 의무를 가지게 된다. 이러한 사회에서는 신분이 아무리 천한 자라도 단지 수단으로서 여기는 것을 금하고 있다. 이러한 사회의 존재론적 구조에서 발생한 존비와 귀천에 의한 질서가 바로 예가 되며, 이 예는 법제정의 정당성과 법률해석의 근거를 마련해 주고 있는 것이다. 그러므로 법이 예에 어긋날 때에는 법의 적용이 단호히 배제되고 예에 의하여 처리하고 있다.

이러한 예치주의는 또한 통치자의 덕치를 요구하고 있다. 왜냐하면 아무리 훌륭한 제도가 있다고 하더라도 그 제도를 운영하는 사가 바르지 못하면 그 제도는 유명무실하게 되며, 비록 제도의 결함이 있더라도 통치자가 군자라면 국가는 잘 다스려지기 때문이다. 그러므로 유가에서는 다스림과 혼란은 제도에 의한 것이 아니라 통치자에 의한 것이라고 보았다. 조선에서도 왕의 도덕성을 확보하기 위하여 매일 경연을 열어 왕을 교육시켰으며, 서연제도를 두어 왕세자에게 유교경전을 통한 덕성교육을 하였던 것이다.

두덕적인 군주의 정치는 인정(仁政)으로 나타난다. 이러한 정치는 순이 말하는 중(中)을 잡는 데서 비롯된다. 인정은 한 나라 안의 모든 구성원이 공존할 수 있는 균형 잡힌 정치를 의미한다고 할 수 있다. 한 국가는 서로 다른 이해집단으로 구성되어 있으며 집단끼리 보다 많은 이익을 얻기 위하여 노력하고 있다. 조선에도 각 계층 간에 이해대립이 있었다. 먼저 왕과 관료의 대립이 그것이다. 형식상으로는 왕이 국가의 모든 권력을 쥐고 있지만 실질적으로 관료의 도움이 없이는 나라를 다스릴 수 없었다. 왕과 관료가 공존하기 위하여 서로의 권력을 견제하기 위한 제도들이 만들어졌다. 먼저 재상제도를 두어서 왕의 명령은 재상을 통하여 나오게 하며 관료들의 의견도 재상을 통하여 올라가도록 하고자 하였다. 그러나 이러한 재상제의 설치는 사실상 왕의 권력을 무력화하는 것이기도 하였다. 여기에 반하여 왕은 직접 정사에 관여하기 위하여 육조직계제를 도입하였다. 그 후에 육조의 각 부서에 한정된 일반적인 정사에 대해서는 직접 처결하지만 국가의 중대사의 경우는 의정부에서 논의를 거쳐서 중론을 모아 상언하도록 하고 있다. 이렇게 왕권과 신권은 그 균형을 이루면서 조선의 정책결정이 이루어졌던 것이다.

대간과 사관은 왕의 사생활을 거의 불가능하게 만듦으로써 정치의 투명성을 보장하도록 하는 데 기여하였다. 왕이 정사를 보는 자리나 개인적인 회동에 대간과 사관의 입실은 왕으로서도 곤혹스러운 일이었다. 그러나 참관을 허락한 것은 왕 자신이 먼저 바로 설 때 국가를 바로 세울 수 있다는 인식이 있었기 때문이었다. 왕은 이러한 도덕적인 자각을 함으로써 비로소 자신의 잘못을 고칠 수 있었으며 국가의 실정(失政)을 바로잡아 국가의 안정이라는 더 큰 이익을 얻을 수 있었던 것이다. 대간들과 사관들도 중(中)의 정치를 추구하였다. 충이라는 단어가 '中'과 '心'으로 이루어진 것처럼 국가에 충성하는 것은 절대권력자의 뜻에 맹종하는 것이 아니다. 대간들은 왕에게 직간하는 어려움 속에서도 왕의 잘못을 가려내어 고칠 수 있도록 하였으며, 실정을 바로 지적하여 국가의 혼란을 미리 예방할 수 있도록 하였다. 또한 사관들은 왕의 잘잘못을 기록하여 후대에 남김으로써 후대왕들을 경계하였던 것이다.

이러한 중(中)의 정치는 지배계층과 피지배계층 간의 관계에 있어서는 민본주의로 나타났다. 조선은 고려 말기에 백성들을 어려움 속에서 구하기 위한 애민정신의 발로로 탄생하였다. 그래서 '국가의 근본은 백성이라는 것'을 왕마다 강조하면서 민생안정에 노력을 하였다. 이러한 민본주의는 국부와 관련지어서 파악되었다. 즉 백성의 생활이 풍족하지 않고서는 국부라는 것도 의미가 없는 것이라 보아서 국가에서는 단지 백성의 생업안정을 보장하는 데 그치지 않고 적극적으로 구휼에 나서고 있다. 이러한 민본주의의 실현은 수령에 의해서 이루어지는 것이기에 수령의 책무를 중시하였다. 수령에게는 그 지방의 행정과 사법에 관한 전권을 부여하고, 비록 실정을 하더라도 부민들이 고소하는 것을 금지하여 수령의 임무를 다할 수 있도록 해 주었다. 그리고 동시에 감사로 하여금 수령을 철저히 규찰하게 함으로써 그들이 민폐를 끼치는 것을 막고자 하였다. 그러나 이러한 민본주의에 입각한 모든 국가정책이 오로지 백성의 편에서만 시행된 것은 아니다. 중의 정치는 한쪽에 치우치는 것이 아니라 중용에 의한 정치를 말한다. 그래서 국가방위를 위하여 축성이 필요하면 비록 백성들이 힘들어 하더라도 역을 시켰으며, 지금 당장은 힘이 들어도 곡식을 많이 수확하기 위하여 제언공사를 시행하였던 것이다.

이러한 중의 정치는 결국 공존의 정치인 것이다. 어느 한쪽을 위한 정치가 아니라 모두가 살아 나갈 수 있는 사회를 만들기 위한 정치인 것이다.

중의 정치는 형벌제도에서도 드러나고 있다. 신분질서를 바탕으로

한 차별적 형벌을 통하여 국가의 근본질서를 해치는 자를 엄하게 처벌하도록 법률에 규정하고 있다. 그러나 국가가 형벌을 집행하는 데 있어서는 가능한 관대한 처분을 하기 위하여 노력하고 있다. 비록 형벌을 국가질서를 바로잡기 위한 방편으로 삼고 있으나, 형벌보다는 예의 교육을 통하여 백성에게 염치를 알도록 가르쳐서 스스로 질서를 지키도록 하고자 하였다. 육조의 순서에서 예조보다 형조를 뒤에 두는 것과 형법전에 있어서도 형법에 관련된 법규를 육조의 순서로 규정하는 것이 바로 국가의 그러한 의지를 표명하는 것이라고 볼 수 있을 것이다. 그러므로 범죄자를 적발하여 처벌하는 것을 능사로 삼지 않고 범죄가 없어지지 않음을 걱정하였던 것이다.

그리고 피고인에 대해서도 덕치관에 입각해 죄수에 대한 구휼제도를 두었다. 피고인의 건강을 유지시키기 위하여 의복이나 음식을 제공하고 의원으로 하여금 매일 피고인의 상처를 치료하게 하였다. 또한 피고인의 심판절차에 대하여 상세히 법률로 규정하고 있으며, 각 피고인마다 심판과정을 자세히 기록하여 제출하게 함으로써, 남형으로 인하여 피고인의 심신이 손상되는 것을 막고자 하였다.

형벌을 선고하는 데 있어서도 일정한 범죄에 대하여 일률적인 형을 선고하는 것이 아니라 피고인과 피해자 간의 친소원근의 정도나 피고인의 개인적인 사정에 따라서 차등처벌을 하였다. 그리고 인간의 정리상 범한 범죄에 대해서는 십악의 범죄가 아닌 경우에는 국가는 형벌을 감면하여 관용을 베풀기도 하였던 것이다. 조선의 형벌제도와 정책들은 범죄자도 사회에 공존하여야 할 존재들임을 국가에서 인식하고 있음을 보여주는 단적인 요소라고 할 수 있다.

이러한 조선의 예치주의와 덕치주의는 오늘날에도 그 시사하는 바가 크다고 하겠다.

인권말살의 경험을 통하여 확립된 현대의 법제도하에서도 지금의 법제도가 국가권력을 통제하는 데 미약하기는 마찬가지다. 국가권력을 견제하고 통제하기 위한 많은 제도들과 기관들도 통치자의 권력남용에 의해서 쓸모없는 제도로 전락해 버릴 수 있는 것이다. 이러한 상황에서 통치자의 도덕성은 조선에만 필요한 것이 아니다. 오히려 국가의 행정력이 비대한 오늘날 더욱 절실하게 필요한 것이다. 왜냐하면 통치자를 법에 의하여 구속할 수 있는 것은 바로 통치자 자신이기 때문이다. 또한 입법의 불비를 보충할 수 있는 것은 통치자의 통치행위이며, 통치자의 관심방향에 따라서 행정부에서 법률적용의 방향이 결정되기 때문이다.

여기서 우리는 유교의 덕치주의와 서양의 법지주의의 유사점을 발견할 수 있을 것이다. 국가권력의 통제하겠다는 동일한 목적이 존재하고 있는 것이다. 즉 유교에의 덕치주의는 왕을 군자로 만들어 왕이 자율적으로 자신을 제어하도록 하자는 데 있는 것이며 서양의 법치주의는 법을 통하여 국가권력의 남용을 막고자 하는 것이다.

그러나 현대사회에서 통치자가 유교적 군자일 것을 기대할 수도 없으며, 법에 의한 통치는 권력남용을 초래할 수밖에 없는 것이다. 결국 어느 한쪽을 선택할 수 없는 상황에서 우리는 서구의 법치와 유가의 덕치를 상호보완적 관계로 이해해야 할 것이다. 즉 법치를 바탕으로 하여 덕치로서 법치의 단점을 보완할 필요가 있는 것이다.

통치자가 덕치에 의해서 최소한의 도덕성이 확보될 경우에는 행정적 결정을 내리는 데 있어서 투명성이 있게 된다. 조선의 왕들이 사관과 대간들에 의하여 사생활조차 갖지 못했던 것과 같은 정도는 아널지라도, 국가를 통치하는 최고지위에 있는 사람은 재임 기간 동안 행정처리에 있어서 투명성을 유지하여야 한다. 그래서 국가안보에 관련된 일이 아닌 한 공개적으로 모든 행정이 이루어져야 하고, 모든 일을 누구나 수긍이 갈 수 있도록 객관적인 판단으로 처리하여야 한다. 그리고 모든 행정적 처리는 반드시 문건으로 남겨서 후대의 평가를 받을 수 있도록 하여야 한다. 최고의 지위에 있으면서 밀실정치와 야합정치를 일삼는다면 관료들도 모두 그것을 본받을 것이며, 결국 국가는 이성과 합리가 통하지 않게 되어 국가운영은 혼란에 빠져들고 말 것이다. 이러한 관점에서 국가위정者의 도덕성은 반드시 검증되어야 하며, 국가의 고위관료들을 임명할 때에도 도덕성을 검증하여 임명하여야 할 것이다.

통치자는 입법을 하는 데 있어서 항상 중의가 모아지도록 하여야 한다. 실제로 그러한 법이 적용될 현실을 바로 파악하여 법을 제정하여야 하는 것이다. 통치자는 또한 법을 집行하는 데 있어서 법은 통치의 목적이 아니라, 수단임을 인지하여야 한다. 법률은 사회구성원들이 공존하기 위한 조건을 만들기 위하여 제정한 것이다. 더구나 형법은 이러한 여타 제도가 공신력을 가지고 시행될 수 있도록 도와주는 역할을 하는 데 불과할 뿐이다. 그러므로 형법은 여타 법률이 사회분규나 혼란을 제어하지 못할 때 최후로 작용하도록 하여야 할 것이다.

형벌사에 있어서 유교에서는 일찍이 교화형과 목적형을 표방하고 있다. 유교에서는 형벌을 범죄에 대한 응보로 파악하지 않고, 범죄를 없애기 위한 수단으로 파악하고 있다. 그리고 형벌에 의한 범죄인 처벌보다는 예에 의한 인간의 교화를 우선하고자 하였다. 유교의 형벌사상은 예를 통한 징계로써 교화하는 것이 법을 통한 형벌로써 응징하는 것보다 더 인간적이며 더 효과적일 수 있다는 확신을 가지고 있었던 것이다.

이러한 인본주의적인 형벌집행은 범죄인을 한 인간으로 대우했던 것이다. '범죄는 미워하되 사람은 미워하지 말라'는 우리의 격언이 바로 이러한 사상을 바탕으로 생겨난 것으로 보인다. 비록 현재에는 범죄인이지만 형기를 마치면 사회에 복귀하여 우리들과 같이 살아야 할 사람들인 것이다. 범죄인의 재사회화를 위해서는 형벌을 집행하는 데 있어서 최소한 인간존재로서 가치를 간직할 수 있도록 국가의 배려가 필요하다.

이러한 유교의 공존의 규범관은 국가의 권력이 남용되고 누범의 수가 증가하는 현대사회에 있어서 가장 필요한 우리의 질서관인 것이다.

색 인

• 저자 •

진희권   • 약 력 •
(秦熙權)   고려대학교 법과대학 졸업
            고려대학교 대학원 법학석사
            고려대학교 대학원 법학박사
            고려대, 한양대, 건국대, 홍익대, 한경대, 제주대, 방송통신대 강사
            현 경기대학교 법과대학 교수

조선조 초기의 유교적 국가이념과 국가질서

• 초판 인쇄   2008년 11월 15일
• 초판 발행   2008년 11월 15일

• 지 은 이   진희권
• 펴 낸 이   채종준
• 펴 낸 곳   한국학술정보㈜
              경기도, 파주시 교하읍 문발리 513-5
              파주출판문화정보산업단지
              전화   031) 908-3181(대표) · 팩스   031) 908-3189
              홈페이지 http://www.kstudy.com
              e-mail(출판사업부) publish@kstudy.com
• 등   록   제일산-115호(2000. 6. 19)
• 가   격   33,000원

ISBN   978-89-534-5822-2 93360(Paper Book)
        978-89-534-5823-9 98360(e-Book)